Marc Anton Niendorf

Die vier Invalidenfonds des deutschen Reichs

Marc Anton Niendorf

Die vier Invalidenfonds des deutschen Reichs

ISBN/EAN: 9783743334281

Hergestellt in Europa, USA, Kanada, Australien, Japan

Cover: Foto ©ninafisch / pixelio.de

Manufactured and distributed by brebook publishing software
(www.brebook.com)

Marc Anton Niendorf

Die vier Invalidenfonds des deutschen Reichs

Als der glorreiche Krieg mit Frankreich beendet war, gedachte das deutsche Volk mit dem lebhaftesten Gefühl der Dankbarkeit seiner Krieger, die in den schweren menschen= mordenden Schlachten Wunden und Verstümmelungen davon getragen. Sie alle hatten gerechten Anspruch auf Invaliden= pension, und lebhaft discutirte man die Frage: in welcher Weise diese vielen Tausende ausgiebig und nachhaltig derart gestellt werden könnten, daß man nicht wieder nach dreißig Jahren das beschämende Schauspiel des patentirten invaliden Leierkastenmannes erleben möchte. — Dem deutschen Reiche kam selbstredend die Verpflichtung zu, diese Pensionen auf seinen Etat zu nehmen, und gewiß einstimmig sprach sich aus dem Volke der Wunsch aus, daß man den so riesen= groß daher strömenden Schatz der französischen Kriegs= contribution von 5 Milliarden Francs in irgend welcher Weise dazu benutze, den invaliden Vaterlandskämpfern eine Dotation zu gründen, die für alle Zeit reichlich für deren Unterhalt herhalte. So entstand der Gedanke der Gründung des Invalidenfonds.

Unabhängige Köpfe hatten allerdings plausible Beden= ken dagegen zu äußern, denn sie sagten: Was soll dem Staat solch ungefügiger Capitalbesitz anvertraut werden? Wenn er dafür Schulden bezahlt, oder gute Eisenbahnen und Canäle mit dem Gelde baut, so wird er in eben solchem Maße seine Finanzkraft vermehren, um die In= validenpensionen auf den jährlichen Steueretat zu nehmen. Ein solcher Fonds von mobilen Werthen machte die Reichs= regierung sehr leicht zu einem Bankinstitut, werde sie noch mehr mit den Interessen der haute finance verflechten, die so schon allerwege die Hände im Spiele hat u. s. w. So z. B. erhob Dr. Perrot in der „D. Landesztg." (vom

1

27. März 1873) seine Bedenken. „Es sei die Frage, sagt er, ob solche Fondsbildung für den Staat die rentabelste Veranlagung solcher colossalen Summe von 187 Millionen Thalern sei. Die productive Verwendung sei für jeden Staat als solchen geboten, der Privatmann mag Rentner spielen, der Staat darf es nicht oder er wird Banquier werden. Solche Verwendung bestehe erstens darin, daß die deutschen Staaten mit den Capitalien ihre Schulden abtrügen, die damit ausgelöschte Zinsenpflicht hebe den Wohlstand und die Steuerfähigkeit, also auch die Prästationsfähigkeit für die Invaliden. Die Bildung des Fonds, sagt er, werde das erweiternde Schuldenmachen unterstützen." — Ueber die im Gesetz bereits angedeuteten Anlagearten schrieb er sarkastisch: „Ist es nicht an und für sich schon eine wunderbare Finanzoperation, daß das Reich seine eignen Schuldtitel kaufen will, anstatt dieselben abzutragen? Mit dem Kaufen fremder Schuldtitel steht es noch bedenklicher, das Reich werde dazu gleichsam zum Börsenspeculanten gemacht. Ueberhaupt, schloß er, scheint das ganze Project dieses Reichsinvalidenfonds ungleich mehr im Interesse der Börse und unserer haute finance, als im Interesse des deutschen Reichs erfunden zu sein und dürfte Erstere dieser Erfindung gar nicht fern stehn." Er verwies sodann auch auf nothwendige Canalbauten und Eisenbahnerwerbungen u. dgl.

Diesen Einwendungen war die Stichhaltigkeit nicht abzusprechen, indessen lag ja für eine weise Finanzregierung immerhin die Möglichkeit vor, daß ein solcher Fonds über jede Krise, über jede Börsentransaction hinaus sicher gestellt werden konnte. Hätten die Millionen nicht zum Ankauf erster Hypotheken auf Grundstücke innerhalb der mündelsicheren Belehnungsgrenzen, landschaftlicher Pfand- und Rentenbriefe, Staatseisenbahnschulden der Reichsländer angelegt werden können? Konnte nicht allmälich der Fonds benutzt werden zu productiven Anleihen im Bahn- und Telegraphenwesen, anstatt daß man sich damit an das Privatpublikum und die Bankinstitute wendete?

Eine ehrliche solide Absicht lag unstreitig vor, — wir werden jedoch später sehen, wie großartig diese Absicht in ihr Gegentheil verkehrt wurde.

Im März des Jahres 1873 war der Bundesrath soweit mit der Aufstellung fertig, daß er das Gesetz wegen Bildung eines Dotationsfonds für die Invaliden dem Reichstage vorlegen konnte. Die Summe war nach sorgfältigen statistischen Berechnungen auf 187 Mill. Thaler oder 561 Millionen Mark festgestellt. Als Capitalanlagen für diese Summe wurden im Entwurf vorgeschlagen: Schuld= verschreibungen, vom Reiche oder einem Bundesstaate garantirt, von Provinzen, Kreisen und Gemeinden, von deut= schen Meliorations= und Deichgenossenschaften, Prioritäts= obligationen deutscher Eisenbahngesellschaften, Pfandbriefe landschaftlicher, kommunaler oder anderer unter Staatsaufsicht stehenden Boden=Credit=Institute Deutschlands, sowie deutscher Hypothekenbanken auf Actien. Am 26. März 1873 kam der Entwurf zur ersten Berathung. Präsident Delbrück motivirte das Gesetz mit der Hin= weisung, daß das Reich wohl immer im Stande sein werde, seine Kriegsinvaliden angemessen zu entschädigen. Allein der momentan so überaus günstige Finanzstand des Reichs könne möglicher Weise nicht ewig dauern und darum sei es gut, diese Pensionspflichten ein für allemal der Reichslast abzunehmen. Abg. Dr. Bamberger vermißt unter dem Verzeichniß anlagefähiger Papiere — die ausländischen Staatsschuldscheine. Er motivirt diese Anlage damit, daß diese colossale Geldanlage sonst zu sehr den deutschen Markt bedrücken würde; seine Angehörigkeit zu einer gewissen „in= ternationalen" Genossenschaft, das sieht man sofort, machte diesen Vorschlag erklärlich. Ihm widerspricht Frhr. von Maltzahn=Gültz, er bemängelte ferner, daß auch Pfand= briefe von Actien=Instituten Aufnahme finden sollten. Schröder (Lippstadt) wünscht die Gelder je nach der Pen= sionspflicht auf die einzelnen Staaten vertheilt, diese mögen die Summe anlegen wie sie Lust haben. Hiermit schloß die erste Lesung und das Gesetz ward an eine Commission von 21 Mitgliedern verwiesen.

Im Schooß dieser Commission machten sich sofort jene zwei gegensätzlichen Strömungen geltend, die man früher mit liberal und conservativ bezeichnete; die erstere vertrat die Interessen der Großfinanz, der großen Bankinstitute, der Eisenbahnen, des Actienwesens, kurzum des Großcapitals, geberdete sich dabei wie immer als ungeheuer liberal und freiheitlich, begleitet von einem wahren Abscheu gegen den Staat, gegen bestehende Institutionen als die Feinde solcher Freiheit. Die andere Strömung, in starker Minori= tät sich befindend, wagte für das allgemeine Interesse des Gesammtvolks nur schüchtern sein Wort einzulegen, aber weil sie das Wahre und Richtige vertrat, so besaßen ihre Einwürfe ein natürliches Gewicht, so daß die Beseitigung derselben ihren Gegnern oft viel Mühe und allerlei ärger=

1*

liche Winkelzüge verursachte. Da waren zunächst die Kate=
gorien der Objecte, welche zur sicheren Anlage zugelassen
werden sollten. Die Pfandbriefe der Actien=Boden=Credit=
Banken verwarf die Minorität, sie hatte das Gewicht hinter
sich, daß im ganzen Reichstag von Anfang an sich die
Stimmung Bahn gebrochen: „Das seien doch durchaus
nicht pupillarische Anlagen, zumal die Meininger, Gothaer
u. s. w." Den Geldmännern war dieser entgegenstehende
Wind äußerst unangenehm, denn offenbar wäre eine massen=
weise Placirung solcher Schuldbriefe beim Fonds ein bril=
lantes Geschäft gewesen, der Cours derselben hätte sich
dadurch zum Vortheil der Banken und zum Nachtheil des
Privatpublikums gehoben; und als diese Art der Anlage
alle Aussicht verlor, Annahme im Plenum zu erlangen, so
entwickelte sich bei der Majorität der Commission sofort
eine intensive Animosität gegen alle Arten von Pfand=
briefen; gute Hypotheken hatte Herr Delbrück sich über=
haupt verbeten, weil sie „schwer realisirbar" seien, — und
so kam es, daß die Majorität als Gegenvorschlag überhaupt
jede Art der Anlage in Pfandbriefen, also auch die gegen=
seitigen der Provinzial=Pfandbrief=Institute, beseitigte, obgleich
die Geschichte seit 1780 bewiesen, daß diese Pfandbriefe das
sicherste Anlagepapier der Welt, sicherer als Staatsschuld=
verschreibungen sich erwiesen haben, da sie die Kriege von 1795
bis 1815 ohne Creditbruch überdauerten. Die Minorität
konnte gegen diesen Beschluß nichts thun, sie mußte sich
ohnedies dem Vorwurf aussetzen, als wolle sie den einsei=
tigen Interessen der Großgrundbesitzer dienen, ging aber
dafür gegen die Anlage in Eisenbahn=Prioritäten der
Privatbahnen vor. „Wenn auch die alten Bahnen mit ihren
soliden Prioritäten hinreichende Securität böten, wie sollte
es mit etwaigen neuen Creirungen und gar mit den Prio=
ritäten der neuesten Bahnen gehalten werden, von denen
schon die Anzeichen sich kund gaben, daß sie verspetulirt
und banquerott wären? Was boten Privat=Eisenbahn=
Directionen für Sicherheit? Sollte der Invalidenfonds mit
derartiger Anlage gänzlich abhängig sein von solcher absolut
unverantwortlichen Direction, der gegenüber sich
die Generalversammlung der Actionaire als reine Stroh=
puppen und die Staatsaufsicht in jeder Hinsicht sich als
unwirksam erwiesen? Statt dessen sei es doch besser, wenn
der Invalidenfonds gute Bahnlinien selbst erwürbe und
verwalten ließe, dann sei er aus den Erträgen sicherer
gestellt, als wenn er sein Geld gänzlich unverantwortlich

gestellten Leuten überließe und hernach zusehen müßte, wie er aus Gnaden seine Zinsen erhielte."

Dagegen war nicht viel zu sagen, die unbedingt pupil= larische Sicherheit solcher Papiere konnte Niemand verthei= digen, den Einwurf, daß die bestellte Fondsverwaltung wohl allein nur eine gute Auswahl treffen würde, schlug dem parlamentarischen Prinzip direkt ins Gesicht, wonach ja so wenig wie möglich „den Beamten" Spielraum bei der Anlegung gelassen werden dürfe — und so fielen auch die Effecten der Privat=Eisenbahnen. Endlich war mit dem Bamberger'schen Vorschlage wegen Ankaufs aus= ländischer Schuldtitel die Sache ebenso gestellt; wäre damit nicht dem Ermessen der Finanzbeamten anheimgegeben ge= wesen, selbst Pernauer und Türken zu kaufen??

Damit war aber der Kreis der Anlagen derart ver= engt, daß nur noch deutsche Staatspapiere, staatlich garan= tirte Eisenbahn=Prioritäten, Anleihen von Städten, Kreisen, Communen und Genossenschaften übrig blieben. Und dabei erlag der preußische Finanzminister unter der steten Einströ= mung der Contributions=Millionen der ernstlichsten Be= drängniß, auf welche Weise er ohne Zinsenverlust das Geld anzulegen vermöchte. Die Herren Miquél und Bam= berger lauschten ihm diese Sorge ab und vernahmen sein wahres Verzweiflungswort, daß es absolut unmöglich sei, in diesem engen Kreise die Beleihung der riesigen Summe von 187 Millionen Thalern anzulegen. Es war aber auch schon mehr passirt. Die seiner Zeit vielbesprochene Verleihung von 3 Millionen Thaler Staatsgeldern zu 2½ Procent ohne jede Sicherheit an die Disconto=Gesellschaft (deren Director derselbe Herr Abg. Miquél war) hing entschieden schon mit der Gründung des Invalidenfonds zusammen. Dieses Leihgeschäft fand Ende März bis Ende Juni 1872 statt und die Rückzahlung wird wahrscheinlich — bis jetzt schwebt darüber noch ein Schleier — nicht in Baar, sondern in solchen Privat=Eisenbahn=Prioritäten ge= schehen sein, deren Emission die Disconto=Gesellschaft so schwunghaft betrieb. Die Wahrscheinlichkeit erklärt sich aus folgenden Momenten: Der Invalidenfonds war schon be= schlossen im Bundesrath, das sich anhäufende Geld mußte zinsbar belegt werden und, von hier aus betrachtet, gestaltete sich die Verleihung von jenen 3 Millionen als ein Vorschuß= geschäft auf Eisenbahnpapiere, das drei Monate später effectiv wurde; dem so eifrig Zinsen suchenden Finanzminister konnte mit einer Baarrückzahlung gar nicht gedient sein, er nahm doch

lieber — seiner Ueberzeugung und der damaligen Zeitströmung
nach — sichere Bahnpapiere, welche mindestens 4½ Procent
Zinsen trugen. Und so wie hier, mochten sehr viele Millionen für den unzweifelhaft zu gründenden Invalidenfonds
in Bahnpapieren der Disconto=Gesellschaft angekauft sein,
als es kundig ward, daß die Commission die Anlage in solchen Papieren als nicht pupillarisch sicher
— verworfen habe. Man kann sich sonach die Verlegenheit
des Finanzministers, sowie auch die des Herrn Miquél mitsammt der Disconto=Gesellschaft denken, die im Mai 1873,
nachdem der Krach in Wien ausgebrochen, gar nicht einmal
mehr in der Lage war, solche ansehnliche Summe von
„Hannover=Altenbekener, Magdeburg=Halberstädter und Görlitzer Prioritäten" an der Börse und beim Publikum zu
placiren, wahrscheinlich auch gar keine Verpflichtung zur
Zurücknahme hatte, weil der Handel fest abgeschlossen war.

Deshalb ertönten die Klagen aus den Kreisen des
Reichs=Finanzministeriums und der Seehandlung um so
lauter und intensiver: Es sei absolut unmöglich, so viel
schweres Geld sofort in den von der Commission so eng
gezogenen Grenzen zu belegen, obwohl der preußische Staat
immer noch 300 Millionen Thlr. Schulden und die deutschen
Staaten zusammen wohl 500 Millionen besaßen, obwohl
im Hypotheken= und landschaftlichen Pfandbrief=Ressort sich
eine pupillarisch sichere Anlage von wenigstens 3000 Mill.
Thlrn. vorgefunden hätte, der ebensogut eine stärkere Amortisationsquote vorgeschrieben werden konnte, wie dies bei
den Stadtanleihen geschah, — kurz, die Klage ward laut
und Herr Miquél wußte auch dafür Rath, also daß sowohl der Finanzminister, wie die Disconto=Gesellschaft ganz
prächtig aus aller Verlegenheit herauskamen. Man schuf
nämlich in Anbetracht der „Unmöglichkeit der sofortigen Belegung der Gelder" neben dem § 2 (der definitiven Belegung
der Gelder) einen § 3, welche beiden Paragraphen in der
Sitzung vom 2. Mai, nachdem der Ankauf von Pfandbriefen u. s. w. nochmals verworfen war, wie folgt angenommen wurden:

§ 2. Die dem Reichsinvalidenfonds überwiesenen Gelder
sind zinsbar anzulegen. Ihre Anlage hat vorbehaltlich
des § 3 nur zu erfolgen in verzinslichen Schuldverschreibungen, welche
    a) auf den Inhaber lauten oder jederzeit auf den
       Inhaber umgeschrieben werden können und Seitens
       des Gläubigers unkündbar sind; oder

b) eine der nachstehend verzeichneten Gattungen an=
gehören:

1) mit gesetzlicher Ermächtigung ausgestellte Schuldverschrei=
bungen des Reichs oder eines Bundesstaats;

2) Schuldverschreibungen, deren Verzinsung vom Reich oder
einem Bundesstaat garantirt ist;

3) Rentenbriefe der zur Vermittlung der Ablösung von
Renten in Deutschland bestehenden Rentenbanken;

4) Schuldverschreibungen deutscher communaler Corpora=
tionen (Provinzen, Kreise, Gemeinden), welche einer
regelmäßigen Amortisation unterliegen.

§ 3 (nach dem Antrage Bamberger=Gumbrecht). **Für
die Zeit bis zum 1. Juli 1876 kann die Anlage
auch erfolgen in Schuldverschreibungen anderer Staaten,
in** Schatzanweisungen **des Reichs oder eines Bundes=
staats, in** Gewährung von Lombard = Darlehnen auf
Effecten, welche nach Vorschrift dieses Gesetzes zur end=
gültigen **oder vorläufigen** Anlegung **geeignet** sind
(§ 2 u. 3), ferner in inländischen oder auf Gold lau=
tenden ausländischen Wechseln ersten Ranges und **in
Prioritäts-Obligationen deutscher Eisenbahn-Gesell=
schaften.**

So trug in diesem § 3 der „vorläufigen Anlegung"
Herr Bamberger sein internationales Schäfchen heim, wo=
gegen sich sogar noch kühn Herr Miquél aussprach —
entweder aus Spiegelfechterei oder weil er dem Hause Bleich=
röder den möglichen Verdienst an Russen und Amerikanern
nicht gönnte, er selbst aber brachte die Privatbahn=Obliga=
tionen der Disconto=Gesellschaft bis 1. Juli 1876 in Sicher=
heit, bis wohin sich ja wohl das weitere Geschäft der De=
placirung entwickeln durfte; und das dritte Hauptstück wurde
erreicht: die Pfandbriefe wurden sowohl von der vor=
läufigen, als definitiven Verwendung für den Fonds aus=
geschlossen. Die Aufführung der Rentenbriefe diente nur
zur Decoration, bis heut noch weist dieser Fonds, sowie die
drei andern, nicht einen einzigen Schuldschein von nur
100 Thlrn. dieser Kategorie auf; sie sind fast zur Hälfte
amortisirt und bildeten ein — viel zu sicheres Papier, was
für die Fonds den Börsenmächten wahrscheinlich deshalb
unpassend erschien.

Sehen wir nun noch nach, was bei der zweiten Be=
rathung Denkwürdiges gesprochen wurde. Der bekannte

Finanzmakler Eugen Richter war damals noch nicht so zärtlich enchantirt für diesen Fonds; er stand auf dem Standpunkt, der Fonds sei unnöthig und entziehe sich als eine factische ständige Bewilligung der Invaliden=Pensionen der parlamentarischen Controle, sei also gegen die Macht der Volksvertretung gerichtet. Als die Existenzfrage einmal entschieden, mäkelte er gegen die Höhe desselben, er sei um 50 Millionen zu reichlich bemessen. — Herr Camphausen betonte, daß bei der Anlegung des Fonds, der Sicherheit unbeschadet, möglichst hohe Zinsen erlangt werden müßten: „Das Geheimniß der Zeit bestehe ja darin, keine Zinsen zu verlieren", — wir meinen freilich: das noch größere Geheimniß der Finanzkunst besteht darin, das Capital nicht einzubüßen, was bei hohen Zinsen regelmäßig geschieht. Ferner erkannte er das Bestreben der Commis= sion, den Kreis der Anlage möglichst eng zu ziehen, zwar vom politischen Standpunkt als von Vortheil an, für den finanziellen aber sei es ein Nachtheil. Sodann sprach er in Betreff des Ankaufs ausländischer Schuldtitel folgenden Satz aus, dem Herr Bamberger und die ganze „goldene Internationale" gewißlich von Herzen zugestimmt haben wird: „Ich bitte die Herren auch zu erwägen, wie im Fall eines ausbrechenden Krieges, den wir zwar nicht wünschen, der Besitz einer großen Anzahl fremder Papiere ein großer Vortheil sein würde, da in dem Augenblick des Krieges das inländische Capital bedeutend in Anspruch genommen wird, der Verkauf unserer ausländischen Schuldtitel gewisser= maßen das ausländische Capital mit zur Leistung heran= zöge." — Wir freilich, die wir keine gelernten Finanzkünstler sind, fragen hierbei nur: Da jeder angehende Krieg sofort ganz Europa oder wenigstens die europäischen Börsen in= ficirt, somit in Baisse versetzt, auf welche Weise Herr Camphausen den Verkauf solcher Ausländer ohne den enormsten Schaden effectuiren wollte, da er doch mit solchem Verkaufe en masse die Course erst recht werfen würde? Herr Camphausen vertraut jedenfalls auch hier auf seine „glückliche Hand", hierin nur kann man die Erklärung dieser sonst gar zu seltsamen Meinung suchen. — Herr Lasker stellte sich die Aufgabe zu beweisen, den Pfandbrief = Instituten werde selbst damit ein Dienst er= wiesen, wenn die Pfandbriefe gestrichen würden. Darum bitte er. Der Grundbesitz lebe besser ohne bereiten Credit. Dagegen wünscht er die communalen Anleihen ange= nommen. Er meldet bereits Berlin an, daß es 30 Mil=

lionen für seine Canalisation sehr gut abnehmen könne. (!)
Sonst empfiehlt er Vorsicht gegen die Städte. Eugen
Richter perhorrescirt noch einmal die Pfandbriefe, deren
Aufnahme nur zur größeren Verschuldung des Großgrund=
besitzes führen würde, ebenso die Heranziehung der com=
munalen Anleihen, als eine Bevorzugung der großen
Städte. Er läßt dabei das Wort fallen: „Ich kann Sie
versichern, daß bereits nicht nur in der Vorhalle, sondern
im Saale selbst Communal=Anleihen für den Invalidenfonds
(Bewegung) gehandelt worden sind; ich könnte Namen und
Ziffern nennen." Nun ja, das hat sich freilich bewahrheitet,
denn von den 145 Posten im Betrage von 155 Millionen
Mark an Communen und Kreise ausgegebener Darlehen
sind 90, und zwar die größten Posten auf Städte gefallen,
sie empfingen rund 123 Millionen (s. S. 14 ff.), 49 Kreiscorpo=
rationen empfingen nur 22 Millionen davon. Berlin erholte
sich richtig seine 30 Millionen und die anderen Großstädte
in ähnlichem Verhältniß millionenweis, ja einige liehen sich
sogar das Geld für die Zukunft, indem sie es wiederum
für künftige Bedürfnisse zinsbar anlegten... Noch kommen
die Redner v. Wedell, Frhr. v. Roggenbach auf die
Pfandbriefe zurück, allein sie predigen tauben Ohren. Gum=
brecht, der öfter einen stricten unabhängigen Gedanken
verfolgt und dabei gar nicht sieht, was um ihn her für
seine Machinationen schon gesponnen sind, stellt sich noch
einmal auf den stricten Commissions=Standpunkt und will
neben den Pfandbriefen auch die Eisenbahn=Prioritäten als
vorläufige Anlage ausgeschlossen wissen. — Das war eine
gefährliche Diversion und da erhebt sich der Präsident des
Bundeskanzleramts Herr Delbrück und sagt: „Die Placi=
rung müsse so geschehen, damit ein guter Zins abfalle.
Das sei unmöglich, wenn in so kurzer Zeit die Anlage zu
machen sei und der Kreis derselben verengt werde. Er
empfehle dringend den Antrag v. Benda's auf Zulassung
communaler Schuldverschreibungen und die Abweisung
des Amendements Gumbrecht, welches die Eisenbahn=
Prioritäten ausweisen will." — So sprach jener Mann
von „guten Zinsen", — er hielt dabei die bereits acqui=
rirten Bahnprioritäten, die in Hannover=Altenbekener, Gör=
litzer, Magdeburg=Halberstädter ihm die „solideste" aller
Gesellschaften, die Discontobank, aufgehalst, der durch Vor=
schüsse aufzuhelfen er im Begriff stand, für gute solide An=
lagen. Er, der drei Wochen vorher auf die Klagen wegen
des Schwindels, der durch das neue Actiengesetz erzeugt

worden, vorm Angesicht des Reichstags die denkwürdigen
Worte (am 7. April 1873) aussprach:

> „Man hat hier neben vielen ändern in der That mit
> einem Factor zu rechnen, gegen welchen nach dem Wort des
> Dichters „selbst die Götter vergebens kämpfen", und ich
> glaube, es liegt außerhalb der Macht einer jeden Gesetz-
> gebung, Leute, die nun einmal ihr Geld los sein wollen,
> daran zu hindern."

Nun nehmen wir allerdings als unzweifelhaft an, daß
d a m a l s der betreffende Herr Minister z. E. Hannover-
Altenbekener Prioritäten für eine ganz sichere Anlage hielt,
die niemals bis in die 80 herabfallen könnten, sonst würde
er die Anlegung gewiß nicht concedirt haben. Erinnert man
sich aber hierbei des obigen Ausspruchs des Hrn. D e l b r ü ck,
der so viel besagt, daß „man die Dummen nicht durch
Gesetze schützen könne", so zeigt die ganze Transaction doch
nur zu klar, daß auch die beiden Dioskurenminister selbst
nicht „klug genug" waren, um sich nachhaltig von den weit
pfiffigeren Börsenmanipulationen eines Consortiums Miquél-
Hansemann zu salviren. Auch sie also hätten den „Schutz
der Dummen" durch Gesetz recht nöthig gehabt, wie es die
weitere Folge dieser Affairen noch weit mehr klar darthun wird.

Nachdem sich so trefflich Herr D e l b r ü ck für die Bahnprioritäten eingelegt, versäumte auch Herr M i q u é l nicht,
noch einmal die Tribüne zu besteigen. Er ließ hohe, treffliche Worte vom Stapel, wie wichtig die Mission des Invalidenfonds sei; den Zinsfuß niedrig zu halten, das sei
die wirthschaftliche Aufgabe dieses trefflichen Fonds, aus
welchem Leben, Segen und ungeahntes Gedeihen für das Ge-
sammtvolk fließen werde. Deshalb betonte er: „nicht im
Interesse von Eisenbahn-Gesellschaften, sondern im Interesse
des Invalidenfonds" würden diese Prioritäten angekauft
werden. — Das sagte damals Herr M i q u é l, und wir
möchten heut einmal Denjenigen sehen, der behaupten wollte,
die D i s c o n t o - G e s e l l s c h a f t, welche die Ehre hat, mit
dem Invalidenfonds in „Geschäftsverbindung" zu stehen,
habe gewisse Eisenbahn-Prioritäten weniger im Interesse des
Invalidenfonds als in dem Interesse gewisser — Eisenbahnen und ihres Courtage-Gewinnstes dabei für die Tresors jenes Fonds besorgt.

Noch warf, nachdem § 2 und § 3 also angenommen,
die Berathung des § 5 seltsame Schlaglichter. Derselbe
handelte von der Erwerbung und Veräußerung der Schuld-

titel des Fonds. Dieselbe sollte durch vom Reichskanzler zu bezeichnende Privat-Bankinstitute — „mit Ausschluß der Staatsbanken" — geschehen. — So weit hatte sich die liberale Phrase „keine Staatsbank, kein Staatsgeschäft" in die Majorität der Commission eingebohrt, daß man, indem man so eben im Begriff war, einen riesigen Staats-Geldcoloß zu gründen, mit dieser Ausschlußspitze sich gegen die preußische Seehandlung kehrte. — Allein der Mit-Dirigent des ganzen Marionettenspiels, Herr Bamberger, sah bereits, wie trefflich gerade es wäre, wenn die See-handlung mit in den Bereich der Transactionen gezogen werde, schon um den Privat-Bankinstituten zur Deckung zu dienen. Die Großbörse fand sich im Mai 1873 bereits überfüllt mit Anleihetitres aller Art, deren feste oder vor-läufige Placirung bei einem so feinen prompten Kunden, wie der Invalidenfonds es war, überaus verlockend sein mußte. Die Fliegen ahnten bereits, wie gut dieser Ort sich eignete, um dort ihren Schmeiß abzulagern. Hierzu konnte ja als Vermittlerin die Seehandlung nur dienlich sein; eingezogene Erkundigungen bei den Finanz-größen bestätigten überdies, daß die Direction der See-handlung Ein Herz und Eine Seele mit Disconto, Bleichröder, Handelsgesellschaft sei; sie war bereits deren blindes Werkzeug. „Wozu also die liberale Animosität dieser blinden Puppen, die wir ihnen allerdings erst einge-pflanzt haben?" dachte Bamberger und gab seinem Herzen einen Stoß, indem er beantragte, die Worte: „mit Aus-schluß der Staatsbanken" zu streichen. Wohlgefällig dankbar ward ihm dafür vom Bundesrathstische entgegen gelächelt. Sein College Lasker, sein Glaubensgenosse und erster Wort-führer der Puppen, concertirte ihm bereitwilligst und so ward die Seehandlung mit der Gnade bedacht, neben der Disconto, Berliner Handelsgesellschaft, der Deutschen Bank und später Rothschild zu Frankfurt (welche Institute auf Grund des § 5 erwählt wurden, mit dem Invaliden-fonds zu „handeln"), als Bankinstitut des Fonds bezeichnet zu werden. Was sich daraus entwickelte, werden wir später ersehen.

Am 16. Mai 1873 kam es zur dritten Lesung und ohne wesentliche Aenderungen wurde damit der Entwurf zum Gesetz. „Die gute Idee" des Invalidenfonds von 187 Millionen Thaler hatte eine Gestalt gewonnen, wie wir sie im vorstehenden Abschnitt skizzirt. Wir gehen zur weiteren Geschichte des Fonds über.

Der derzeitige Status des Invalidenfonds und der anderen drei Fonds

(vom 4. November 1876).

Kaum war die Kunde von der definitiven Gründung des Invalidenfonds ins Land gedrungen, als sich auch schon die Magistrate und Stadtverordneten der Städte in ganz Deutschland auf die Beine machten, um Anlehen bei ihm zu contrahiren. Es war das eine wilde Jagd, ein Rennen in den Abgrund der Verschuldung, wie es kaum ein zweites gegeben. Jede Stadtverwaltung entdeckte plötzlich, wie sie da und dort recht productive Anlagen, Bauten, Wasser=leitungen u. s. w. machen könne, und so leistete zunächst die Existenz des Fonds den gewiß zweifelhaften Nutzen, daß das Verschuldungssystem der Städte ganz bedenklich um sich griff. — Die Communalschulden der Städte sind factische Vorhypotheken auf die Grunobücher der städtischen Grundstücke und Häuser, die Verzinsung vertheuert in Zeiten des Andranges der Bevölkerung nach den Städten deren Miethen, vertheuert das ganze Leben der Stadtbewohner und in dieser Situation vermag wohl der Hausbesitzer die Mehrlast, die aus den Schulden resultirt, auf die Miether zu wälzen. Allein es bleibt nicht immer so; wenn eine rückgängige Conjunctur eintritt und der Zuzug aufhört, wird der Hausbesitzer ohnmächtig; der Miether dictirt ihm die Wohnungspreise und zuletzt schreibt sich der Minder=ertrag vom Capitalwerth der Grundstücke ab und so führt die Communalschuld zuletzt zu einer Verschuldung der Besitzer in steigenden Progressionen, da die Schuld von unten her zunimmt, der Werth von oben her abnimmt. Aber der Besitzer wohnt leider nicht allein in den Großstädten, das Hauptcontingent bilden die Miether bis zu dem fahrenden heimathslosen Volk, das „frei ge=worden" von Allem, den Conjuncturen folgt und dem Stadtleben Geschmack abgewinnt, weil es in guten Zeiten

Genüsse aller Art bietet. Insofern als die Schuldenwirth=
schaft das städtische Leben vertheuert und seine Social=
beziehungen unzuträglich gestaltet, giebt sie einen mächtigen
Impuls zur wachsenden Unzufriedenheit der städtischen Be=
völkerung ab. Die äußere Seite dieser Unzufriedenheit zeigt
sich in der um sich greifenden Soicaldemokratie. — So wird
das Gute des empfangenen Schuldgeldes, die Wohlthat
aus dem Invalidenfonds bald vergessen sein und schon
nach zwanzig Jahren werden wir's erleben, daß die neue
Stadtgeneration, angeführt von einer feilen Presse, die immer
mit der Strömung schwimmt, behauptet: „Sie müsse mit
ihren Steuern die Invaliden ernähren und nicht der oberste
Kriegsherr, nicht das Reich, das den Invalidenfonds gestiftet."
Seltsam wandelbar ist die Fluctuation städtischer öffentlicher
Meinung — und dabei doch von so großem Einfluß.   .
     Hiernach halten wir die 155 Millionen Mark contra=
hirter Communalschulden für keine glückliche Anlage. Wo
irgend ein Nothstand ausbricht — und ein solcher muß
zeitweilig bei den Städten eintreten, weil deren ganze Basis
eine künstliche ist, so wird bald das Begehren nach Stun=
dung der Zinsen oder der Amortisationen, bald nach Con=
version und billigerem Zinsfuß auftreten. Sicher wenigstens
sind wir, daß die Capitalien niemals voll zum Invaliden=
fonds zurückfließen werden.
     Sehen wir uns jedoch den Status des Invalidenfonds
näher an, wie er vom Reichskanzleramt dem Reichstag
(IV. Session 1876, Schriftstück Nr. 54) vorgelegt ist.

Bestand
an Schuldverschreibungen.

I. Von deutschen Bundesstaaten.

				Mark.
1)	4½proz. Preuß. konsol. Staats-Anleihe			5.673.000
2)	4proz. vorm. Kurhessische „ „ de 1863			259.500
3)	Fortgesetztes 4½proz. Bayer. Eisenb. Anlehen de 1856			85.200.000
4)	4½proz. Bad. Staats-Anl. de 1866			711.600
	„ „ „ „ 1874			7.912.000
5)	„ Gothaische „ „ 1872			780.000
6)	„ Bremische „ „ 1872			15.770.700
	„ „ „ „ 1873			14.924.156,25
7)	„ Hamb. Staats-Eisenb-Anl. de 1868 .			2.276.700
	„ „ Staats-Anleihe de 1873 . . .			5.985.000
8)	„ Königl. Sächsische Staats-Anl. de 1874			24.000.000
9)	„ Fürstlich Reußische ä. L. de 1874. . .			594.000
10)	„ „ Schwarzburg-Rudolstädter Staats-Anleihe de 1873			1.600.000

		Gulden.
11) 4½ proz. Bayerische Staats-Anleihe de 1852 . .		389.700
„ „ „ „ „ 1854 . .		162.600
„ „ „ „ „ 1856 . .		529.400
„ „ „ „ „ 1856 . .		414.900
12) „ Württembergische Staats-Anl. de 1847 .		104.800
„ „ „ „ „ 1849 .		17.000
„ „ „ „ „ 1852 .		27.000
„ „ „ „ „ 1855 .		4.500
„ „ „ „ „ 1859 .		17.400
„ „ „ „ „ 1866 I.		45.700
„ „ „ „ „ 1866 II.		45.100
„ „ „ „ „ 1866 III.		229.000
„ „ „ „ „ 1867 .		260.100
„ „ „ „ „ 1868 .		335.900
„ „ „ „ „ 1869 .		654.500
13) 5proz. Badisches Staats-Eisenb.-Anl. de 1871 .		402.800

Summe I. Mark 165.686.656,₂₃

Gulden 3.640.400

II. Eisenbahn-Prioritäts Obligationen mit Staats garantie.

		Mark.
1) 4proz. Berlin-Stettiner II. Emission		36.600
„ „ III. „		67.500
„ „ VI. „		256.500
2) „ Cöln-Mindener IV. „ Litt. A. u. B.		21.043.800
3) 4½proz. Bayerische Ostbahn		17.187.000
4) „ Oberschl. Litt. H. (Pos-Thorn-Br.) . .		14.657.700
5) „ Stargard-Posener II. u. III. Emission .		29.400
		Gulden.
6) „ Pfälzische Ludwigsbahn de 1872 . . .		7.000.000
7) „ „ Nordbahn		25.500

Summe II. Mark 53.278.500

Gulden 7.025.500

III. Schuldverschreibungen deutscher kommunaler Korporationen.

1) 4½proz. Rheinprovinz-Obligationen	284.100
2) „ Oderdeichbau-Obligationen I. Serie (Melioration des Nieder-Oderbruchs) . .	499.200
3) „ Obligationen der Stadt Nürnberg .	225.000
4) „ Schuldverschreibung der Provinz Posen	7.128.000
5) „ „ des Kreises Allenstein	391.000
6) 4proz. Schuldverschreibung der Stadt Augsburg	1.463.200
7) 4½proz. „ „ „ Backnang	88.200
8) „ „ des Kreises Berent .	499.800
9) „ „ der Stadt Berlin	29.057.000
10) „ „ „ „ Bernburg	293.800
11) „ „ „ - „Beuthen O.-S.	1.469.400
12) „ „ des Kreises Bitburg .	254.800
13) „ „ „ „ Braunsberg	435.900
14) „ „ der Stadt Breslau .	10.285.000
15) „ „ „ „ Brieg . .	1.162.500

16)	4½proz.	Schuldverschreibung der Stadt			Bromberg	1.162.500
17)	„	„	„	„	Cannstadt	764.400
18)	„	„	„	„	Carlsruhe	2.057.000
19)	„	„	„	„	Cham . .	352.800
20)	„	„	„	„	Charlotten=	
		burg				1.453.000
21)	„	Schuldverschreibung der Stadt			Cöln a. Rh.	4.362.000
22)	„	„	„	„	Constanz .	411.300
23)	„	„	„	„	Cosel . .	291.000
24)	„	„	„	„	Cottbus .	587.800
25)	„	„	„	„	Crefeld .	1.743.000
26)	„	„	„	„	Creuznach	470.200
27)	„	„	„	„	Crimmitschau	411.600
28)	„	„	„	„	Danzig .	5.877.000
29)	„	„	des Kreises		Danzig .	338.000
30)	„	„	„	„	Darkehnen	370.200
31)	„	„	„	„	Demmin	182.200
32)	„	„	der Stadt		Dessau .	470.200
33)	„	„	„	„	Döbeln .	489.800
34)	„	„	„	„	Düsseldorf	1.763.400
35)	„	„	„	„	Eisenach .	441.000
36)	„	„	„	„	Erfurt .	1.469.000
37)	„	„	„	„	Eßlingen .	343.000
38)	„	„	des Kreises		Pr. Eylau	1.358.000
39)	„	„	„	„	Fischhausen	494.200
40)	„	„	der Stadt		Freiburg	
		in Bayern				2.938.600
41)	„	Schuldverschreibung der Stadt Freiburg				
		in Schlesien				205.800
42)	„	Schuldverschreibung des Kreises Friedland				749.800
43)	„	„	der Stadt		Gera . .	587.600
44)	„	„	„	„	Gießen .	392.000
45)	„	„	„	„	Gnesen .	235.200
46)	„	„	des Kreises		Gnesen .	294.000
47)	„	„	der Stadt		Görlitz .	1.453.200
48)	„	„	„	„	Graudenz	220.600
49)	„	„	des Kreises		Graudenz	645.200
50)	„	„	der Stadt		Greiz . .	294.000
51)	„	„	„	„	Großenhain	528.500
52)	„	„	des Kreises		Haders=	
		leben				294.000
53)	„	Schuldverschreibung der Stadt			Halle a. S.	2.906.000
54)	„	„	„	„	Hanau .	587.500
55)	„	„	des Kreises		Heydekrug	81.400
56)	„	„	der Stadt		Heidelberg	881.400
57)	„	„	„	„	Heilbronn	
		a. Neckar				1.469.400
58)	„	Schuldverschreibung des Kreises				
		Heiligenbeil				440.800
59)	„	Schuldverschreibung der Stadt Hücks=				
		wagen				145.500
60)	„	Schuldverschreibung des Kreises Inster=				
		burg				336.400
61)	„	Schuldverschreibung der Stadt Kattowitz				411.600
62)	„	„	des Kreises		Kattowitz	587.800

63) 4½proz. Schuldverschreibung der Stadt Kempen . 132.300
64) „ „ „ „ Kirn . . 175.800
65) „ „ „ „ Königsberg in Preußen 3.234.000
66) „ Schuldverschreibung des Kreises Königsberg i. Pr. 1.028.600
67) „ Schuldverschreibung des Kreises Konitz 323.300
68) „ „ „ „ Kosten 398.400
69) „ „ „ „ Labiau 447.000
70) „ „ der Stadt Landau i. Pfalz 352.200
71) „ Schuldverschreibung der Stadt Landeck 294.000
72) „ „ „ „ Liegnitz 881.500
73) „ „ der Gemeinde Lindenau bei Leipzig 196.000
74) „ Schuldverschreibung der Stadt Lissa (Prov. Posen) 145.200
75) „ „ des Kreises Lötzen . 517.400
76) „ „ der Stadt Lüben . 147.000
77) „ „ des Kreises Lyck . 465.000
78) „ „ der Stadt Magdeburg 1.777.200
79) „ „ „ „ Mainz . . 2.906.000
80) „ „ der Gemeinde Malstatt-Burbach-Rußhütte (Kr. Saarbrücken) 176.400
81) „ Schuldverschreibung der Stadt Mannheim 2.938.500
82) „ „ der Stadt Merzig . 116.400
83) „ „ des Kreises Mogilno 758.600
84) 4,33proz. „ der Stadt Mühlhausen i. E. 272.600
4,33proz. Schuldverschreibung der Stadt Mühlhausen i. E. 120.000
85) 4proz. Schuldverschreibung der Stadt München 3.568.285 75
86) 4½proz. „ des Kreises Nakel 102.900
87) „ „ „ „ Neumarkt in Schlesien 308.600
88) „ Schuldverschreibung der Stadt Neustadt O./S. 333.800
89) „ Schuldverschreibung der Stadt Neustadt E. W. 235.200
90) „ Schuldverschreibung des Kreises Neustadt in Westpreußen 588.000
91) „ Schuldverschreibung der Stadt Neustadt an der Haardt 294.000
92) „ Schuldverschreibung der Stadt Neustadt Magdeburg 294.000
93) „ Schuldverschreibung des Kr. Niederung 1.028.700
94) „ „ der Stadt Nürnberg 2.938.500
95) „ „ „ „ Oberlahnstein 215.600
96) „ „ des Kreises Obornit 632.100
97) „ „ der Stadt Oels . . 237.600
98) „ „ „ „ Offenbach am Main 431.200
99) „ Schuldverschreibung des Kreises Osterode in Ostpreußen 73.200
100) „ Schuldverschreibung des Kreises Osthavelland 952.000

101)	4½proz. Schuldverschreibung der Stadt Pforzheim			1.763.000
102)	„	„	des Kreises Pillkallen	445.500
103)	„	i. Pfalz	„	der Stadt Pirmasens	166.600
104)	„	Schuldverschreibung der Stadt Plauen im Voigtlande			587.800
105)	„	Schuldverschreibung der Stadt Posen		2.204.100
106)	„	„	der Stadt Potsdam	882.000
107)	„	„	des Kreises Ragnit	759.400
108)	„	„	„ „ Rastenburg	1.058.000
109)	„	„	der Stadt Regensburg	911.000
110)	„	„	„ „ Remscheid	294.000
111)	„	„	„ „ Reutlingen	294.0.0
112)	„	„	des Kreises Rosenberg in Westpreußen	793 500
113)	„	Schuldverschreibung der Stadt Rottweil a. N.		156.800
114)	„	Schuldverschreibung der Stadt Saalfeld		352.800
115)	„	„	„ „ Sangerhausen	117.400
116)	„	Schuldverschreibung des Kreises Schildberg		4.?6.300
117)	„	„	„ „ Schlochau	117.600
118)	„	„	„ „ Schrimm	313.600
119)	„	„	der Stadt Schrimm	87.320,25
120)	„	„	des Kreises Schroda	851.700
121)	„	„	der Stadt Schweidnitz	881.700
122)	„	„	des Kreises Sensburg	345.900
123)	„	„	der Stadt Sorau N. L.	588.000
124)	„	„	„ „ Spremberg	581.400
125)	„	„	„ „ Sprottau	564.000
126)	„	„	des Kr. Stallupönen	587.50.
127)	4proz.	„	des Kreises Strasburg i. Westpr.	878.000
128)	4½proz.	Schuldverschreibung des Kreises Pr. Stargard		511.500
129)	„	Schuldverschreibung der Stadt Strehlen (Schlesien)		411.000
130)	„	Schuldverschreibung des Kreises Stuhm		334.500
131)	„	„	der Stadt Stuttgart	5.877.200
132)	„	„	des Kreises Tarnowitz	294.000
133)	„	„	der Stadt Tarnowitz	103.000
134)	„	„	des Kreises Thorn	514.500
135)	„	„	der Stadt Tilsit	407.000
136)	„	„	des Kreises Tilsit	514.500
137)	„	„	der Stadt Uerdingen	123. 00
138)	„	„	des Kreises Usedom Wollin	145.500
139)	„	„	der Stadt Waldkirch	529.000
140)	„	„	„ , Waiblingen	73.500
141)	„	„	des Kreises Polnisch Wartenberg	205.800
142)	„	Schuldverschreibung der Stadt Wohlau		147.000
143)	„	„	des Kreises Zabrze	441.000

Summe III. . . . 155.614.805,98

2

IV. Eisenbahn Prioritäts-Obligationen ohne Staatsgarantie.

Mark.

1) 4½proz. Bergisch-Märkische Eisenbahn-Prioritäts
  Obligationen VIII. Serie 45.000.000
  „ Interimsscheine zur Serie VIII. . . . 45.000.000
2) „ Berlin-Potsdam-Magdeburger Eisenbahn-
  Prioritäts-Obligationen Litt.D. neueEmission 370.200
3) „ Breslau-Schweidnitz-Freiburger Eisenb.
  Prioritäts-Obligationen Litt. H. 8.322.900
4) „ Cöln-Mindener Eisenbahn-Prioritäts-
  Obligationen VII. Emission 45.529.500
5) „ Hannover-Altenbekener Eisenbahn-Prioritäts-Obligationen Serie I. 4.717.200
  dergl. Serie II. 4.471.800
6) „ Magdeburg-Halberstädter Eisenbahn-Prioritäts-Obligationen de 1873 . . . . . 16.251.900
7) „ Münster-Hammer Eisenbahn-Prioritäts-
  Obligationen 600
  „ Rheinische Eisenbahn-Prioritäts-Obligationen de 1862 und 1864 . . . . . . —

Gulden

8) „ Frankfurt-Hanauer (jetzt Hess. Ludwigs-
  bahn-) Prioritäts-Obligationen de 1854 . 44.000

  Summe IV. Mark . . . 169.664.100
  Gulden . . . 44.000

Rekapitulation.

I. Schuldverschreibungen deutscher Bundesstaaten . 165 686.656,₂₅
II. Eisenbahn-Prioritäts-Obligationen mit Staatsgarantie 53.278.500
III. Schuldverschreibungen deutscher kommunaler Korporationen 155.614.805,₉₃
IV. Eisenbahn-Prioritäts-Obligationen ohne Staatsgarantie 169.664.100

  Summe Mark . . . 544.244.062,₂₃
  Gulden . . . 10.709.900

Wenn man die 10,709,900 Gulden (gegen 1¾ M.)
in Mark verwandelt, so ergiebt der Nominalwerth der Papiere heut noch 562,986,357 M., vom Nominalcapital ist
sonach scheinbar nichts verzehrt, und dies resultirt ja auch
daraus, da bekanntlich seit drei Jahren das Reichskanzleramt erklärte, die reinen Zinsen (incl. der Amortisationsquote)
hätte zur Bestreitung der Invalidenversorgung hingereicht.
Jedoch ist der Nominalwerth nicht ein effectiver Courswerth und dieser ist gänzlich fraglich geworden, seitdem sich
am 1. Juli 1876 die als vorläufig (laut §. 3) eingestellten
Eisenbahnprioritäten in der Höhe von 170 Millionen Mark
als absolut — unverkäuflich erwiesen.

Wir müssen nun weiter unten die Geschäfte des
Fonds seit der Gründung genau verfolgen. Vorläufig

sei nur erwähnt: Schon im Juli des Jahres 1873 ließ eine Nachricht durch die Börsenzeitungen, wonach der Invalidenfonds durch die Seehandlung 21 Millionen Gulden ungarischer Anleihe derart in Lombard genommen, daß die preußische Regierung darauf 10 Millionen Thaler in Silber bezahlt. Die ungarischen Titel waren sonach mit 61 Prozent beliehen worden, — angesichts der schlechten ungarischen Finanzen hoch genug. Dennoch scheint der Invalidenfonds hierbei mit einem blauen Auge davon gekommen zu sein, denn die Affaire ist abgewickelt. Die Entrepreneurs dieser Anleihe waren aber die Rothschilds, Bleichroeder, in Verbindung mit der Discontogesellschaft, und zum ersten Male tauchte damit die enge Geschäftsverbindung des Invalidenfonds und der Seehandlung mit dieser europäischen haute finance auf, der offenbar ein ganz reeller Gefallen damit gethan wurde, indem sie, wenn nichts weiter, doch 10 Millionen Thaler Baargeld in ihrem Interesse aus den preußisch = deutschen Fonds an Ungarn zahlen konnte, während ihr seit dem Krach vom Mai desselben Jahres das baare Geld knapper und knapper wurde.

Seitdem verlautete wenig oder nichts über den Fonds außer den Nachrichten, wie die Stadtcommunen eine nach der andern mit dem Invalidenfonds verhandelten. In derselben Zeit aber wurden noch zwei Reichsfonds gebildet, und waren dies der Reichs = Festungsbaufonds und der Reichstagsgebäudefonds. Ersterer hatte im Dezember 1876 einen Nominalbestand von 162,707,105 M. und war wie folgt angelegt:

Bestand
in Schuldverschreibungen.

I. Eisenbahn=Prioritäts=Obligationen.

		Mark
1) 4½ proz. Aachen=Düsseldorfer III. Emission . . .		111.000
2) „ Altona=Kieler III. Emission		2.244.300 [1]
3) „ Berlin=Görlitzer Litt. B.		87.300
4) 5proz. Bergisch=Märkische Serie VII.		475.500 [2]
5) 4½ proz. Berlin=Potsdam=Magdeburger **Litt. D**		
neue Emission		6.009.300
„ Berlin=Potsdam=Magdeburger **Litt. E**		2.346.000
4proz. „ dergl. „ **C**		
neue Emission		536.100
6) 4½ proz. Breslau=Schweidnitz=Freiburger Litt. D		18.300
„ dergl. „ E		46.500
„ dergl. „ F		59.700
„ dergl. „ G		82.800

[1] Davon 32.100 M. bei der Deutschen Bank.
[2] Davon 18.600 M. bei der Berliner Handelsgesellschaft.

7)	4½proz. Cöln Crefelder	118.200
8)	4proz. Cöln-Mindener V. Emission	97.200
	4½ proz. dergl. VII. „	34.800
9)	„ Dortmund-Soester II. Serie	175.200
10)	„ Düsseldorf-Elberfelder II. Serie . . .	15.300
11)	„ Hannover-Altenbekener II. Serie . . .	2.983.200
12)	„ Magdeburg-Halberstädter de 1861 . .	—
	„ dergl. de 1865 II. .	1.221.600
	„ dergl. de 1873 . .	65.721.600
13)	„ Magdeburg-Wittenberger	13.800
14)	3½proz. Niederschlesische Zweigbahn	—
	4proz. Oberschlesische Eisenbahn Emission de 1873	9.814.200 [1])
	4½proz. Rheinische Eisenbahn von 1858 u. 1860	—
	„ dergl. „ 1865 . . .	—
15)	„ Ruhrort-Crefelder (Kr. Gladbach) I. Em.	14.400
	„ dergl. dergl. III. „	189.900
16)	„ Thüringische Eisenbahn-Serie V. . . .	1.595.400
	Summe I. . . .	94.011.600

II. Schuldverschreibungen deutscher Bundesstaaten.

Mark.

1) 4½proz. Bayerisches fortgesetztes Eisenbahnanlehen
de 1856 . . . . 22.800 000

Summe II. per se

III. Ausländische Staatspapiere.

Dollar.

1)	5proz. Amerikanische Staatsanleihe per 1881 .	3.263.000
	„ dergl. „ 1901 .	1.284.500

Pfd. Sterl.

2)	3proz. Englische Consols	20.000
3)	5proz. Russisch-Englische Anleihe de 1862 . . .	35.000
	„ dergl. „ 1871 II. Em.	96.350
	„ dergl. „ 1872 III. „ .	777.200
	Summe III. Dollar . .	4.547.500
	Pfd. Sterl. . .	928.550

Alles in Mark umgerechnet sind dies, wie oben erwähnt, 162,707,105 Mark, worunter sich leider wiederum an 94,011,000 M. unverkäufliche Papiere befinden. Dem Finanzminister war bei Bildung des Fonds die Modalität der Anlage im Wesen des Staatsinvalidenfonds überlassen worden, natürlich mit Ausnahme von Communalschuldver-schreibungen, da dieser Fonds gar nicht zu dauernder An-lage, sondern zu effectiven Bauausgaben an den Reichs-festungen bestimmt war. Wie weit dies in Betreff obiger 94 Millionen Privateisenbahnobligationen möglich ist, unter denen sich z. B. 65 Millionen Magdeburg-Halberstädter, bei 3 Millionen Hannover-Altenbeken u. a. absolut unver-käufliche befinden, wird der Verlauf der nächsten Jahre aus-

[1]) Davon 30.000 M. bei der Teutschen Bank.

weiſen. Verkäuflich, aber auch mit Schaden, ſind die
ruſſiſchen und amerikaniſchen Papiere, möglicher Weiſe auch
das bairiſche Eiſenbahnanlehen; alsdann wird wohl der Fonds
ſich mit den ſogenannten „ſchönen Zinſen" beſcheiden müſſen,
mit denen bei dieſer Sachlage immerdar ſich der Reichstag
vertröſten läßt. — Von den Altona=Kielern ſagt der Bericht,
daß ſich 30,100 bei der deutſchen Bank befinden. Desgl.
von den Görlitzern Litt. B. 18,000 bei der Berliner Handels=
geſellſchaft, jedenfalls um damit einen Verkauf zu ver=
ſuchen, der indeſſen ſeit Juli 1875 nicht geglückt iſt.

Wenn wir uns zu dem dritten Fonds, dem Reichs=
tagsgebäudefonds wenden, ſo beweiſt deſſen Anlage am
klarſten, warum nun noch kein Ort gefunden wird, wo dieſes
luftige Gebäude hingebaut werden konnte. Es iſt in lauter
Privateiſenbahnpapieren angelegt.

Beſtand
im Monat September 1876.

a. in Schuldverſchreibungen:
Eiſenbahn=Prioritäts=Obligationen.

1) 4½proz. Berg.=Märk. IV. Serie, I. u. II. Em. .	7.500	*M.*
„ dergl. V. „	145.200	„
„ dergl. VI. „	1.351.800	„
5proz. dergl. VII. „ . . . . . ,	685.500	„
2) 4½proz. Berlin=Görlitzer Lit. B.	11.661.000	„
3) 5 „ Berlin=Hamburger III. Emiſſion . . .	11.871.600	„
4) 4½„ Berlin=Potsdam=Magdeburger Lit. E. .	654.000	„
5) „ Cöln=Mindener VII. Emiſſion	935.700	„
6) „ Magdeburg=Halberſtädter de 1873 . .	1.081.800	„
Summe . . .	28.394.100	*M.*

b. baar.

Guthaben bei der Reichs=Hauptkaſſe	0,44	*M.*
desgl. „ „ Deutſchen Bank	182,43	„
Summe . . .	182,87	*M.*

Aus dieſen drei Reichsfonds ergiebt dies eine Nominal=
Summe von 292,146,800 M., welche in Eiſenbahnpriori=
täten deutſcher Privatbahngeſellſchaften angelegt ſind, und
welche in der Winter=Seſſion von 1875—76 zu den vielen
Controverſen, Beſchlüſſen und Vertrauensvoten Anlaß gaben.

Bevor wir jedoch näher hierauf eingehen, müſſen wir
noch des Status eines andern Fonds gedenken, der lediglich
dem Reſſort des preußiſchen Staats angehört, wofür jedoch
derſelbe Finanzminiſter verantwortlich war.

Bestand
des Preußischen Provinzial-Dotationsfonds am
1. Januar 1876.

Sorten.	Thlr.	Cours.	Coursverlust Thlr.
Hannover-Altenb. I. Em.	23,000	? III. Em. garantirt	
„ „ II. Em.	1,015,000	? v. Mgb. Halb. 84	3,166,080
Berlin-Görlitzer Lit. A.	1,915,800	92 (fehlt i. Courszettel, am. 4. Jan. mit 92)	81,264
Aachen-Düsseld. III. Em.	17,100	95¼	806
Breslau-Schweidnitz-Frei- burg Lit. D. E. F. G.	32,000	95	1,600
Cöln-Crefelder	10,300	? nicht zu ermitteln	?
Dortmund-Soester II. Em.	18,900	95½	889
Schleswigsche Eisenbahn .	88,800	97½	2,210
Düsseld.-Elberf. II. Serie	3,200	? nicht zu ermitteln	?
Ruhrort-Crefeld-Gladbach	12,800	97	384
Preuß. Staatsanl. 1868 A (4)	1,858,600	99⁴/₁₀	7,426
Naff. Staats-Obl. (4%)	233,000	(Fl.) ?	?
Preuß. Staatsanl. (4%)	185,000	99⁴/₁₀	731
Breslau-Schweidnitz-Frei- burg Lit. II. . . .	14,600	91	1,314
Cöln-Mindener VI. Em.	1,065,700	95	53,285
Halle Sor.-Guben Lit. B.	626,800	92¼	48,577
Naff. Staats-Obl. . .	191,400	(Fl.) ?	?

Der Coursverlust beträgt also am 1. Januar an rund 6,280,000 Thlrn. Nominalcapital: 364,566 Thlr.

Dieser Fonds war gegründet zu Zwecken der Selbst= verwaltung der Kreise und Provinzen bei Einführung der neuen Kreis=Provinzialordnung. Das Capital wurde aus den laufenden Ueberschüssen der preußischen Verwaltung überwiesen, welche Ueberschüsse reichlich vorhanden waren, da von den Milliardenbeständen nennenswerthe Reste alter preußischer Staatsschuldentitel eingezogen und so deren Zinsen überschüssig wurden. Da die Provinzial=Ordnung erst später fertig wurde, so sammelten sich wohl an 6 Quartale der ordinair ausgeworfenen Staatszuschüsse zu dieser künf= tigen Verwaltung auf, welche auch die staatlichen Chausseen übernehmen mußte. Der preußische Finanzminister war rechtlich gar nicht befugt, deponirte Gelder anders, als nach der preußischen Depositalordnung von 1783 zu belegen, worunter sich keine „ungarantirten Privatbahn=Obligationen" befanden. Es hatte ihn auch Niemand beauftragt, „gemäß dem Rahmen des Invalidenfonds" zu handeln. Aber auch zu dem Rahmen konnte man doch nicht sogleich die nur als „vorläufige Anlage" in Privatbahnpapieren, die am 1. Juli 1876 umgesetzt und aus den Fonds entfernt sein mußten, rechnen. Dennoch befanden sich in diesem Fonds nach

Abzug der Preußischen und Nassauischen Staatspapiere 11,856,500 M. Bahnprioritäten, so daß also die Gesammtsumme der Anlagen dieser Qualität die Höhe von 304,003,300 M. heut noch erreicht. Es waren im vorigen Jahr c. 311 Mill., 7 Millionen an den kleinern und besseren (älteren cours= fähigeren) Posten sind also bis dato verkauft; was würde man aber für eine Baisse an der Börse erlebt haben, wenn obige 304 Millionen à tout prix bis zum 1. Juli 1875 hätten verkauft werden müssen? — Allein das ging factisch gar nicht, denn die bedeutendsten Posten hatten überhaupt — keinen Preis.

Die Art und Weise der Anlage der Provinzialfonds aber machte ganz besonders Aufsehn, als es nach dem 1. Ja= nuar 1876 zu der Vertheilung dieses Fonds an die Pro= vinzialverbände gehen sollte. Die Beschlüsse und Reden der Provinziallandtage werden wir später registriren.

Die anonyme Disconto-Gesellschaft und ihre bekannten Personalien.

—

Wenn wir bisher eine Reihe von Thatsachen und Erscheinungen dem Leser vorgeführt haben, die scheinbar ohne jede Ursache sich vollzogen, für die allein die allgemeine wirthschaftliche Calamität verantwortlich zu machen sei und an deren schließlichem Resultat (der seltsamen Anhäufung von 300 Millionen absolut unverkäuflicher Eisenbahnpapiere) weder Minister, noch Reichstag, noch Seehandlung, noch Disconto-Gesellschaft, noch Miquél oder sonst irgend ein irdisch Wesen Antheil gehabt habe, so sei es uns zunächst gestattet, ein anderes Gemälde zu entwerfen. Es betrifft dies die Thätigkeit eines Berliner Bankinstituts, der Disconto-Gesellschaft. Dies Institut, eine von Hausemann, dem Vater, dem ehemaligen 48er Minister, 1856 gegründete Gesellschaft, umfaßt jetzt ein Actien-Capital von 20 Millionen Thalern. Die Gründungs- und Emissionsthätigkeit derselben seit 1870 ist weltbekannt. Es geht fast keine größere Geld- oder Capitaltransaction bei Schuldverschreibungen von Staaten, Eisenbahnen, Corporationen ohne ihre Hilfe in Scene und im Capitel der Industrie- und Bergwerksgründungen braucht man nur die Firma der „Dortmunder Union" zu nennen, um die Durchschnittsqualität derselben zu bezeichnen.

Das treffliche moderne Institut einer Actiengesellschaft sieht zwar, von der Außenseite betrachtet, ganz unpersönlich aus, indessen ist in der That die ganze Einrichtung nur eine vortreffliche Maske, hinter der sich die agirenden Personen gar bequem verbergen können. Es liegt nun einmal in dem ganzen Gebahren unserer Geldwirthschaft, daß solches Agiren von hinter den Coulissen her höchst praktisch ist gegenüber der öffentlichen Moral, dem Strafgesetz, der Publizität und theilweis auch der

Presse. So gewiß aber jedes Ministerium seinen Mi=
nister besitzt, so hat auch jede Actiengesellschaft ihren Acteur,
den man nicht einmal immer in dem Director derselben
suchen muß, weil ein solcher, als viel zu sehr verantwortlich,
wie der zeichnende Redacteur einer Zeitung, oft selbst nur
wieder eine vorgeschobene Person ist.

Es ist bekannt, daß der eigentlich leitende Geist der
Disconto=Gesellschaft der jüngst geadelte Banquier Adolph
von Hansemann ist. Herr von Bleichröder als Inhaber
eines Welthauses steht zwar auch so viel als möglich im
Hintergrunde, allein er hält doch, gewissermaßen der alten
conservativen Gewohnheit huldigend, das „Haus S. Bleich=
röder" für genügend zu seiner Deckung; er repräsentirt ge=
wissermaßen die freiconservative Richtung, während die
Disconto=Gesellschaft die in ächter Wolle gefärbte national=
liberale Richtung vertritt. Doch wir wollen von Herrn
v. Hansemann sprechen. Daß Er heut wie immerdar als
Hauptcommanditär die Seele dieses Instituts ist, beweist
das Urtheil Strousbergs in seinen Memoiren, die er
im Gefängniß zu Moskau schrieb; aber zugleich deuten auch
seine Aeußerungen treffend an, nach welchen Prinzipien
Hr. v. Hansemann handelt. Strousberg sagt bei Gelegenheit
seiner Betrachtung über die Uebernahme der rumänischen
Bahnen Seitens der Disconto=Gesellschaft:*)

„Ich habe Gelegenheit gehabt, mit Herrn v. Hansemann die Frage
zu besprechen und weiß daher, welche Motive ihn leiteten, denn wo
Herr von Hansemann betheiligt ist, da prägt sich sein Wille,
durch Ausschluß jedes anderen, aus; nicht ebenso seine Ideen. Er ist
nicht unempfänglich für den Gedanken Anderer,**) ist aber sein Wille
einmal gefaßt, so ist keine Beeinflussung weiter möglich, und in dieser
Beharrlichkeit liegt seine Kraft. Nun hat Hr. v. Hansemann
den Grundsatz — und er ist für die Disconto-Gesellschaft***) nicht
nur bequem und nützlich, sondern er hat sie vor Verlusten und Ver=
wickelungen aller Art bewahrt, — daß er die Disconto-Gesellschaft sich
bei industriellen Angelegenheiten, welcher Art sie auch sein mögen, nur
betheiligen läßt, wenn die Verantwortlichkeit für den Be=
trieb oder die Ausführung auf andere Schultern gelegt werden
kann. †) Dies schließt unter gewöhnlichen Verhältnissen seinen Ein-

---

*) Vergl. „Dr. Strousberg und sein Wirken." Berlin, Guttentag.
S. 380 u. ff.
**) Versteht sie also zu benutzen.
***) Man sieht, Strousberg identificirt ganz selbstverständlich den
Begriff „Hansemann" mit dem der Disconto-Gesellschaft.
†) Das ist allerdings artig gesehen.

fluß auf die Verwaltung aber nicht aus, nur die Verantwortung übernimmt er nicht. Bei Dortmunder Union waren die Herren Grillo und v. Born die verantwortliche Aufsicht, bei Görlitzer Bahn Geh. Rath Wilckens und Conf., bei Harzer Union Schatz-rath König, bei Hannover-Altenbeken die Magdeburg-Halber-städter Bahndirection; die Heinrichshütte, die der Disconto-Gesellschaft gehörte, hatte Herr Hansemann als Erbschaft übernommen und diese ging wohlweislich in der Dortmunder Union auf. — Wenn es möglich ist, einem Institute, wie der Disconto-Gesellschaft unzählige Beziehungen zu verschaffen, wobei dieselbe alle möglichen rechtlichen Vortheile genießen und über enorm associirte Capitalien einen un-beschränkten Willen ausüben kann, ohne verantwortlich und sogar in der Lage zu sein, ihre Speculationen in den betreffenden Papieren neben vollster Kenntniß der Verhältnisse mit einer Unbe-fangenheit*) zu handhaben, als ob man der Sache ganz fern steht und daß, wer auch verliert, sie sicher gewinnen muß, so verdient der Schöpfer dieses Systems Seitens der Besitzer der Com-manditantheile alle Anerkennung.**) Anders verhält es sich mit den Mündeln***) dieser Gesellschaft. Diese leiden sicherlich schwer darunter, denn es kann nicht gute Früchte tragen, wenn die dirigirende Macht ohne Interesse und für den Erfolg unverantwortlich ist. — Bei Ueber-nahme der rumänischen Bahnen äußerte Herr v. Hansemann: „Ich kann in Rumänien nicht bauen, ich kann auch die Verantwortlichkeit dafür nicht übernehmen, ich muß eine andere Bahn haben, auf die ich mich stützen kann und dieses kann nur die österr. Staatsbahn sein."

Und so führte er die ganze rumänische Actiengesellschaft sehr geschickt in die Tinte; denn als die Sache mit der Emission der rumänischen Obligationen nicht ging, da stellte sich heraus, daß er die jährlichen Beträge der rumänischen Staatsgarantie, die den Actionären verheißen war, gegen Zurückziehung seiner und Bleichröders geleisteten Vorschüsse der österr. Staatsbahn verpfändet hatte. So zog Er sich aus der Affaire heraus und legte die Actionäre derart hinein, daß ihre Actien jetzt 7 Br. stehn und eigentlich gänzlich werthloses Papier sind.

Und dies Kunststück ist erreicht, obschon die rumänische Regierung bis jetzt pünktlich ihren Garantiepflichten nach-gekommen ist. Allgemein zweifelte man früher bei Ausgabe der Strousberg'schen Obligationen an dieser Möglichkeit

---

*) Siehe Invalidenfonds.
**) „Anerkennung Seitens der Commanditisten," das ist fein gesagt, was aber sagt das Publikum dazu?
***) Siehe Invalidenfonds.

und war dies die alleinige Ursache des stark bezweifelten Werthes dieser Anlage; wie wäre aber Jemand damals auf den Gedanken gekommen, daß eines schönen Tages diese heut noch wirksame Staatsgarantie von den betreffenden Papieren abgelöst und anders, als auf ihre Objecte verwandt werden könnte? Dies allerdings überraschende Kunststück brachte jenes Consortium dennoch zu Stande, dessen beide Häupter, wie man sagt, dafür, daß sie diese verfitzte Angelegenheit in die Hand nahmen und zum Segen der meist armen Gläubiger durchführen wollten, von der preußischen Krone den Adel erhielten.

Als Strousberg von dem Eindringen der Discontomächte in die Verwaltung der Görlitzer Bahn erzählt, sagt er (S. 291—93):

„Es handelte sich um die Begebung einer Summe von vier oder sechs Millionen Thaler Obligationen ... Eines Tages kam diese Angelegenheit auf die Tagesordnung; der betreffende Geschäftsinhaber entfernte sich allerdings, der Vorsitzende und die sonst eben Betheiligten blieben aber*) und nun wurde ein Contractsentwurf mit der Disconto-Gesellschaft bezüglich Uebernahme der Obligationen vorgelegt, wonach diese Gesellschaft dieselben zu 4 oder 6 Prozent unter dem Cours für ähnliche Papiere kaufte und ihr freies Ermessen bezugs der Abnahme gegeben werden sollte, wobei außerdem die Verzinsung des Erlöses bis zur Verwendung (die bis zu zwei Jahren hinausgeschoben wurde) niedriger als die Obligationszinsen sein sollten. Ich machte darauf aufmerksam, daß hierdurch eine sehr große Summe in Coursdifferenzen involvirt werde, daß Zinsverluste entstehen würden, und daß die Görlitzer Bahngesellschaft bei ihrem guten Finanzstande die Vermittelung der Bankwelt gar nicht bedürfe und namentlich die Effecten, je nach Bedarf begeben, den Markt gar nicht drücken könnten. Herr Levinstein, — der, wie ich überzeugt bin .... bei dem Geschäft interessirt war, plaidirte eifrigst für Annahme des Contractes, und Herr Geh. Rath Wilckens schloß, neben der ihm eignen Breittretung der Frage, in der ihm in gleicher Weise brüsten Art, so bald wie thunlich die Debatte. Ich erinnere mich nicht, ob irgend eine Abstimmung stattfand, ich glaube aber nicht, daß ich das Protokoll unterschrieben habe."

Hierzu macht Strousberg die bedeutsame Anmerkung:

„Diese Obligationen sollen für die Anlage des Invaliden-

---

*) Nämlich Geh. Rath Wilckens, die von Hansemann hier eingeschobene Schachfigur der D. Gesellschaft, Levinstein u. a.

fonds,*) jedenfalls aber auf einmal**) entnommen worden sein, zu einer Zeit, als die Banken Geld brauchten und der Zinsfuß hoch war, wo die Bahn aber des Geldes nicht benöthigte und selbstver ständlich mehr Zinsen zu vergüten hatte, als ihr bezahlt wurden."

Strousberg fährt nun fort:

„War es recht, daß Geheim-Rath Wilckens, Mitglied des Auf- sichtsraths des betreffenden Bankinstituts, welcher aus dem Profit dieses Instituts eine Tantième bezieht, zugleich als Vorsitzender bei der Sitzung des Aufsichtsraths der Görlitzer Bahn präsidirt und die Debatte leitet, in der es sich darum handelt, seiner Bank, die ihm in Verhältniß zu seinem Profit zahlt, Hunderttausende zu verdienen zu geben, und dieses in einem Aufsichtsrathe, wo die Majorität notorisch aus ihm in dieser Beziehung gleichgestellten Personen besteht, und durfte ein solcher Contract überhaupt unter diesen Verhältnissen abge- schlossen werden, ohne andere Institute zur Concurrenz aufzufordern? Formelle Gründe mögen ein solches Handeln erlauben und gesetzlich straflos machen; über das Unmoralische eines solchen Vorgehens kann kein Zweifel herrschen.***)

Nachdem Strousberg eine Reihe von Thatsachen auf- gestellt, wie lediglich durch diese Geldverluste und allerhand verkehrte Directiven dieses von dem Discontoring beherrschten Directoriums die Görlitzer Bahn so weit ge- kommen, daß sie, wie sattsam bekannt, finanziell ruinirt ist, schließt er mit folgender Betrachtung:

„Zu beweisen würde mir nicht schwer fallen, daß die Stellung und die niedrige Anbetung des goldenen Kalbes unserer Zeit die großen Bankhäuser und Institute in die Lage versetzen, ohne Gesetzesüber- schreitungen und Gefahr Verhältnisse auszubeuten, welche weniger hoch situirte Personen nur unter Anwendung von Mitteln nachahmen können, die als betrügerisch bezeichnet werden würden. Das böse Beispiel, von Lorbeern gekrönt, ist aber der wahre Verführer; es untergräbt das Rechtsgefühl, ja das rechte Bewußtsein und corrumpirt die Geschäfts- welt 2c."

Wir meinen, ein böser „Agrarier" könnte nicht besser sprechen, als Strousberg über Herrn Wilckens und die Discontogesellschaft. Bei der Halle-Sorau-Gubener Bahn sehen wir nun dieselbe Erscheinung. Strousberg schreibt:

---

*) Allerdings sind dies die Berlin-Görlitzer, Litt. B., die im Ver- zeichniß dieses Fonds mit 11 Millionen stehen.
**) Und zwar zum Course von 100¼ oder ½!!
***) Man bedenke, daß hier Strousberg von „unmoralisch" spricht.

„Inzwischen hatte, dem Impulse der Discontogesellschaft und Levinstein folgend, auch hier eine Bewegung begonnen; ich kam ihr zuvor und räumte freiwillig ein, daß sechs neue Mitglieder, hauptsächlich Banquiers, weil man ja diese als alleinseligmachende ansah, in den Aufsichtsrath gewählt wurden. . . . . Es handelte sich damals um eine neue Anleihe. . . . . Während meiner Abwesenheit von Berlin hatten sich die neuen Mitglieder mit der Discontogesellschaft in Verbindung gesetzt und ich fand bei meiner Rückkehr Vereinbarungen abgeschlossen, wonach die Gesellschaft das Darlehn gewährte, unter der Bedingung, die Obligationen zu kaufen*) und einige ihrer Herren in den Verwaltungsrath der Bahn zu bringen . . . Obgleich die Herren (nämlich obige sechs Banquiers) nicht in derselben Beziehung zur Discontogesellschaft, wie jene bei der Görlitzer, standen und berechtigt waren, für die Bahn mit ihr zu contrahiren, so fand ich doch, daß die Banquiers und die der Gesellschaft näher Stehenden den Inspirationen der Discontogesellschaft folgten und alle Emissions-Geschäfte mit ihr ohne Concurrenz, wie bei Görlitz abschlossen, — ich zweifle nicht, daß die Banquiers pecuniär dabei betheiligt waren, . . . und weil ich aus Geschäftsrücksichten nicht feindlich gegen die Disconto-Gesellschaft auftreten konnte **), so bin ich auch hier aus dem Aufsichtsrathe geschieden."

In Betreff der Bahn Hannover-Altenbeken, die er ebenfalls an die Discontogesellschaft abtreten mußte, berichtet Strousberg (wir bevorworten, daß Strousberg den von Bennigsen und Abickes mit Banquier Cohn abgeschlossenen Bauvertrag von letzterem gegen eine „Entschädigung", wie er ausdrücklich sagt, übernahm). (Seite 305. 306 das.)

„. . . meine Socien (Cohn, Bennigsen, Abickes?) haben jedenfalls ihren Profit-Antheil empfangen, mich aber im Stich gelassen. — Damit verhält es sich folgendermaßen: Nach Regelung der rumänischen Angelegenheit bin ich darauf angewiesen gewesen***) mich mit der Discontogesellschaft auf guten Fuß (!!) zu halten. Die Magdeburg-Halberstädter Bahn stand damals in intimen Beziehungen zu diesem Institute,†) und wollte unter allen Umständen die Bahn in ihre Gewalt

---

*) Natürlich ebenfalls mit wenigstens 6 Prozent unter Pari, sie liegen größtentheils im Provinzialfonds mit 99½ abgegeben.

**) Nämlich seiner Verhandlungen wegen über die rumänischen Bahnwirren mit derselben Gesellschaft.

***) Jedenfalls, weil die Disconto-Gesellschaft oder vielmehr Herr Hansemann ihn deshalb noch in den Scheeren hatte!

†) Auch diese größte aller Bahnen war längst in den Netzen der Discontogesellschaft gefangen, ist somit nur noch ihr Spielzeug, das sie gründlich, wie die Katze die Maus in der Gewalt hat und mit der sie ebenso verfährt.

bekommen. ... Diese Bahn, an sich unrentabel, konnte der Halber städtischen Gesellschaft unberechenbaren Nutzen bringen, kaufen mochte letztere aber sie nicht, denn sie konnte den Vortheil viel billiger haben, und so veranlaßte sie die Discontogesellschaft, mit mir wegen Ueber nahme einer Summe Prioritäts Stamm-Actien zu verhandeln, wenn ich sie und die Halberstädter Bahn an dem Bau betheiligen würde. Ich war kampfunfähig und mußte mit schwerem Herzen einen Vertrag ein gehen, der seinem Charakter nach fast unmoralisch zu bezeichnen ist. Ich ließ den Beiden eine Anzahl Millionen Stamm-Actien zum da maligen Course ab und betheiligte Beide als Theilnehmer an meiner Bau-Entreprise unter folgenden Bedingungen: Sie übernahmen keiner lei Verpflichtung nach Außen (Hansemann!) und hatten keine Zu schüsse zu zahlen, wenn sich ein Verlust herausstellte. ... Den Gewinn antheil hatte ich mit 600,000 Thlr. positiv als Minimum zu ga rantiren und war à Conto dessen verpflichtet, monatlich mir ihn in entsprechenden Raten von den Baukosten abziehen zu lassen. Hierauf sind effectiv 200,000 Thaler gezahlt worden."

Auch die andern 400,000 Thlr. wußte die Disconto= gesellschaft zu bekommen, doch mag man in Strousbergs Buch (S. 307 ff.) die verwickelte Angelegenheit selbst nachschlagen. Der Shylockschein der Discontoges. kam aber auch hier wieder, wie man sieht, zum Vorschein; man streicht den künftigen möglichen Profit mit 600,000 Thaler schon vorher ein, Strousberg und die Bahn haben das Nachsehn; glücklicher Weise sorgte der Einfluß des Herrn von Bennigsen fleißig dafür, daß fast unbesehens dieser Bahn Privilegien zu Prioritätsanleihen (bekanntlich) drei in der Gesammt=Höhe von 14³/₄ Millionen Thlr.) bewilligt wurden, wofür freilich die Bahn selbst rettungslos verschuldet ist. Daß sie ihre Gesammtunkosten an 33¹/₂ Millionen Thlr. nun und nimmer= mehr verzinst, ist bereits der Welt klar. Aber auch der Werth ihrer Prioritäten, welche ebenfalls die Disconto= gesellschaft mit gleichen Profiten emittirte, und alsdann den vier Fonds aufgehängt hat; wird durch ein Urtheil Strous= bergs über diese Bahn treffend beleuchtet, er sagt S. 309:

„Selbstverständlich wird die Bahn nie prosperiren, denn obgleich die Baugesellschaft, welche die Concession nach Westphalen hatte, dieselbe nicht mehr besitzt, so liegt es nicht im Interesse der Halberstädter Bahn, Hannover-Altenbeken unabhängig zu machen. Verträge werden mit angrenzenden Bahnen abgeschlossen werden, die dem Verkehr im Interesse der Halberstädter Bahn zu Gute kommen; auf jeder anderen Seite wird die eigenthümliche Gestaltung der Hannover-Altenbekener zu demselben Zwecke benutzt werden, und wenn auch die Actien, die

Halberstadt besitzt und trotz ihres niedrigen Courses in ihrer Bilanz zu Pari*) aufführt, nichts bringen sollten, so wird der indirecte Vortheil für Halberstadt dies weit aufwiegen; die übrigen Actionäre bei Hannover-Altenbeken werden aber nie Etwas bekommen, und dies Unternehmen, dessen Entstehung und ganzer Lebenslauf von mir unabhängig waren, wird als eine Strousberg'sche schlechte Bahn bezeichnet werden. In der Verwaltung waren die ersten Männer Hannovers, jetzt die ersten Deutschlands — mich hat man ruinirt. Um eigene Fehler zu verdecken, wenn welche vorhanden waren, was ich nicht weiß, und um den schlechten Erfolg auf andere Schultern zu schieben, werde ich und die Bahn als Vorhang benutzt, hinter dem sich a n d e r e G r ö ß e n**) verbergen können.

Für den vorliegenden Zweck habe ich genug gesagt. Die Angelegenheit ist aber damit nicht beendet; ich werde andere Gelegenheit haben, mit a l l e n B e t h e i l i g t e n meine Rechnung zu machen."

Da bei dieser Bahn der Name des Concessionärs von Bennigsen, der noch im Aufsichtsrath dieser Bahn sitzt und somit ein fügsames Werkzeug für den von Strousberg so trefflich gekennzeichneten Hansemann'schen „Willen" sich bewährte (da er sonst längst von demselben aus dieser Stellung entfernt wäre!), so mag hier noch ein Urtheil des Gründers Strousberg, der als Gründer und Eisenbahnunternehmer doch wahrlich eingeweiht war, folgen. Er schreibt:

„Daß Laskers Urtheil durch seine politische Antipathie so getrübt wurde, daß er seinen Angriffen keine Grenze zu setzen wußte, ist am besten dadurch zu beweisen, daß er seinen P a r t e i g e n o s s e n gegenüber m e h r a l s rücksichtsvoll war. Ich verdamme die persönliche Seite, die er der Frage gegeben hat, und tadle daher nicht, daß die Zahl der Angegriffenen nicht eine größere war, ich behaupte nur, daß sie eine g r ö ß e r e geworden wäre, wenn Miquél, Bennigsen, Hammacher, Braun und Andere z u f ä l l i g der c o n s e r v a t i v e n P a r t e i a n g e h ö r t h ä t t e n."

Herr Lasker wird sich kaum mehr entschuldigen können, daß er den Disconto-Ring durchaus nicht zu entdecken vermochte und Herr v. Bennigsen mag „schweigen" wie er will, daß Er und Miquél, Wilckens, und einige Andere, auf die wir noch zu sprechen kommen werden, als Läufer oder Springer im Schachspiel des Herrn von Hansemann

---

*) Auch ein offenbares Vergehen gegen das Actien- und Handelsgesetz, das ihr von Staatswegen schon mehrere Jahre nachgesehen, obwohl es die offenbarste Bilanzverschleierung enthält, die bei a n d e r n Gesellschaften vor den Staatsanwalt geführt hat.

**) Bennigsen, Miquél?

verwandt worden sind und wohl noch dazu verwandt werden, steht ohne Zweifel fest; — möge der materielle Vortheil, den sie daraus gezogen, ihren Nachruhm überwiegen!

Wir müssen hieran noch das Urtheil reihen, das Strousberg über die ganze Gattung der Berliner Banquiers und ihr Treiben ausspricht (S. 34 dess. Buches):

„Ich habe den Chef, und zwar den alleinigen Chef eines Bankhauses im Auge, der Banken, Pferdebahnen, Wechselgeschäfte, Fabriken und Anderes gegründet hat. Dieser hatte stets einen Rechts-Consulenten zur Seite, der ihm die Demarkationslinie zwischen seinem Thun und dem Staats-Anwalt vorzeichnete. Er erschien selten an der Oberfläche, er hatte seinen Regierungsrath, Assessor außer Dienste und Andere, die die Vorsitzenden und Leiter seiner Unternehmungen waren, die er aber regierte, und deren äußere und innere Anständigkeit er sich zu Nutzen machte, und die für ihn die Kastanien aus dem Feuer holten, während er erhöhte Preise für seine Gründungs-Objecte empfing. Wenn nicht Alles, was er geschaffen, schlecht war, so hat er doch bei Allem ungesetzliche Verdienste gehabt und schließlich seine Socien hintergangen. Er bediente sich eines wohlorganisirten Apparates, seine Effecten unterzubringen, sie später billiger wieder zu kaufen, und eventuell die besseren Unternehmungen durch seine Organe noch weiter für seine Zwecke auszubeuten. Diesen Mann wird der Staatsanwalt nicht fangen, er besitzt heute mehrere Millionen. Ein anderer Banquier, der, wie ich glaube, sein Geschäft als reicher Mann aufgegeben hat, spielte während der Gründer-Periode und der darauf folgenden Zeit bei Actien-Unternehmungen zugleich die Rolle der Hebeamme, des Arztes, des Todtengräbers und des Erbschaftsverwesers. Er verdiente zunächst bei den Gründungen, leitete dann die Geschäfte so, daß sie nicht bestehen konnten, er führte die Auflösung herbei und übernahm manchmal die Liquidation. Während obiger Operationen verkaufte er die Papiere des betreffenden Unternehmens erst mit großem Agio, dann ging die Entwerthung derselben vor sich; Gerüchte coursirten, die geeignet waren, das Papier zu drücken; und während er und vielleicht die Eingeweihten allein wußten, ob eine Auflösung, Capital-Reducirung oder was sonst der Art in Aussicht stand, war er in der Lage zu beurtheilen, ob die im Preise entwertheten Actien im Verhältniß zu ihrem inneren Werth mit Profit gekauft werden konnten. Die Kauf-Operationen wurden dann vollzogen, das Publikum hatte sein Geld verloren, und die General-Versammlungen wurden durch die billig gekauften Actien beherrscht, die Auflösung beschlossen, und die Liquidation demselben Herrn übertragen, oder von ihm beeinflußt. Noch immer aber hielt man dann die Actionäre in Ungewißheit, welche Dividende vertheilt werden würde, obgleich man es genau wissen konnte, denn diese Ungewißheit war wieder das Mittel, denen, die nicht abwarten konnten, die Actien billig abzukaufen.*)

Bei der Paderfteinifchen Bank habe ich felbst diefe Operationen verfolgt und darunter gelitten. Ich stand mit dem Haufe in Gefchäfts beziehung und zeichnete für eine bedeutende Summe über pari, weil es ein altes, gutes Gefchäft war. Gleich nach der Gründung wurden die oben gefchilderten Manipulationen begonnen, das Gefchäft mit Eng- herzigkeit geführt und — verdorben; die Actien fielen, wurden unver- käuflich und Alles endete wie oben bezeichnet, und mußte ich, nach be- fchloffener Auflöfung, meine Actien unter ihrem Werth verkaufen. Hier war ein gutes, lebensfähiges Unternehmen durch unverzeihliche Fehler — denn einen beabfichtigten Betrug will ich nicht vorausfetzen — zu Grabe getragen und mit der Situation auf Koften der Actionäre Mißbrauch getrieben. Die ganze Handhabung läßt fich aber unter die fogenannten kaufmännifchen Ufancen einreihen, und es würde dem Staats- anwalt fchwer fallen, fie für ftrafbar zu erklären, denn unfere Gefetz- gebung, wie ich in einem anderen Abfchnitt beweifen werde, bietet die Hand dazu, jene Ufancen in Anwendung zu bringen.

Man braucht aber nicht Handlungen, wie die vorerwähnten, heraus- zugreifen. Das Gefchäft der Agiotage überhaupt, und namentlich bei Gründungen, giebt den vornehmen, ehrlichen (!) Banken und Bankhäufern legitime Mittel(!) das Publicum zu berauben; es ist wahr, daß fich diefe Mittel als für das Gefchäft nöthig, als mit den modernen ökonomifchen Grundfätzen zufammenhängend 2c. bezeichnen laffen, das ganze Gefchäft ift aber doch bei alledem ein planmäßiges Täufchen des Publikums, kann aber auch, außer während einer Speculations Manie, nur von den erften Firmen (!) betrieben werden, und in der That führen denn auch diefe den Reigen an. Solche Inftitute können fich brüften, daß alle Zahlenangaben richtig feien, daß nur die wirklich gezahlten Summen in Rechnung ge- bracht werden, — denn ihr Profit rührt von dem Agio her — die Actien kommen über Pari auf den Markt, das Renommé des Infti- tutes macht alle begierig, fich dabei zu betheiligen, der Cours fteigt, es wird nur ein kleiner Theil zum Emiffionscourfe hergegeben und gleich zu höheren Courfen zurückgekauft, um eventuell zu den aller- höchften fpäter veräußert zu werden, und fo entwickelt fich zu Gunften der ehrenhaften Häufer und deren Freunde ein fchwindelhafter Cours wie bei Laurahütte, Dortmunder Union, Hibernia und Shamrock, Gelfenkirchen, Harzer Union 2c. 2c. Bei allen diefen Unternehmungen dürfte nicht eine einzige Handlung gefchehen fein, die nicht ftrikte legal ift, auch ift wohl nichts abfichtlich verdorben

---

*) Haben wir jemals — fchwärzer gemalt, als hier der einge- weihte .... Strousberg??

worden, die Praxis selbst aber ist falsch, sie beruht auf einem System, das vom Publikum nicht verstanden, faul und falsch in seinen Grundpfeilern ist. Diesen Gegenstand beabsichtige ich, vielleicht noch in dieser Schrift, jedenfalls später zu beleuchten, um dem Publikum klar zu machen, daß das, was es für Leuchtfeuer gehalten, Irrlichter waren.

Das Berliner Bankwesen verabscheute ich aus Grund meiner Seele vom ersten Augenblicke an, wo ich es näher kennen lernte. . . . Es sind unsere Bank- und Hypotheken-Institute, Banquiers, Wechselgeschäfte und Commissionshäuser nichts Anderes als Triebfedern zur Speculation, und Mittel zum Wucher und zum legalisirten Betrug. Das schlimmste dabei ist, daß dieses Resultat mit persönlicher, wenn auch falsch verstandener Ehrlichkeit, zu vereinbaren ist. Unser Gesetz, unsere Staatsbank, die jetzt prävalirenden Prinzipien und das sich daraus ergebende System tragen die Schuld daran. Es giebt allerdings Handlungs-Häuser, die bei ihren alten Traditionen verblieben sind, diese sind ehrenwerth, aber meistens nutzlos. Wie die jüdischen Banquiers die Erfinder, oder wenigstens gewandten Verwender von Usancen sind, die heute allgemein grassiren und dem Wucher und legalisirten Betrug Thür und Thor öffnen, so hat der mehr systematisch philosophische Geist des Germanen*) versucht, durch Prinzipien zu wirken, und unter Beibehaltung alles oben Geschilderten, zur Vervollkommnung unseres Geschäftssystems noch den Lehrsatz aufgestellt: „In Geldsachen hört die Gemüthlichkeit auf".**) Die Jünger dieses Cultus haben denn auch Institute als Tempel gegründet, in welchen dieser Grundsatz durch eine Zahl der fähigsten Priester mit einem Eifer vertreten wird, der der besten Sache würdig wäre, und der zugleich in ihrer Ueberzeugungstreue, Naturanlage und ihrem Interesse wurzelt und allgemeine Anerkennung findet. Solidität im Sinne der Solvenz ist die natürliche Consequenz, aber zugleich das einzig Gute unseres Bankwesens, und dieses muß auch als Deckmantel aller sonstigen Sünden herhalten. Die Stellung der großen Banken und Bankhäuser erhebt sie über die Kritik und deshalb können sie Verwaltungsfehler machen, die Vielen Millionen kosten, Gesellschaften auflösen, Capitalien reduciren und alles Mögliche veranlassen, ohne darunter in ihrem Renommé zu leiden. Wer auch verliert, sie bleiben „fein" finanziell außer Frage. Der Heiligenschein, der das Wort „Banquier" umgiebt, ist das goldene Kalb, vor dem in unserer Zeit sich Alles beugt. Der Staatsmann ist angewiesen, sich das Vertrauen des Capitals zu erhalten, denn so lange der Banquier der Trichter ist, durch den die Gelder des Publikums fließen müssen, so lange das Publikum nur den Impulsen der Bankwelt folgt, so lange wird diesem Gewerbe eine un

---

*) Feiner Hieb auf die deutschen Judengenossen!
**) Hansemann.

gebührende Macht, ein falscher Glanz gegeben, und so lange wird der Bank-Gründer die Masse ausbeuten.

In Deutschland spielt der Privatmann, wenn er noch so reich ist, auf dem Geldmarkt keine Rolle, die Schätze des Banquiers erscheinen aber unermeßlich, und so bemächtigt er sich vieler Unternehmungen, die gar nicht zum Bankgeschäft gehören, die er nicht versteht und fast immer verdirbt und die außer Verhältniß zu den eignen Mitteln stehen; letzteres genirt ihn jedoch nicht, denn die Tasche des Publikums steht ihm offen, wenn überhaupt für Capital-Anlagen etwas vorhanden ist.

Wenn man aber schließlich das Facit der Rechnung zieht, so findet man, daß der Cours-Verlust des Publikums an den an sich vielleicht nicht schlechten, von ersten Häusern in Scene gesetzten großen Unternehmungen viel bedeutender ist, als das, was bei schlechten schwindelhaften Sachen verloren geht. Diese letzteren sind meistens verhältnißmäßig klein in ihrem Umfange, und wenn vielleicht ein solches Papier auf Null geht, so ist der Total-Verlust nichts im Vergleich zu Laurahütte, Shamrock und Hibernia ꝛc."

Wenn Strousberg so von den großen Bankinstituten urtheilt, so trifft das gerade ganz besonders bei unserem größten Berliner, der Disconto-Gesellschaft zu. Wir müssen aber die mit dieser Größe sich steigernde Progression noch ein wenig näher erläutern. Der nach vollster „Unverantwortlichkeit" strebende Geist der Disconto-Gesellschaft brauchte in allen Sphären der Gesellschaft, bei Hof, bei den Abgeordnetenhäusern, selbst bei der Regierung seine Vertreter, die nöthigenfalls seine Unverantwortlichkeit deckten, oder seine Angelegenheiten dadurch, daß sie in das Interesse der Gesellschaft gezogen wurden, fördern halfen. Der Verwaltungsrath der Gesellschaft bestand noch im Jahre 1876[*]) aus Staatsminister a. D. v. Bernuth, liberalem Vice-Präsidenten des Herrenhauses; Oberbürgermeister a. D. Miquél, Führer der nationalliberalen Majorität im Reichstage und Abgeordnetenhause; Geh. Ober-Finanzrath F. Wildens, Berliner Stadtrath und Vertreter Berlins im Herrenhause; Geh. Ober-Finanzrath a. D., Präsident des Reichseisenbahnamts a. D. Scheele; Scheller, Geh. Finanzrath a. D.; Wehrmann (früher Geh. Ober-Reg.-Rath und vortragender Rath beim Kaiser, ist gestorben); Richard Hardt, Consul a. D.; v. Rönne, Präsident a. D.; Frhr. Ernst v. Eckardstein, Mitglied des Reichstags; hierzu kommen noch einige jüdische Namen, wie Salomonsohn,

---

[*]) Vergl. Berliner Adreßbuch von 1876.

Goldschmidt, Jul. Kauffmann, welche das eigentliche „Geschäft" in den praktischen Sphären besorgen.

Die zahlreichen „a. D.'s" bringen ihre Fühlung aus den Regierungssphären mit, ja wenn's noththut, opfert sich sogar Einer auf und tritt zurück in den Staatsdienst, um gewisse Ziele, die einmal für nothwendig gehalten werden, zu erreichen. Wir erinnern nur an Präsidenten Scheele, der vom Finanzministerium zuerst in die Disconto-Gesellschaft übertrat und nebenbei Eisenbahn-Verwaltungsrath einer der angesehensten Bahnen war; als es sich aber Anfang 1875 um die Nothwendigkeit der Erhöhung des Eisenbahntarifs und auch darum handelte, daß das neue Reichseisenbahnamt ja keine den Privatinteressen und der Disconto-Gesellschaft gefährliche Behörde werden möge, ließ er sich als dessen Präsidenten berufen, setzte die Erhöhung des Tarifs durch, trat aber sofort vom Amte wieder zurück, um in dem Verwaltungsrath der Disconto-Gesellschaft mit offenen Armen aufgefangen zu werden und zugleich von ihr das Amt des Vorsitzenden der Magdeburg-Halberstädter Bahn zu übernehmen. —

Kaum war der Norddeutsche Bund gegründet, so hatte Herr v. Hansemann sich in der neugebildeten nationallibe= ralen Majorität umgesehen, wo er den Hannoveraner Miquél, damals armen Bürgermeister von Osnabrück, ent= deckte. Ein Mann mit seinem Organe und seinen Manieren war geboren zum Führer der Partei und zugleich doch nicht verbissener Doctrinär genug, um nicht für praktische Dinge Sinn und Verstand zu zeigen. Dieser Vorzug Miquél's kostete zwar Herrn v. Hansemann bedeutende Opfer, denn Miquél wußte ebenso gut, was er werth war; er ließ sich nicht mit einer einfachen Sinecure im Verwaltungsrath abspeisen, sondern verlangte zum vierten Commanditär zu avanciren, wurde Director der Disconto-Gesellschaft und theilte in den Jahren des Glanzes eine jährliche Tantième im Verein mit Herrn v. Hansemann bis zu 200,000 Thalern!*) Aber der Führer der liberalen

---

*) Man weiß zwar nicht genau, in welchem Antheilsverhältniß Herr Miquél als Commanditär stand, allein was die Commandit= Tantièmen betragen, weiß man. Vorab werden von dem Gewinn 4 Procent vom Capital genommen, macht (für 60 Millionen Mark) 2,400,000 M. Von dem Surplus des Gewinnes bekommen die Com= manditäre 25 Procent, noch 1875 lieferte die Disconto 21 Millionen Gewinn (wovon an 13 Millionen Courtagegewinn aus dem Handel mit dem Invalidenfonds stammen, wie wir später nachweisen werden),

Majorität machte sich auch eminent nützlich! Selbst die Regierung wurde geschoben, just wie es das Interesse der Disconto=Gesellschaft oder vielmehr wie Herr v. Hanse=mann es wünschte. Wo wäre das Actiengesetz geblieben, :wenn Miquél nicht gewesen wäre! Wie wären die viel=fältigen Geschäftstransactionen mit der Seehandlung, die billigen Leihgelder zu 2½ Procent und endlich die Einschie=bung von 300 Millionen ungarantirter Eisenbahn=Prioritäten in die Fonds möglich gewesen, wenn .... Ja, Hr. Miquél konnte sogar zuletzt mit einer gewissen Wahrheit die öffent=liche Erklärung in den Zeitungen abgeben, daß er in keiner Weise irgend jemals die Regierung darum angesprochen hätte, daß sie bei der Disconto=Gesellschaft Invalidengelder anlegen solle, denn — und das war wiederum eine gar geschickte Ablehnung aller Verantwortlichkeit Seitens des Herrn v. Hansemann: die Disconto=Gesellschaft hatte gar nicht nöthig zu verkaufen, das besorgte für sie die Seehandlung freiwillig; Herr v. Hansemann stand trotz aller genauen Kenntniß daneben — um mit Strous=berg zu reden — mit „jener Unbefangenheit", als ob ihm die Sache gänzlich fremd sei! War sie Herrn Miquél weniger fremd, da mochte er sich selbst helfen; — wie's denn auch geschah, daß er aus dem Verband der Disconto=Gesellschaft austrat und sogar sein Bürgermeister=Amt in Osnabrück wieder aufsuchte.

Wir übergehen die andern distinguirten Personen der Disconto=Gesellschaft; wie wir aber schon sahen, daß z. B. Geh. Rath Wilckens in den Aufsichtsrath der Görlitzer Bahn seine Rolle zugewiesen erhielt und demgemäß auch trefflich erfüllte, so muß man erstaunen, in welcher viel=fachen Versetzung und Verflechtung nun diese Namen in andern Verwaltungsrathskörpern wieder erscheinen, — inso=fern nämlich solche Actiengesellschaften mit der Berliner Disconto=Gesellschaft (die regelmäßig deren Kassenführerin

---

bleiben 18,600,000 Surplus=Gewinn. Hiervon der vierte Theil (25 Procent) ergiebt 4,650,000 M. auf 4 Commanditäre, auf jeden Ein=zelnen, gleiche Theilung vorausgesetzt, 1,137,500 M. Nun ist es freilich wahrscheinlich, daß der „Geist der Disconto=Gesellschaft," der zugleich Alleinherrscher derselben ist, für sich den Löwenantheil vorwegnahm, allein man muß erwägen, Miquél war auch zugleich Director, und daß er brauchbar befunden, beweisen die Thatsachen, zugleich steht es fest, daß Herr Miquél sehr gut wußte, was seine Leistung werth war; wir schätzen daher seine Tantièmen=Einnahme gewiß nicht zu hoch, wenn wir sie incl. seines Directorialgehalts auf den achten Antheil mit 600,000 M. veranschlagen.

ist) geschäftlich zusammenhängen. Herr Wilmanns hat in seiner „goldenen Internationale" (S. 60 der 4. Aufl.) eine derartige kleine Blumenlese zusammen gestellt, die indessen durchaus noch nicht erschöpfend ist. Er schreibt:

„Das Netz spinnt sich aber weiter: Die Herren Wilckens, Hardt, Kauffmann, Salomonsohn kehren beispielsweise wieder in dem Verwaltungsrath der Berlin Görlitzer, die Herren Wilckens, Dr. Reinhardt in dem Verwaltungsrathe der Berlin-Potsdamer, die Herren v. Bernuth, v. Eckardstein, M. Goldschmidt, A. Hardt im Verwaltungsrathe der Halle-Sorau-Gubener Eisenbahn-Gesellschaft 2c. Wie bei den Eisenbahnen, so wird gegenüber dem Grundbesitze das Terrain besetzt: In dem Verwaltungsrathe der Central-Boden-Credit-Actiengesellschaft begegnen wir beispielsweise den Herren Miquél, v. Bernuth, Wilckens, Hardt und als Revisor v. Eckardstein. Wegen der exorbitanten Privilegien dieses Institutes einerseits und des auf dem Grundbesitze lastenden Verschuldungszwanges andererseits hat diese Position besondere Wichtigkeit. Deshalb vereinigen sich ebenbürtige Häuser zu Allianzen; unter den Gründern der genannten Gesellschaft finden wir neben dem Herrn v. Hansemann 4 andere Koryphäen der Börse: die Herren von Bleichröder, Schwabach, den durch seinen Deutschenhaß bekannten A. v. Rothschild und den französischen Juden Fremy. Diese haben selbst redend einen ähnlichen Stab um sich versammelt. Neben den obengenannten erscheinen aus dem Kreise der gewesenen Beamten im Vorstande resp. Verwaltungsrathe u. A. v. Philippsborn, Gen.-Postdirector a. D., Mölle, Geh. Ober-Finanzrath a. D., aus den Kreisen der Reichstags-Abgeordneten die Herren v. Bethmann-Hollweg, Dr. Braun, v. Kardorff. — Aehnlich macht die Fürsorge für die Groß-Industrie sich geltend: So kehren beispielsweise bei „Dortmunder Union" die Herren v. Hansemann, Miquél, Kauffmann, bei der „Vereinigten Königs und Laurahütte" die Herren v. Bleichröder-Schwabach und v. Kardorff, bei der „Deutschen Reichs- und Continental-Eisenbahn-Baugesellschaft" die Herren Bleichröder, v. Hansemann, v. Kardorff wieder. Mit einem Worte: Alle Zweige der wirthschaftlichen Thätigkeit, welche durch besondere Privilegien bevorzugt sind, werden in das Netz hineingezogen. Bei wichtigen Actionen treten die Häupter der Börse, umgeben von einer glänzenden Suite, welche nach allen Richtungen hin werthvolle Beziehungen hat, an die Spitze. Bei minder erheblichen überlassen sie dienstbaren Geistern die Führung. Zu Directoren werden bei größeren Instituten „verdiente Beamte und Abgeordnete", bei kleineren „bewährte Commis der Haupt-Institute" genommen. Wie ihre Gönner, so umgeben auch diese sich mit einem Stabe, nur daß sie sich in tieferen Sphären bewegen: an die Stelle der Vertreter des Volkes treten die Vertreter der Presse, an die Stelle der hohen Staatsbeamten einfluß-

reiche Personen in Provinz und Gemeinde; den Sinecuren der Ver-
waltungsrath-Stellen werden baare Bezahlung, vortheilhafte Verträge 2c.
substituirt."

Aber auch die Presse weiß Herr v. Hansemann würdig
zu schätzen, die hiesige „Berl.Börs.-Ztg." ist sein besonderes
Organ, Herr Killisch (adoptiv als „v. Horn" geadelt, weil
man sagt, daß er einem Postboten sich habe adoptiren lassen,
um den adligen Namen desselben anzunehmen, ohne jedoch
gesetzlich berechtigt zu sein, diesen Namen zu führen) —
bezieht eine ständige jährliche Einnahme von der Disconto-
Gesellschaft, ohne die gelegentlichen bekannten preßlichen
Consortialbetheiligungen bei Emissionen, wobei diese Presse
ohne Risico nur gewinnt, und ohne die fetten Börsen-
annoncen, die nach Tausenden von Thalern zählen . . . .
Alles das weiß man sehr gut an der Börse. Als daher
die Nichteinlösung der fälligen Coupons der Rumänier im
September 1875 definitiv (wegen oben erzählter anderweitiger Verfügung über die rumänischen Staatsgarantiegelder)
bekannt wurde, obwohl vorher die Börs.-Ztg. solche Bezahlung als sicher angekündigt, zeigte sich unter den kleineren
Judenbanquiers, die mit dem Ankauf dieser Coupons schon
ihr Geschäftchen gemacht hatten, eine ominöse Stimmung.
Herr Killisch von Horn wagte es, denselben darüber die
Leviten scharf zu lesen und dabei die Worte zu brauchen:

„daß es Zeit werde, daran zu erinnern, daß man den Haß
gegen die Börse und fügen wir offen hinzu, gegen das Judenthum in Kreise hineinzutragen begonnen, aus denen der Rück-
schlag die ganzen Veranstalter (die Juden) in einer sehr unerwarteten Weise treffen dürfte."

Am Tage darauf (am 11. Sept.) wurde Herr Killisch
von den Juden des Börsentempels in der Burgstraße derart
insultirt, daß er die Flucht ergreifen mußte. Hierbei schrie
man ihm seine Dienstbarkeit in dem Discontoring ganz
besonders ins Ohr. Er natürlich leistete in der nächsten
Nummer in aller devoten Form Abbitte. Er wollte nur
gegen das annoncirte Theaterstück: „Die gefoppten Rumänier oder die Aera Hansemann-Bleichröder" und zwar
im Interesse der „kleinen Juden" so Etwas gesagt haben. —
Eine ihrer Hauptthätigkeiten hat die Disconto-Gesellschaft immer darin verfolgt, Kassenführerin, Emissionshaus,
kurz Finanzamt für wo möglich alle Privatbahnen zu werden.
Zu diesem Zweck ging sie, wie der Fuchs auf die Hühner-
stiege, besonders darauf aus, die vorhandenen Staatsbahnen

zu kaufen, und gelang ihr dies bei der Köln-Mindener, den Braunschweigischen und Mecklenburgischen Bahnen; bei den Verhandlungen mit Baden ertappte man sie, woraus groß Geschrei entstand. Sie hat die Finanzen der Berlin-Potsdam-Magdeburger, der Magdeburg-Halberstädter, der Görlitzer, Breslau-Schweidnitz-Freiburger, der Ober-hessischen, der Gotthardt-, der Marienburg-Mlawka-Bahnen u. a. in ihrer Verwaltung, doch immer derart, daß die Hansemann'sche „Unverantwortlichkeit" trefflich dabei salvirt ist. Sie, die Disconto-Gesellschaft componirt sich stets einen solchen Verwaltungsapparat in den Bahnen, indem sie mit ihren Ablegern und Interessenten die Verwaltungsraths- und Directorstellen besetzen läßt, daß sie diese Bahncom-plexe völlig regiert, ohne jedoch irgend welche Verantwortung dafür zu tragen. Auf den wichtigsten Stellen sieht man so z. B. Herrn Scheele als Vorsitzenden der Magdeburg-Halberstädter Bahn, v. Bernuth in der Potsdam-Magde-burger, Wilckens in der Görlitzer, Hardt in der Halle-Sorau-Gubener stehen.

Die Disconto-Gesellschaft bildet also gewissermaßen eine Art Riesenpolyp, der sich auf dem lucrativen Fundus der Privateisenbahnmächte saugend ansetzte. Der Eisenbahn-betrieb, dem Privatcapital überlassen, involvirt selbst eine Ausbeutung desjenigen Landdistrikts, in dem sich die Linie verzweigt und ausdehnt; so lange diese Art Industrie, weil noch sporadisch verbreitet, blühte, vermochte sie sich unab-hängig von der Geldmacht zu erhalten. — Neuerdings aber, seitdem sie des Credits und des Capitals bedurfte, fiel sie der Geldmacht in die Hände und wurde wieder von dieser ausgebeutet, — und an diesem Punkt setzte sich die große Disconto-Gesellschaft fest; hier ging sie auf den Fischfang aus und so entstand diese imposante Geldmacht, welche bei 60 Millionen Mark Capital in den Gründerjahren 21 Millio-nen reinen Geschäftsgewinn erbeutete, der aus lauter Cour-tageprozenten bei Gründungen, Emissionen und Bankgeschäften bestand, so daß sie ihren Actionären bis 27 Prozent Divi-dende zahlen und ihre Verwaltungsräthe ministerhaft, ihre Directoren und Commanditäre aber fürstlich mit Gehältern und Dotationen aus dem Tantiémegewinn ausstatten konnte.

Hierdurch geschah es, daß fast die meisten neueren Eisenbahnanleihen seit 1871 durch die Geburtshülfe der Disconto-Gesellschaft zur Welt gekommen sind, ja sie zwang wo möglich indirekt die guten älteren Bahndirectionen zu vermehrten Anlagen und zur weiteren Verschuldung. Wie sie contrahirte und hierbei die Bahnen um 6 und mehr Prozent Courtage schnitt, das hat Strousberg bei der Görlitzer und Halle=Sorau=Gubener Bahn erlebt und erzählt; wir werden noch andere Daten dafür beibringen. Sie ward der von Strousberg gekennzeichnete „Vormund" der Bahnen, ihre Mündel aber fuhren genau so dabei, wie derselbe es vorausgesagt. Indem die Bahnen eigentlich ihr Capital (die Anleihetitel) der Disconto=Gesellschaft doch erst gaben, nahm diese ihnen 6 Prozent Damno ab, verwaltete ferner das Geld zu niedrigerem Zinsfuß, ruinirte alle günstigen Con=juncturen derselben (denn keine einzige von diesen rentirt mehr) und die Ueberlast der Schuldtitel, die nach Hunderten von Millionen rechneten, die nach dem Mai von 1873 im Publikum selbst bei intakterem bessern Ruf nicht mehr anzu=bringen gewesen, also lediglich Papier geblieben wären, fand man schließlich allesammt artig angehäuft im In=validenfonds und den andern drei Fonds, nach=weislich voll bezogen, aber nicht von der Disconto=Gesellschaft, sondern von der Königl. Preuß. Seehandlung „reell gekauft", die sie wiederum ebenso „reell dem freien Markt" (d. i. der Disconto=Gesellschaft) entnommen hatte.

Uns will es fast scheinen, als ob der glückliche Ge=danke Bambergers, die Worte in § 5 des Invalidenfonds=gesetzes „mit Ausschluß aller Staatsbanken" zu streichen, eine Erfindung des Disconto=„Geistes" gewesen, denn eine trefflichere Deckung seiner Gesellschaft, daß, wenn die Thatsachen vor aller Augen als geschehen vorlagen, Er doch daneben stehen konnte, und „als sei ihm die Sache gänzlich fremd," für dieses Krönungswerk der Hansemann=schen „Unbefangenheit" gab die Bamberger'sche Strei=chung den trefflichsten Baustein ab.

Wenn wir dies Capitel ganz besonders der Disconto=Gesellschaft widmeten, so könnte man uns der Parteilichkeit zeihen, wenn wir nicht auch die andern vier Institute, welche „mit dem Invalidenfonds zu handeln" bevorzugt wurden, erwähnen wollten. Es war hier zunächst das Haus Bleichröder; dasselbe hat, wie nachgewiesen ist, die meisten Russen und Amerikaner besorgt, gegen deren „vor=läufige Unterbringung" so weit nichts zu sagen war, als Herr Delbrück genau nach Vorschrift mit dem 1. Juli 1876 den Invalidenfonds davon gereinigt und noch zu reinigen in der Lage war. Ob dabei verloren oder gewonnen, ist nicht klar gestellt, jedenfalls ist dadurch erheblich gewonnen, daß nicht jetzt noch beiderlei Papiere sich im Fonds befinden,

da deren Cours ganz bedeutend gefallen ist, bei Rußland
wegen der Orientwirren und bei der amerikanischen Union
wegen der doppelten Präsidentschaft. — Im Festungsbau=
fonds hat man leider unterlassen, dieselbe Praxis zu
üben, weil für ihn kein § 2 wegen „vorläufiger" Anlage
formell in Geltung war — und so wird man sehr bald
auch dort den Schaden haben, daß diese Gelder wegen allzu
großen Coursverlustes unverkäuflich werden, — das deutsche
Reich hat alsdann durch diese fremden Gelder sich die
noch nicht einmal gebauten Festungswälle von aus=
wärtigen Mächten schon wieder gleichsam niederreißen
lassen.*) Dies kommt auch wieder von den möglichst „hohen
Zinsen" und dem bekannten „Geheimniß der Zeit", kurz
von Spekulationen mit Staatsgeldern her . . . .

Außer der Disconto = Gesellschaft hat die Deutsche
Bank die Berlin=Hamburger 12 Millionen für den Reichs=
tags=Gebäudefonds besorgt. Sonst nahm dieses Institut
seine Metallgeschäfte in der Münzreform nach Kräften wahr
und hatte damit zu thun — bis auf den Verkauf der 200,000
Chassepotgewehre, die — wie man den Schaden besah —
direkt nach Frankreich gingen.

Die Berliner Handelsgesellschaft hat in Halle=
Sorau = Gubenern und andern Papieren gemeinschaftlich
mit der Disconto=Gesellschaft gemacht und endlich ist das
Haus Rothschild noch da, das erst später zu der Ehre
avancirte, wo der eigentliche große Handel schon vollends
besorgt war. — Sehr bezeichnend aber bleibt es, daß
S. Bleichroeder und die deutsche Bank sich nicht der Ver=
mittelung der Königlichen Seehandlung bedienten, wie
die Discontogesellschaft; dies Kunststück ist Herrn Hanse=
manns Geschicklichkeit allein zuzuschreiben.

Es bleibt uns nun noch übrig, zu berichten, wie diese
Thatsache, — dieser Berg von factischer Maculatur, dieser
Papierwust discontolicher Ladenhüter, plötzlich als an Stelle
des guten baaren Geldes der Fonds liegend gefunden wurde,
— jenes guten baaren Geldes, das das dankbare Volk für
seine Invaliden dahin gelegt hatte; — und wie nun kein
Menschenkind wissen wollte, wie dies geschehen, ja wie
man zuletzt dreist und keck behauptete, dieses schöne blanke Geld
der Nation sei immer noch in ganz derselben Gestalt
vorhanden und daß somit gar nichts geschehen sei.

*) Es liegen im Festungsbaufonds noch 30.040.020 Russen und
Amerikaner (s. S. 20 die 4.547.500 Dollar und 923.550 Lstr.).

Die Entdeckungen.

Es war Ausgang Juni 1875, als das „Frankfurter Journal" folgenden Artikel brachte:

„Bekanntlich sind seiner Zeit für die genannten Fonds insgesammt über 250 Millionen Thaler bewilligt worden. Man füllte mit Uebermaß die Millionen in jene Kassen. Aber nun entstand die Schwierigkeit, wie jene enormen Summen anlegen? Die Discontogesellschaft übernahm dieses Geschäft; sie kaufte auf Rechnung jener Fonds große Posten von Eisenbahn-Obligationen, ganze Anlehen wanderten in die Tresors der genannten Fonds und die Discontogesellschaft stand sich gut bei dem Handel. Wenn dereinst die Geschichte unserer gegenwärtigen wirthschaftlichen Krisis geschrieben werden wird, wenn man die Zahl der Fehler unserer Finanzverwaltung ordnungsmäßig nachrechnen wird, dann wird die Anlage des Invalidenfonds nicht die kleinste Rolle dabei spielen. Unter den „sicheren" Eisenbahnpapieren besaß er — und vermuthlich besitzt er sie bis heute — Hannover-Altenbekener Obligationen im Betrage von 2,400,000 Thaler, Magdeburg-Halberstädter 4,800,000 Thaler! Außer diesen besitzt er an ungarantirten Eisenbahn-Obligationen nicht weniger als 68,570,000 Thaler. Allein an Bergisch-Märkischen hütet der Invalidenfonds 31 Millionen, an Köln-Mindenern 15,600,000 Thlr., an Berlin-Hamburgern nur 4 Millionen: Wir wären begierig, den Coursverlust zwischen der Ankaufszeit und heute zu erfahren. Da an den Invalidenfonds ja fortdauernd Ansprüche erhoben werden, so muß er sich hie und da zu Verkäufen entschließen, und aller gute Wille der Verwaltung hindert die Einbußen nicht. Eine Reichstags-Commission während der sessionsfreien Zeit haben wir ja nicht — und da können die Millionen an der Börsen-Krisis hinschwinden, ohne daß auch nur eine Stimme sich im Volke erhebt. Aber die von Reichstagswegen niedergesetzte Commission hat die Befugniß außerordentlicher Revisionen, und wir meinen, daß diese sich

nicht bloß auf die Nachzählung der vorhandenen Bestände zu erstrecken
habe. Daß nichts verundtreut wird, davon sind wir ja des Festesten
überzeugt; allein die beunruhigte öffentliche Meinung hat ein unbe-
dingtes Recht, rasch und rückhaltlos die Wahrheit zu erfahren. Noch
gefährlicher soll die Lage des Reichs Festungsbau-Fonds sein, in dessen
Besitz sich allein über 23 Millionen Magdeburg-Halberstädter Obliga-
tionen befinden! In Papieren ersten Ranges sollten diese Staats
Gelder untergebracht werden. Haben die Herren, welche zur Zeit die
Leitung der Discontogesellschaft in Händen hatten, haben die Herren
Miquél, Hansemann ec. die genannten Devisen alle für unbedingt ersten
Ranges gehalten? Es wäre vermessen, diese Ehrenmänner für etwas
Anderes zu halten, als was sie ja zweifelsohne sind; aber in Anbe-
tracht des öffentlichen Interesses muß schleunigst und unbedingt klare
Rechnungs-Legung gefordert werden. Die öffentliche Meinung, wie
solche in der Presse zu Worte kommt, hat ihre oberste Pflicht zu erfüllen und so lange und so unwirsch an die Bureauxthüren im Reichs-
kanzler-Amt zu pochen, bis der Lärm groß genug ist, um die gefor-
derten Berichte ausgeliefert zu erhalten."

Wir hielten damals die Bergisch-Märkischen, Magdeburg-Halberstädter Millionen, weil von alten Bahnen stammend,
noch für solide Papiere, meinten auch, sie seien aus der
Masse der alten Obligationen aufgekauft, und ahnten nicht
im Geringsten, daß das lauter neue immer höher in Hypothek stehende Emissionen seien, deshalb schrieben wir am
30. Juni in der „D. Landes. Ztg" folgendes hinzu:

„Nun sind (neben den Hannover-Altenbekenern) die
anderen Prioritäten (außer den hier auch nicht erwähnten
Halle-Sorau-Gubenern) etwas besseren Kalibers, indessen sind
es doch immerhin ungarantirte Eisenbahnpapiere und die
jährlichen Zinsen sind gänzlich abhängig von der Betriebs-
weise der betreffenden Bahndirectionen, auf welche der
Staat auch nicht den mindesten Einfluß oder über die er
irgend welche Controle üben kann. Es ist aber bereits klar,
daß die Zeit der großen Rentabilität der Eisenbahnen vorbei
ist und — vor einem weiteren Uebel in der Monopol-
wirthschaft, vor der sog. „Ringbildung", wie wir dies in
Amerika bei den Privatbahnen sehen, werden uns schließlich
selbst die allmächtigen Götter nicht bewahren können; Magde-
burg-Halberstadt erscheint uns sogar schon diesem Schicksal
verfallen zu sein. Alsdann sind auch diese Papiere auf
das allmäliche Zusammenschwinden hin — „sicher angelegt."
Und das ist das große Kapital gewesen, das zur lebensläng-
lichen Unterhaltung der Krieger, die für das Vaterland

bluteten, bestimmt, ganz dieselbe Mission wie Wittwen= und Waisengelder hatte! . . . Die vielen Stadtanleihen, die der Invalidenfonds abgeschlossen, sind, wie wir früher schon öfter hervorhoben, auch nicht ganz unzweifelhafte Securitäten; Pfandbriefe aber von den Landschaften zu entnehmen, selbst auf erste Hypotheken auszuleihen, dafür hatte man keinen Sinn, diese Art Anlage fand man nicht — profitabel.

Wenn man nun in Erwägung nimmt, daß die beiden Fonds an 100 Millionen Thaler Privat=Eisenbahnpapiere belegten, die obendrein vom Festungsbaufonds gar nicht einmal auf die Dauer behalten werden können, die auch der Invalidenfonds jährlich in Theilquoten versilbern muß, so frägt man doch da mit Recht: Warum der Staat nicht selbst für diese Gelder gute bestehende Bahnlinien käuflich erwarb? In diesem Falle wäre er doch immerdar in der Lage ge= wesen, sich die nöthigen Zinsen nach eigenem Ermessen her= auszuwirthschaften, während er jetzt mit diesen von dem guten Willen gänzlich unverantwortlicher Eisenbahn=Direc= tionen abhängt, die 1. nicht einmal verantwortliche Beamten für die Actionaire (alias Strohmänner), 2. in der That nicht beaufsichtigt von den betreffenden Verwaltungsräthen sind und 3. auch nicht unter der Controle des Staats stehn.

Eisenbahn=Director ist heut zu Tage ein glänzenderes Loos, als ein regierender deutscher Fürst zu sein, sagen wir; und diesen gänzlich unverantwortlich gestellten Leuten borgten die bestellten Verwalter des Invalidenfonds ihre Millionen, welche den Invaliden zum Ersatz für ihre verstümmelten Glieder und ihre verfehlte Lebensstellung gehören! . . .

———

Zu derselben Zeit schrieb die „D. Lds. Ztg.":

„Ein Capitel aus der modernen Finanzkunst."

„Das Geheimniß unserer Zeit ist, keine Zinsen zu verlieren!" dachte der Herr Finanzminister und da borgte die Seehand= lung an die hiesige Discontobank die Summe von 3 Mil= lionen Thaler zu 2½ pCt. Zinsen auf drei Monate ohne jegliche Sicherheit. Nun ist zwar Herr Hansemann ein sehr schwerer Mann und er wiegt weit mehr als 3 Mil= lionen Thaler; aber wenn die Discontobank in die Lage gekommen wäre, jene Summe nicht pünktlich oder nicht voll zurückzuzahlen, so hätte es der Seehandlung ziemlich gleich sein können, ob Herr Hansemann mehrfacher Millionair, oder ob er so arm wie eine Kirchenmaus wäre.

Das drei Millionen-Darlehnsgeschäft ist zu interessant und zu bezeichnend für unsere heutige Finanzverwaltung, als daß wir hier nicht nochmals ausführlich darauf zurückkommen sollten, was wir um so lieber thun, da die Angelegenheit im Abgeordnetenhause mit möglichst wenig Aufsehen erledigt worden ist. Selbst der bekannte „Finanzmäkler" unter den Abgeordneten, der noch nie eine Etatsberathung hat vorübergehen lassen, ohne gegen einen gewissen „ausgestopften" Hauptmann zu Felde zu ziehen, — dessen Etat doch kaum der zweitausendste Theil von 3 Millionen ist, — verschmähte diesmal jede Kritik. Gehen wir daher hier kurz noch einmal auf den Sachverhalt ein.

In der Generalstaatskasse befand sich im März 1872 ein so bedeutender Bestand, daß einige Millionen Thaler davon „zeitweise entbehrlich" schienen. Der Herr Finanzminister hielt es nun, wie sein Vertreter in der Rechnungskommission des Abgeordnetenhauses, in welcher ein betreffendes Monitum der Oberrechnungskammer zur Sprache kam, ausführte, für eine „selbstverständliche Verpflichtung" einer sorgsamen Finanzverwaltung, und er ließ es denn auch den „Gegenstand seiner unablässigen Bemühung" sein, zeitweise entbehrliche Summen „soweit als irgend möglich durch vorübergehende sichere zinsbare Anlegung nutzbar zu machen." So hatte denn die Seehandlung, das Organ für die einer kaufmännischen Mitwirkung bedürfenden Geldgeschäfte der Staatsverwaltung, schon früher den Auftrag erhalten, für verschiedene zeitweise entbehrlich werdende Kapitalien preußische und norddeutsche Bundes-Obligationen anzukaufen und Lombarddarlehen zu geben, was auch geschehen ist. So weit wäre dagegen weiter nichts einzuwenden. — Nun waren aber Ende März 1872 wieder 5 bis 10 Millionen disponibel. Es erschien daher (!) rathsam, den Versuch zu machen, „ob etwa größere Geld-Institute einen solchen Betrag zu drei Procent (im Jahre 1872, in welchem dergleichen „größere Geldinstitute" zwanzig bis dreißig Procent Dividende und außerdem Hunderttausende von Thalern Tantième für den Direktor und Aufsichtsrath abwarfen!) auf kurze Zeit übernehmen möchten. Daher wandte sich die Seehandlung an die Discontobank, — von welcher Herr Miquél, als Mitglied des Aufsichtsraths, in dem betreffenden Jahre nicht weniger als 47,000 Thlr.*),

---

*) Diese Summe bekannt sich zu niedrig, allein damals faßte man einen Tantième-Gewinn von 200,000 Thalern und darüber noch nicht!

wie es heißt, an Tantième bezogen hat, und fragte hier an, ob sie nicht einige Millionen „brauchen" könne? Es wurde bei der Verhandlung in der Rechnungskommission vom Regierungs=Kommissar ganz besonders betont, daß nicht die Discontogesellschaft bei der Seehandlung Credit erbeten, sondern daß diese letztere einen Abnehmer für „zeitweise entbehrliches" Geld gesucht habe. Die Discontobank, die, wie gesagt, im Jahre 1872 nicht weniger als 27 Procent Dividende zahlen konnte, wollte sich aber nur zu 2½ Procent verstehen und der Herr Finanzminister entschloß sich „nach eingehender Berathung" zur Bewilligung des Darlehns. Glücklicherweise wurde dasselbe seiner Zeit nebst den Zinsen im Betrage von 17,676 Thlr. 12 Sgr. zurückgezahlt.*). Sicherheit war, wie erwähnt, nicht gestellt worden.

Aber die Oberrechnungskammer in Potsdam geht bei der Revision der Staatsrechnungen sehr genau zu Werke. Sie hatte nun an diesem Darlehnsgeschäft zweierlei auszusetzen; erstens den sehr niedrigen Zinssatz von 2½ pCt., und zum andern fragte sie an, wie das Finanzministerium dazu käme, „aus Staatsgeldern an Privatgesellschaften, obenein ohne genügende Sicherstellung, Darlehen zu gewähren?"

Finanzministerium antwortete baldigst. Erstens: es sei für ein Darlehnsgeschäft auf so kurze Frist in jener (!) Zeit ein höherer Zinssatz nicht zu erzielen gewesen. Zweitens: nach den mündlichen Ausführungen des Regierungs= commissars in der Commission: Es bestehe kein Gesetz, welches die Zinsbarmachung etwa sich ansammelnder, zeitweise entbehrlicher Bestände der Staatskasse ausdrücklich zur Pflicht mache (also auch, muß man sich hinzudenken, nicht ver= biete), überdies sei das Verfahren seiner Zeit vom Land= tage nicht beanstandet worden. Sicherheit habe die Dis= contobank zwar nicht gestellt; aber da die Gesellschaft ein Stammkapital von 20 Millionen Thalern hätte und da ihre Aktien damals höher als doppelt über pari standen, so hätte an der Sicherheit überhaupt kein Zweifel (!) sein können. Wörtlich schrieb das Ministerium unterm 26. Ja= nuar 1875 an die Oberrechnungskammer: „Wenn es seitens der Generaldirektion der Seehandlung unterlassen ist, die entsprechende Unterlage bestellen zu lassen, so ist dieses auf einen Irrthum zurückzuführen."

---

*) Wie sich herausgestellt haben dürfte, in Baargeld auch nicht, sondern in Anleihetiteln auf Privateisenbahnen, die unterdeß fabricirt worden waren.

Was that nun die Rechnungskommission (Dr. Virchow, Vorsitzender, Strecker, Dr. Hammacher, Ludendorff, Michaelis) des Abgeordnetenhauses bei der Berathung der Monita der Oberrechnungskammer? Sie kam kurz zur Sache und faßte eine Resolution folgenden Inhalts: „Nachdem der Herr Finanzminister erklärt hat, daß die Unterlassung der Sicherstellung des Darlehns Seitens der Seehandlung auf einem Irrthum beruht hat, und in Erwägung des Umstandes, daß es an gesetzlichen Bestimmungen über die zeitweilige zinsbare Anlegung disponibler Staatsgelder mangelt, über das Monitum der Oberrechnungskammer hinwegzugehen, dagegen die Königliche Staatsregierung wiederholt aufzufordern, in der nächsten Session einen Gesetzentwurf, betreffend die Verwaltung der Einnahmen und Ausgaben des Staats (Etatsgesetz), dem Landtage zur verfassungsmäßigen Beschlußnahme vrzulegen."

Und im Plenum des Abgeordnetenhauses? Auch dort wußte man mit Anstand über die Klippe hinweg zu kommen; es wurden zwar einige anscheinend mißbilligende Aeußerungen vorgebracht; aber in so gemüthlicher Weise, daß der Herr Finanzminister sogar Muth fassen konnte, eine fulminante Vertheidigungsrede seines Verfahrens zu halten, in welcher er seine zahmen Opponenten ordentlich abführte.

Vom 30. Juni bis 5. Juli waren in der Kreuzzeitung die bekannten fünf Artikel über die Aera Bleichröder=Delbrück=Camphausen (die füglich „Hansemann" u. s. w. anstatt Bleichröder hätten im Titel führen müssen) erschienen, das Aufsehen war maßlos, wir gossen in der D. Lds.=Ztg. vom 16. Juli folgendes Oel ins Feuer:

Die Wahrheit!

Die fünf Artikel der „Kreuzzeitung" über die Aera Bleichröder=Camphausen=Delbrück haben hinreichend die gesammte Zeitungspresse beschäftigt, und es scheint uns wohl an der Zeit hierüber einige Betrachtungen anzustellen.

Die „Kreuz=Ztg." behauptete — um es kurz auszudrücken: die Berliner Bank= und Börsenmächte (welche doch unbestritten dem Judenthum angehören) besäßen einen nicht zu verkennenden Einfluß in den obersten Regierungsregionen und dieser Einfluß sei zum Schaden des Reichs und des deutschen Volkes ausgeschlagen. — Daß der vornehmste Einfluß als auf das Haupt des Herrn v. Bleichröder cumulirt dargestellt war, ist blos Nebensache; es ist bekannt, daß außer ihm noch andere Geldnotabeln bis zum Pferdehändler Elkan hinab vorhanden sind, welche sich sehr gediegener Connexionen erfreuen. Fehlerhaft war es nur, daß an einer Stelle dieser Artikel die Bekanntschaft des früheren Gesandten v. B.smarck mit Bleichröder derart unklar gefaßt war, als ob Nachtheiliges vom Fürsten Bismarck gesagt sein sollte, was indeß der Verfasser später ausdrücklich als nicht gemeint declarirt hat.

Die Entgegnungen aller Art, welche dagegen erschienen und von denen auch diejenige der „Prov.-Corr." keine Ausnahme macht, läugnen schlankweg diese Thatsache, und wir können der „Schles. Volkszeitung" nur beistimmen, welche Folgendes hierüber sagt:

„Es gereicht der öffentlichen Meinung gerade nicht zur Beruhigung, daß die offiziöse Presse die von thatsächlichen Momenten unterstützten Angriffe der „Kreuz-Ztg." auf das herrschende Regierungssystem und die neudeutsche Wirthschaftspolitik lediglich mit hochfahrenden Redensarten abfertigen zu können vermeint. Mag die Darstellung der „Kreuz-Ztg." auch noch so sehr an Uebertreibungen leiden, immerhin bleibt so viel Reales übrig, daß das Interesse der Regierung wohl ein näheres Eingehen ihrer Preßorgane auf die Kritik jenes Blattes erfordert hätte, damit das Publikum in die Lage versetzt wäre, das Wahre vom Falschen zu unterscheiden. Mit hochmüthigen Phrasen schafft man gewisse Dinge, welche den Ausstellungen der „Kreuz-Ztg." ein in die Augen springendes Relief gewähren, nicht aus der Welt. Dahin gehören namentlich das Verleihen öffentlicher Gelder an ein von dem nationalliberalen Parteiführer Miquél mitvertretenes Privat-Institut ohne jede Bürgschaft und gegen einen Zinsfuß von nur $2^1/_2$ pCt., sowie das Anlegen von gleichfalls öffentlichen Geldern in Eisenbahnpapieren mit so sinkendem Course, wie die Aktien der Altenbekener Bahn, bei der bekanntlich ein anderer Parteiführer, Herr v. Bennigsen, in hervorragender Weise betheiligt ist. Angesichts solcher Vorgänge ist man im Publikum nur zu geneigt, den Ton der Ueberhebung, welchen die offiziöse Presse gegenüber der „Kreuz-Ztg." angeschlagen hat, als den Ausdruck einer Verlegenheit aufzufassen, durch den also den angegriffenen Personen mehr geschadet als genutzt wäre. Zuverlässig gilt dies von der überaus plumpen Antwort,

welche Herr von Kardorff auf die seine umfangreiche Betheiligung bei Aktienunternehmungen beruhenden thatsächlichen
Behauptungen der „Kreuz-Ztg." ertheilt hat. Mit einer
derartigen Sprache widerlegt man nicht, sondern setzt man
sich nur ins Unrecht."

Daß die „Prov.-Corr." von „Hirnverwirrungen und
Verirrungen" und von weiter nichts zu sprechen wußte,
macht die Sache noch interessanter. Denn fragen wir doch
einmal, um was es sich eigentlich handelte?

Die „Krz.-Ztg." sprach sich über den Einfluß unserer
Banknotabeln auf die Regierung aus, und zwar — miß-
billigend. Hierauf antwortet der gesammte Chor der „Con-
sorteria-Presse": „Das ist nicht wahr, es existirt gar kein
Einfluß." Billigend und sogar rühmend hat sich aber dieselbe
gesammte Presse selbst gar oftmals über diesen Einfluß
ausgedrückt. Sie hat z. E. einst belobigend erzählt, wie
Herr v. Bleichröder nach Versailles bei der Transaction
der Milliarden gerufen und wie ihm zum Entgelt für seine
„vielfältigen Dienste" der Adel verliehen worden. Daß
Herr Miquél, der Präses der Discontogesellschaft, Herr
v. Hansemann, Herr Bamberger, Oppenheim und so viele
andere parlamentarische Bankgrößen von den Ministern
aller Wege befragt und auch gehört worden, das ist doch
kindlich naiv, noch leugnen zu wollen, nachdem ein Reichs-
bankgesetz und so viele andere dergleichen Gesetze in der
Gesetz-Sammlung zum Heil des deutschen Reichs erschienen sind.

Hieraus folgt: Hätte die „Krz.-Ztg." diesen Einfluß
der Börsenmächte rühmend oder auch nur als selbstverständlich
dargestellt, so würde man nicht den geringsten Anlaß gefunden haben, die Thatsache selbst zu leugnen. In
dieser Leugnung liegt also das Bekenntniß versteckt,
daß der mißbilligende Vorwurf der „Krz.-Ztg." sein Ziel
getroffen.

Nun aber könnte diese Art des Vorwurfs als unstatt-
haft und verletzend betrachtet werden und hierin möchte die
„Kreuz-Ztg." gesündigt haben, — sprach ja doch die
„Frankf. Ztg." bereits davon, daß die Staatsanwaltschaft
Anklage erheben würde. — Wir haben schon früher die ganz
absonderlichen Modalitäten dargelegt, unter welchen eine
solche formulirt werden müßte, sie werden immerdar nur
auf eine Beleidigung des Judenthums hinaus laufen.
Wollten die Minister Camphausen und Delbrück über ehren-
rührige Zusammenstellung mit Herrn von Bleichröder An-

klage erheben lassen, so ist das auch sehr sonderbar, sofern doch Herr v. B. keineswegs zu den etwa bescholtenen Personen gehört. Den Einfluß der Börsenmächte durch einen Richterspruch ableugnen lassen zu wollen, wäre auch eine halsbrecherische Zumuthung an den Richterstand, wo der amtliche Bericht der Eisenbahn-Enquête-Commission vor aller Welt den Einfluß des Consortiums Hansemann-Bleichröder in der Concessionsaffaire Berlin-Lehrte dargelegt, der gar soweit ging, daß ein förmlicher Ministerbeschluß, in ihrem Interesse gefaßt, von einem einfachen Kreisrichter in Magdeburg für gesetzwidrig befunden und inhibirt wurde.

Die Anklage muß also füglich unterwegs gelassen werden, denken wir, und wenn die von den Vorwürfen betroffenen Kreise, sowie deren Preßorgane ein — reines Gewissen gehabt hätten, so wäre die einzig natürliche Antwort doch blos gewesen:

„Was thut's denn, daß die Herren Bleichröder und Consorten mitsammt allen Juden und Judengenossen solch' eine maßgebende Rolle in den Majoritäten der Vertretungskörper, im Bundesrath und den Vorzimmern der Minister spielen? Ist der Erfolg nicht über die Maßen segensreich für das ganze Volk, für's deutsche Reich, wie für die Finanzen desselben? Ist das nicht eben der von aller Welt erträumte und nun endlich verwirklichte Fortschritt auf der Bahn der Civilisation?"

Also und nicht anders hätten die Großstadtzeitungen auf die Anklagen der „Krz.-Ztg." antworten müssen, wobei sie noch sehr wohlfeil hätten einen Stecken vom Zaun brechen können, um zu der Kontrastbeleuchtung dieses gloriosen Vorschritts auf dem Rücken des „reaktionären Kreuzritters" ihr Müthchen zu kühlen.

So aber hat die Antwort nicht gelautet, das macht, weil diese „Civilisation" bereits als ganz artiger Börsenschwindel vom Volke erkannt ist. — Wenn da nun Jemand diese Thatsache bei ihrem wahren Namen nennt, so fliegt alles künstlich darum gewobene Blendwerk auseinander, denn trotz alles Schreibens und Redens hat die Wahrheit, so weit sie die einfache, schlichte Congruenz der Thatsachen mit dem Worte ist, immer noch ihre Bedeutung; sie ist eben — Wahrheit.

————

Auf die also verwundert auftretenden Urtheile über den Stand des Invalidenfonds reagirten natürlich die ganze

Großbörsen= und die nationalliberale Presse; die Fortschritts=
organe dagegen ließen folgendes laut werden:

— „Der Etat des **Reichsinvalidenfonds**, über dessen Stand nach
den letzt veröffentlichten dürftigen **Zahlen** ein klares Bild nicht zu ge=
winnen ist, wird in der bevorstehenden Reichstagssession zu sehr leb=
haften **Debatten** Veranlassung geben. Von fortschrittlicher Seite wird
dem Vernehmen nach voraussichtlich der **Antrag** gestellt werden, das
Kapital, das in der That zu hoch bemessen sein dürfte, sehr erheblich
zu reduciren und die so gewonnenen Summen für andere Zwecke nutz=
bar **zu machen.**

Wir replicirten hierauf vom 6. October:
„Wir meinen indeß, daß es besser wäre, daß man die
Invaliden und **die** aus dem Kampf Hinterbliebenen aus=
giebiger unterstützen könnte. Freilich ist die Sachlage keines=
wegs trostreich, daß man — der Discontogesellschaft
und anderen Börsengrößen eine gar ansehnliche Mil=
lionen=Unterstützung hat aus diesem Fonds angedeihen
lassen, obwohl diese nicht ihr Blut fürs Vaterland
vergossen haben. Nach einer ausführlichen Darlegung in der
„Mgdb.=Ztg." liegen im Invalidenfonds auch noch 33 Mill. Thlr.
holländische Russ.=Engl. Anleihe, Amerikaner 31 Mill. Thlr.,
Berg.=Märk., 15 . 6 Mill., deren Cours heut erheblich niedriger
ist. — Die „Magdeb. Ztg." meint, die Frist der Umwand=
lung in die als normal vorgeschriebenen Anlagen müßte
unbedingt über den 1. Juli 1876 hinaus verlängert werden,
wenn der **Invalidenfonds** nicht Schaden erleiden sollte.
„Dafür werde auch der **Reichstag** Einsehen haben." Mög=
licher Weise werden aber diese **Bahnpapiere** noch weiter im
Cours sinken, denn unsere Bahnen gehen allesammt rück=
wärts, — was dann??

Die Deutsche Landeszeitung faßte in ihrer Rundschau
vom 17. October die Sache also zusammen:
„Es ist eine eigenthümliche Erscheinung, daß im deut=
schen Reiche, und speziell in Berlin, der wirthschaftliche
„Krach" niemals acut auftrat, desto mehr aber einer heim=
tückisch schleichenden chronischen Krankheit gleicht, die man
darum besser einen „Rutsch in den Abgrund" nennen müßte.
Nur hie und da merkt man an verschiedenen Zeichen, daß
wiederum das große Gebäude sank und neue Risse bekommen
hat. In der letzten Zeit fehlt es leider nicht an solchen
Daten. Wenn es sich schon zur Ueberraschung aller Welt
herausstellte, wie reichlich der **Invalidenfonds** mit zweifel=
haften Papieren besäamt war, — eitel leichter fliegender

Gründungswaare, die in der abwärts gehenden Periode des Vertrauens das Publikum nicht mehr nehmen mochte und darum den wohlgeborgenen Ladenhüterplatz unter der Aegide des Herrn Elwanger*) suchte, so findet es sich weiter, daß auch die Königl. Seehandlung sich ebenso dienstbereitwillig gegen die Berliner großen Gründungsconsortien gezeigt.

Doch ehe wir hiervon reden, sei noch bemerkt, daß z. B. die „Danz. Ztg." über die Affairen im Invaliden= fonds schlankweg sagt: „Wer könne dafür, daß solche soli= den Papiere jetzt im Course fielen? Wie es scheine, seien die Communen zu lässig (!!) gewesen, Schulden bei diesem Fonds zu contrahiren, da hätte ja die Verwaltung desselben nolens volens zu anderweitiger Anlage der Gelder schreiten müssen . . . ."

Was sagt die Landwirthschaft und der Grundbesitz hierzu? Warum befindet sich kein einziger landschaftlicher Pfandbrief in diesem Tresor, sondern eitel Miquél'sche Bahn= prioritäten der Discontogesellschaft und Bleichröder'sche russische Anleihen? Wären die Landschaftspapiere nicht weit sicherere Anlagen gewesen? . . . .**) Die „Nat.=Ztg." ist noch gelasseneren Muthes in dieser Frage, sie meint: „Der Reichs= tag habe ja die Anlage in solchen Bahnprioritäten verwilligt, die Verwaltung des Fonds habe demgemäß gehandelt, darum sei auch nur der Reichstag selbst für diese Sache verantwortlich." — Diese Art der „Verantwortlichkeitssuche" gleicht jener Camphausen'schen auf ein Haar, die er über die Einführung der Münzreform aussprach; ja, ja, wenn's nach der Consorteria=Presse ginge, so wäre Verlust „reiner

---

*) Herr Elwanger ist der Vorsitzende im Curatorium am Invali= denfonds, wir bemerken aber hier ausdrücklich, daß er diese Papiere schon vorfand, als er sein Amt antrat.

**) Seit 1872 war das Institut der Centrallandschaft ent= standen durch Vereinigung fast sämmtlicher provinzieller gegenseitiger Landschaften. Man hoffte, bei altverbliebener Sicherung in den Taxen, die Pfandbriefe dadurch marktgängiger zu machen und so den Zinsfuß für den Grundbesitz zu erniedrigen. Es zeigte sich auch viel Lust bei den Besitzern zur Umwandlung ihrer Pfandbriefe in centrallandschaft= liche. Hätte die Regierung nur den Provinzialfonds angewiesen, für einige Millionen solche Pfandbriefe zu kaufen, so wäre der gesammte Grundbesitz um wenigstens ½ Procent in seiner Zins= pflicht erniedrigt worden. Bei allen Fonds außer dem In= validenfonds wäre dies gestattet, ja sogar, da diese Pfandbriefe pupil= larisch sichere Papiere waren, geboten gewesen. Allein, — man hütete sich wohl. Die großen Bankinstitute wohnten Herrn Camp= hausen viel näher. Wie viele Millionen aber solcher pupillarisch sicheren Pfandbriefe hätten die Fonds acquiriren können, ohne in die Gefahr der Unverkäuflichkeit und Entwerthung zu gerathen!

Gewinn", Vettern= und Consorteria=Dienst und Gegendienst auf Unkosten der Staatsfinanzen wäre „trefflich ausgeklügelte Staatsweisheit", kurzum, wohlgethan wäre Alles bis auf das Einschmelzen der Silberthaler durch das Handelshaus Plaut, den besonderen Rathgeber des Herrn Bankpräsidenten Dechend, ja bis auf das Pferdeausfuhrverbot des Geheimen (Commerzien=) Raths Elkan, und das gläubige Volk priese noch dafür seine großen Staats=, Börsen= und Bankweisen, die den öffentlichen Schatz von allem überflüssigen Milliarden= reichthum erlösten.

Nun wird man sich entsinnen, daß seit etwa zwei Jahren gar kein Schuß gegen die Seehandlung in der Presse fiel. Sonst hieß es immer: „Dies Staatsinstitut muß fort, es treibt Privatbankgeschäfte, das ist gegen die Manchester= weisheit u. s. w." Auch dies klärt sich jetzt seltsam auf: die Königliche Seehandlung hat den Gründungs= consortien in großartigster Weise unter die Arme gegriffen, sie hat den von zweifelhaften Papieren aller Art strotzenden Emissionshäusern Staatshilfe gewährt, indem sie deren Actien und Prioritäten gegen Baargeld in Pfand oder Lombard nahm. Allein nun will die Seehand= lung reinen Tisch machen, sie will nicht mehr prolongiren, auch schreitet die Entwerthung der Pfandobjekte immer weiter vor, sie läßt verfallene (s. Schuster'sche Bank) verauctioniren.

Mehrere Millionen Thaler haben die großen Gründer vom Staat zu billigstem Zins bezogen, um ihre Prozentchen= abschneiderei flott weiter treiben zu können; und was wird geschehen, wenn die Seehandlung ernstlich fortfährt, ihre Credite einzuziehen? Es wird knacken und brechen in der hohen Finanz und deren dienstwillige Börsenblätter mit= sammt der ganzen national=liberalen Consorteria werden schreien: „Die Regierung habe die neue Krise selbst herauf= beschworen, sie sei Schuld daran, warum verkaufte sie um jeden Preis Schuster'sche und Disconto=Actien u. dgl.!!"

Und als vor etwa 8 Jahren schüchterne Stimmen vom Grundbesitz laut wurden, der Staat solle bei der damali= gen Hypothekennoth eine Hypothekenbank gründen und sie mit einigen Millionen fundiren: wie erhaben donnerte da dieselbe Consorteria die Landwirthe mit der Phrase von der „Staatshülfe" in ihr elendes Nichts zurück! . . .

Oh, es passiren noch mehr Wunder und Zeichen. Die „Weser=Ztg." läßt sich von Berlin ganz ernste Leitartikel schreiben, daß der Staat alle Bahnen ankaufen möge! Eine Anleihe von 3—4 Milliarden solle er aufnehmen, denn, —

wohlgemerkt! nun zeigt sich's immer mehr, daß die Bahnactien allesammt faule Papiere sind, da soll sie der Staat wieder flott machen, und dann höre man weiter: „dann solle derselbe Staat die Bahnen verpachten, so in einzelnen Rayons, damit die richtige Manchester=Concurrenz, diese alleinselig=machende Heilswahrheit entstehen und walten könne, denn das sehe man ja an den Staatsbahnen: richtig bahnver=walten vermöge der Staat doch nicht, die Sache habe auch gar keine Aehnlichkeit mit der Post u. s. w."

Die Bahnen theuer zu bezahlen, um die Actionäre zu beglücken und alsdann billig an die Börsenconsortien zu verpachten, — das sind wahrlich heitere Aussichten! Warum schlägt dies Capitalblatt nicht auch noch vor: der Staat sei ein schlechter Steuereinnehmer, es sei nach der Manchesterweisheit viel besser, er verpachte seine Steuer=intraden ebenfalls und esse den Rothschilds und Consorten täglich aus der Hand? ..."

Hier also tauchte zum ersten Mal das Project des Ankaufs der Bahnen durch das Reich und zwar in den Börsenzeitungen auf. Diese Parole kam direct von Hanse=mann und Miquèl, offenbar, weil sie in großer Angst und Verlegenheit waren über ihre gegen den Invalidenfonds verübten Thaten, sowie über die mit Erschrecken um sich greifenden Unrentabilität aller Eisenbahnlinien. Griff nun das Reich oder der Staat zu, so wurden die Invaliden=papiere Staatspapiere und bei geschicktem Manöveriren, wie z. B. in Italien, wäre dieser Verkauf gar nicht zu fürchten gewesen. Endlich wurde auch damit die Position Delbrücks und Camphausens in Etwas gedeckt, denn die sonderbarste Erscheinung blieb doch die: wenn der Finanzminister wußte, daß laut Gesetz Privateisenbahnpapiere nur zu „vorläufiger" Anlage dienen sollten, die mit dem 1. Juli 1876 aufhörte, wie kamen Delbrück und er dazu, solche Masse von 300 Mil=lionen anzukaufen, bei denen die Vorschrift der „vorläufigen" Anlage gar nicht erfüllt werden konnte, indem man sich factisch damit in die Unmöglichkeit versetzt hatte, solche enorme Summen, selbst wenn die Papiere Cours gehabt hätten, in der kurzen Zeit ohne Verlust wieder zu verkaufen?

Am 26. October lag der **Entwurf wegen Abänderung des Gesetzes über den Invalidenfonds** bereits in seinem Wortlaut dem Bundesrathe vor. Hiernach wird (laut § 2)

„die im § 3 des vorerwähnten Gesetzes auf den 1. Juli 1876 bestimmte Frist für die vor dem 1. Januar 1875 erworbenen Prioritäts=Obligationen deutscher Eisenbahngesellschaften bis zum 1. Juli 1880 erstreckt" („wird .... erstreckt" — auch ein neudeutscher Terminus!).

In Bezug auf die Prioritäts=Obligationen deutscher Eisenbahn=Gesellschaften ward in den Motiven darauf hin= gewiesen, daß, „wie von der Verwaltung des Reichs=Inva= lidenfonds practisch (!) erprobt worden, dieselben schon seit längerer Zeit schwer verkäuflich (!) sind. Dieser Zustand, welchem ein nur vorübergehender Character (??) beigelegt werden könne, verhindere die rasche Realisation des= selbst in den solidesten Prioritäten (!) angelegten Capitals. Sollte daher der für Rechnung der beiden Fonds in den Reichsbesitz gelangte große Gesammtbetrag von Prioritäts= Obligationen der Bestimmung gemäß bis zum 1. Juli 1876 auf den Markt gebracht werden, so würden bedenkliche Umwälzungen (!!) der Börsenverhältnisse und erhebliche Verluste für den Invalidenfonds bezw. die Reichskasse un= vermeidlich sein, während man mit Sicherheit annehmen könne, daß bei einer Hinausschiebung der Realisation neben fortdauerndem Eingange verhältnißmäßig guter Zinsen ein befriedigender Erlös durch allmählichen Verkauf zu erzielen sein werde. Es liege daher rücksichtlich dieser Werthpapiere eine Hinausschiebung des Termins im Be= dürfniß, und der vorliegende Entwurf beschränke sich darauf, diesem Bedürfniß durch eine Fristerstreckung um vier Jahre gerecht zu werden."

An einer anderen Stelle wird gesagt, „die Abänderung ginge von der Annahme aus, daß der etwaige „geringe" Verlust eine solche Maßregel nicht motiviren würde. Da= gegen wird die Maßregel der Verlängerung des Provisoriums mit dem Hinweise auf die kritische Lage des Geldmarktes und durch die Schädigung motivirt, welche durch den Verkauf jener Papiere die in Frage kommenden wirth= schaftlichen Interessen erleiden würden."

Der Börsen=Courier, wie immer frivol, frech und frei, räsonnirt hierzu:

„Es ist allerdings einleuchtend, daß der plötzliche Verkauf so großer Summen auf offenem Markte eine fernere Entwerthung von verhältniß= mäßig soliden Papieren zu Wege bringen würde, welche die besitzenden Klassen nach den vielen und großen Verlusten, die sie erlitten, gerade jetzt um so empfindlicher treffen würde. Die Motivirung ist daher richtig und gerecht und wir lassen sie gerne gelten. Aber, da wir bisher eine solche Rücksicht bei unserer Finanzleitung und im Reichskanzleramte nicht gefunden, darf beiläufig doch darauf hingewiesen werden, daß ja durch den plötzlichen Verkauf bei der heutigen Lage des Marktes zunächst und am meisten der Invalidenfonds selbst einbüßen würde. Dieser Verlust würde kein „geringer" sein. Und solche Erwägung ist wohl das eigentlich maßgebende verschwiegene Motiv gewesen."

Es bleibt aber hiermit immer bezeichnend, daß der Invalidenfonds mitsammt unsrer Finanzleitung selbst mit diesem Schritt die Bahn der Speculation auf Hausse betraten; wer bürgte ihr dafür, daß der Geldmarkt sich namentlich für „Hannover=Altenbekener" bessere, daß die Magdeburg=Halberstädter aus ihren schweren Verwicklungen heil herauskommt und daß die Privat=Eisenbahnen überhaupt wieder Geschäfte machen? Ueberdem bleibt somit das Geld von 100 Millionen Thalern, das den Invaliden gehört, unverantwortlichen Privateisenbahn=Directionen überlassen und wird factisch von diesen verwaltet, anstatt durch die eingesetzte Behörde.

Am 9. Nov. 1875 war der Entwurf so weit gediehen, daß die erste Berathung desselben im Reichstage stattfand. Abg. Windthorst nennt den Invalidenfonds eine unnatürliche Effektenbank Elwanger und Co., Credit=Bamberger beschwichtigte und fand Alles herrlich bestellt, Alles war ja auch hier „Credit." Der Finanzmakler Richter verwarf den Namen Elwanger u. Co. und meinte, der Fonds müßte Bismarck und Co. heißen. Der bekannte herrlichste der Gutmacher v. Benda sprach seine „volle Indignation über die in der Presse ausgesprochen Beschuldigungen" gegen die Verwaltung aus. Bundesrath von Nostitz=Wallwitz bezeichnete den Invalidenfonds als völlig intakt, er besitze keine Papiere, die schlimmer gefallen wären als andere laut Courszettel. v. Minnigerode wies darauf hin, daß wenn heut an der Stelle der Eisenbahn=Prioritäten Landschaftspapiere lägen, man weder von Coursverlust noch von zeitweiser Unverkäuflichkeit zu reden haben, noch überhaupt den Gesetzentwurf nöthig gehabt haben würde. Hierauf ward die erste Berathung geschlossen, nachdem das Gesetz an eine Commission verwiesen worden.

Unterdessen agitirten die Börsen=Zeitungen und namentlich das Organ v. Hansemanns um so energischer für die Erwerbung sämmtlicher Eisenbahnen durchs Reich; Letzteres behauptete, daß der Plan einer Erwerbung sämmtlicher deutschen Eisenbahnen für das Reich von keiner geringeren Autorität, als dem Reichskanzler selbst ausgegangen sei. Fürst Bismarck solle dieser Quelle zufolge in ganz bestimmter Form die Anweisung gegeben haben, der Frage vom Stadtpunkte Preußens und des Reiches näher zu treten, und es seien in Folge dessen Erörterungen veranlaßt worden, welche den Entschluß, direkt mit der Sache vorzugehen, herbeigeführt haben. Sie hielt den damaligen Zeitpunkt für sehr geeignet, diese Maßregel auszuführen, damit der Staat sämmtliche fraglichen Prioritäten und Eisenbahn-Stammactien übernehme und so der Börse in ihrer bedrängten Lage unter die Arme greife.

Sie schlug ferner vor, zu dem Zweck eine dreiprozentige Anleihe von 3—4 Milliarden, geziert mit allen vier europäischen Hauptsprachen, auszugeben, damit so ein beliebtes Papier den internationalen Markt gewönne. Es seien für eine so große Anleihe die Capitalkräfte der andern Börsen mit heranzuziehen u. s. w. Es ist auffällig, wie hier unser nationales Reichsjudenthum, das sonst so stolz auf den heimischen Markt ist, so nach Geld angelnd, über die Grenze in aller Herren Länder ausschaute. Doch das ist eben die ächte Praxis der „goldenen Internationalen": Sie beglückt uns mit russischen, amerikanischen, französischen, österreichischen Papieren und wir mit unseren semitischen Schulden beglücken wieder andere Länder. Dabei giebt's zu schachern und zu handeln, daß es eine Lust ist.

Uebrigens ist es allerdings Thatsache, daß der Fürst Reichskanzler immer schon dafür inclinirte, daß alle Bahnen Staatsbahnen sein müßten, man darf sich nur der Vorgänge bei Berlin-Wetzlar erinnern. Nur wollten damals die Börsenzeitungen von dieser Ansicht des Reichskanzlers durchaus nichts wissen, jetzt erst entdeckten sie plötzlich diese Herrlichkeit! Warum? Nun, wir begreifen's und sagen nur das: Der „Krach" und die Verzweiflung der Börse über die Zerstörung in ihrem Reich mußte grauenhaft sein, daß sie sich zu diesem Coup entschloß.

Uebrigens baten und flehten auch die andern Börsenblätter täglich schier mit gefalteten Händen, die Regierung möge doch erst nur einen vernehmlichen Laut von sich geben, daß sie auf die Erwerbung der Bahnen eingehen wolle! Sofort würde sich nämlich eine rasende Hausse in Bahnpapieren entwickelt haben — und das wünschte man, denn leider die — Hausse fehlte und die gräßlichste „Flaue" gähnte täglich in den Mammonpalast der Burgstraße herein.

Und um diese „Flaue" zu vertreiben, wagte man schon Etwas. — Und doch: „Wie haißt, was wagte man? Ist die Regierung doch uns, sind wir doch die Regierung, — warum sollen wir uns nicht selbst schenken die Bahnen? Wir sind nobel gegen das Reich, darnach ist das Reich wieder nobel gegen uns, wir machen Geschäft mit den Papierchen und machen Geschäft mit der Pachtung und Verwaltung der Bahnen . . . ."

Die „Voss. Ztg." referirte über diese erste Berathung:

„Ueber die Art und Weise, wie die colossalen Gelder des Reichs= Invalidenfonds vor einigen Jahren angelegt wurden, kann erst die zweite Berathung „mehr Licht" verbreiten, wenn die Verhandlungen der Budget=Commission über diesen Gegenstand in Dunkel gehüllt bleiben sollten. Herr v. Benda malt freilich die Lage der Dinge ganz rosenroth und sieht sich dabei als Mitglied der Reichsschulden=Com= mission, welcher die Controle des Fonds anvertraut ist, selbst am besten. Im Uebrigen ist nur zu constatiren, daß die Papiere, in welchen ein großer Theil der Gelder angelegt ist, einen mehr oder minder beträcht= lichen Coursrückgang erlitten haben, ganz in der Weise, wie wir früher einmal ausrechneten. Verantwortlich dafür sollen freilich nur — „die schlechten Zeiten" sein."

Die Rundschau der „Dtsch. Landes=Ztg." vom 27. No= vember sagte darüber:

„Der Invalidenfonds ist zwei Tage lang debattirt. Dieses „Reichsfaß" fand sich zwar „angezapft",*) doch wurde in äußerster Gemüthsruhe constatirt: es läuft noch, es mag auch davon genommen sein, allein Niemand ent= deckte, wer's wohl gewesen; die bestellten Wächter sagten aus, sie wären erst später dazu gekommen, als der Schaden schon geschehen; Einer und er ist als unverwüstlicher „Gut= macher" bekannt, behauptete gar, das Faß würde sich ganz allein wieder füllen, wenn der Inhalt darin wieder „stiege", fast alle meinten: das Faß sei in diesen dürren Zeiten von selbst spak geworden und müßte sich selbst wieder repariren. Hr. Miquél aber und Hr. Bennigsen sagten — Nichts, Hr. Finanzminister Camphausen war nicht anwesend.

---

*) Dies geflügelte Wort stammt von Herrn General=Postdirector Stephan her, das ihm in unbewachter Stunde entfloh, als die Eisen= bahnmächte ihm das Packetporto vertheuern wollten. Herr Stephan mußte das Anzapfen der Staatsfinanzen Seitens der Börsenmächte sehr gut gemerkt haben.

Die Nationalen verstehen unter Umständen die Kunst vortrefflich, den riesigen Berg von 100 Millionen Hansemann'schen Disconto-Papiers als eine — geschehene Thatsache schweigend zu begrüßen, — just wie sie's in der Gründeruntersuchung der Eisenbahn-Enquète praktizirt."

Die Reichs-Eisenbahnidee wurde dabei immer weiter lancirt, — Hr. v. Hansemann, Miquél und Co. sorgten im Voraus, daß wenn die Sache schief mit dem Invalidenfonds ginge, ein weiterer Ausweg zum Salviren schon vorbereitet wäre, der Einfluß auf die sog. politisch-liberale Presse war ihnen leicht; so bekundete die „Berl. Bürg. Ztg.", daß auch in den Kreisen der Reichstagsabgeordneten das Reichseisenbahnproject an Boden gewinne.

„Die Hauptsache bei den Eisenbahnen, fährt die genannte Zeitung fort, ist nicht sowohl der direkte Ertrag, als der indirekte Nutzen. Wenn die Institute in die Hände des Staates kommen, können sie von diesem Gesichtspunkte aus verwaltet werden. Ob der Staat augenblicklich die Mittel aufbringen kann, ist freilich eine andere Frage; nach dem französischen Kriege wäre er dazu im Stande gewesen, und die Milliarden wären wahrscheinlich besser angelegt worden, wenn man sie zu diesem Zwecke verwendet hätte." Wie die „Elbfeld. Ztg." erfährt, hat der Handelsminister Dr. Achenbach die Initiative in der Idee des Staatsankaufs der Privateisenbahnen ergriffen. — Auch die „Nat.-Ztg." beschäftigt sich in einem längeren Artikel mit diesem Thema, und befürwortet, nachdem sie die Idee an sich gut heißt, „die Verpachtung angemessener Bahncomplexe an neu zu schaffende Gesellschaften." —

Dies hieße jedoch vom Regen in die Traufe kommen; erst sollte das Reich die Eisenbahnen bezahlen, und nachher den Nutzen an die Privatgesellschaften abgeben; während die alte Differenzial-Tarifwirthschaft bald wieder im alten Flor stände! Noch mehr zu verwundern war es, daß ganz derselbe Vorschlag der Abrundung in Complexen und der nachherigen Verpachtung in der Denkschrift des' „deutschen Handelstags" sich vorfindet; und daß die Initiative zu diesem Beschluß von Dr. Hammacher ausging, — jenem großen Mann, der noch das Jahr vorher in derselben Versammlung das Wort gelassen aussprach: „Die Zeit der Staatsbahnen ist nun vorüber —."

Noch wußte Niemand, daß auch Halle-Sorau-Gubener sich in den Fonds befanden, und zwar von einem andern Emissionshause, der Berliner Handelsgesellschaft dahinein bugsirt, auch war es noch nicht vollends bekannt, daß diese Linie faktisch banquerott war, darum brachte mit einem Male der Berliner „Actionär", ein Börsenwochenblatt, das sich des Schutzes des Herrn Finanzministers erfreuen soll, die Nachricht, „daß ernstliche Verhandlungen eingeleitet seien, um diese Bahn Seitens des preußischen Staats zu übernehmen."

Dort rief's Reichsbahn, hier ertönte es Staatsübernahme der Halle=Sorau=Gubener! Das machte, mit der Halle=Sorau=Gubener brannte es der Finanzverwaltung auf den Nägeln; wir kommen später darauf zurück.

Schon aber wurde von Seiten Herrn v. Hansemanns noch ein anderes Ventil aufgezogen für den Fall, daß die Sache vor der Oeffentlichkeit nicht todt zu schweigen ging. Die Semitenmoral huldigt bekanntlich die Lehre vom „großen Ver=söhnungstage," an dem ein Widder, dem alle Sünden des Volkes aufgeladen worden sind, feierlich abgeschlachtet wird. Hierzu hat der Börse immerdar derjenige Minister gedient, den sie gemißbraucht hat. Darum fuhr die Börsenzeitung gar wild gegen unser Finanzregime los. Da hieß es:

„Es ist für uns mit unserem warmen deutschen Gefühle schmerz=lich, ausländische Zustände in einer solchen Weise den unsrigen gegen=über stellen zu müssen; leider aber tönt ja bei uns allein das unglück=selige „non possumus" aus den Regierungskreisen zu einer Zeit entgegen, wo das Darniederliegen von Handel und Industrie, der seit Jahren anhaltende Verarmungsprozeß, die abnehmenden Staatseinnahmen, die stetig zunehmenden Arbeitseinstel=lungen, Lohnreduktionen und Arbeiter=Entlassungen eben so viel zwingende Nothwendigkeit schaffen, aus der Pas=sivität herauszutreten. Wir haben seit Wochen uns unausgesetzt bemüht, eine Menge einzelner Maßnahmen zu besprechen, die nach unserer Auffassung ergriffen werden müßten; wir wissen auch sehr wohl, daß keine einzelne derselben allein eine Besserung herbeiführen wird; allein die Regierung sollte nur erst anfangen, auf irgend einem Punkte den Beweis von ihrem Willen, helfend einzu=schreiten, zu geben, statt des bösen Rufes: „wir sind nicht im Stande zu helfen", wie ihn uns die Thronrede entgegenschallen ließ, dann lehrt schon das Vertrauen und die Hilfe aus eigener Kraft ganz von selbst wieder. Die Armuth an Ideen hat niemals das Wesen großer Staatsmänner ausgemacht, und wer die Verhältnisse eines Volkes von einer bevorzugten Stelle überschaut, der kann nicht mit der bloßen Passivität und mit einigen allgemein gehaltenen guten Lehren, wie wir sie im Parlament vom Regierungstische aus zu hören be=kommen haben, seine Bestimmung, an so wichtiger Stelle zu stehen, beweisen. . . . . Wir müssen dies zu unserem schmerzlichen Bedauern immer von Neuem aussprechen, denn wir fühlen vielleicht mehr als die eigentlich zur Hilfe berufenen Aerzte, wie f i e b e r h a f t k r a n k d e r   P u l s d i e s e s m a t e r i e l l e n L e b e n s schlägt. Unsere Aerzte halten dem nach Hilfe ausschauenden Handel neue S t e u e r p r o j e c t e entgegen, Steine statt Brod."

Man glaubt so wahr eine agrarische Stimme zu hören, die der „Börs.-Cour." noch verstärkte, denn er brachte einen Leitartikel mit dem vierfachen Refrain: „D i e s e r F i n a n z m i n i s t e r m u ß f o r t v o n s e i n e m P l a t z e !" Nichts war doch klärlicher, als daß unter dem Regime dieses Ministers der haute finance in allen Stücken soulagirt, ja buchstäblich mit Gunst gefüttert worden war; er galt zugleich als die vornehmste Stütze des Liberalismus im Ministerium Bismarck. Jedes g e w ö h n l i c h e Menschenkind müßte in solchem Falle doch dankbar sein, allein bei den Börsengemüthern hört eben alle Gemüthlichkeit auf, zumal wenn der Geist der Disconto-Gesellschaft wie ein brüllender Löwe nach einem Object der Verantwortlichkeit für geschehene u n v e r a n t w o r t l i c h e Dinge sucht. Darum schleuderte der „Börs.-Cour." die stärksten Invectiven gegen den Finanzminister, wobei wir uns heut noch wundern, daß er dies thun konnte, ohne eine Anklage zu bekommen, — welchen Schritt offenbar Herr Camphausen (als ob er eine Ahnung von seiner „Widderbestimmung" gehabt hätte) nicht wagte.

Mit dem 20. November wurde auch der Status der Anlagen des „Festungsbaufonds" zur allgemeinen Ueberraschung bekannt. Die Lds.-Ztg. schrieb damals darüber: „Mit Ausnahme der bayerischen Eisenbahn-Anlehen, der amerikanischen Staats-Anleihe und der englischen Consols sind das nur u n g a r a n t i r t e Eisenbahn-Prioritäten der allerzweifelhaftesten Art! Dabei muß man in Betracht ziehn, daß von fast allen den Bahnen, deren Papiere angekauft wurden, die hiesige D i s c o n t o - B a n k die Kassenführerin ist, welche zugleich diese Prioritäten emittirte, und daß hiernach die zu Festungsbauten bestimmten Millionen dazu dienen mußten, der Disconto-Gesellschaft ein flottes Bankgeschäft pro 1873—74 zu verschaffen, — woher denn wohl die 12 Procent Dividende kommen, die diese Bank gezahlt. Der Staat aber hat — anstatt Festungen, Coursrückgänge und unverkäufliche Papiere sich „erbaut", und die Festungen selbst können noch jahrelang auf diesem „Papier" bleiben. Ei ei, wenn so Etwas ein früheres Ministerium vollbracht hätte, mit welcher heiligen Entrüstung würde da

der ganze Chorus der liberalen Zeitungen, von der National=
Zeitung an bis zum fernsten fortschrittlichen Winkelblatt,
solche Handlungsweise bei ihrem Namen genannt haben!
Ebenso ist mit dem Parlaments=Baufonds gewirthschaftet,
seine 27 Millionen Mark sind in lauter Magdeburg=Halber=
städtern, Bergisch=Märkischen, Anhaltischen unverkäuflichen
Prioritäten angelegt. Wenn man diese 27 Millionen heut auf
den Markt würfe, um wirklich ein Parlamentshaus zu bauen,
erzielte man kaum einen Erlös von der Hälfte!! . . . Das
ist denn nun die Auflösung des „Geheimnisses unserer Zeit,
keine Zinsen zu verlieren" — man büßt dafür das Capital
ein."

In dieser Zeit ließ sich der Abg. Lasker wieder einmal
gegen die Gründereien in alter Weise los; wir müssen das
Kunststück hier mittheilen, weil es wiederum sich als eine
Art und Weise kennzeichnet, daß damit von ihm nichts weiter,
als Parteipolitik getrieben ward und daß diejenigen Pessi=
misten doch fast Recht haben dürften, welche meinen: Lasker
habe die Gründerei nur eben darum angegriffen, um dieses
Geschäft allein seinen Glaubensgenossen zu reserviren.

Nachdem Herr Lasker zunächst seine Friedens= und
Freundschaftsdienste dem Herrn Camphausen angeboten,
was wir von seinem Standpunkt nicht tadeln wollen, auch
einige elegante Sätze über die „künftig" vielleicht noth=
wendige Stempelsteuerreform losgelassen, verstieg er sich zu
folgender wörtlichen Behauptung:

Dem Abg. Minnigerode gebe ich vollständig zu, daß seine Partei
an den nach meiner Ueberzeugung segensreichen Gesetzen der Gewerbe=
ordnung und Freizügigkeit völlig unschuldig ist, keineswegs unschuldig
aber ist sie an dem einzigen Gesetz, das ich als verderblich anerkennen
muß, das ist das Actiengesetz. Als wir das votirten, da hat kein
einziger von Ihnen dagegen seine Stimme erhoben. Eine Krisis in dem
Maße, wie sie von den Vertretern der Conservativen uns ausgemalt
wird, kann ich gar nicht anerkennen. Sie müssen doch die Verhältnisse
Ihrer bevorzugten (!) Klasse*) nicht als maßgebend betrachten für den
Wohlstand der Nation. Ich frage: haben etwa die Einlagen der Spar=
kassen abgenommen? Im Gegentheil, sie nehmen zu. Ebenso hört man die
kleinen Landwirthe durchaus nicht klagen, höchstens über Arbeitermangel,
an welchem aber die schwindelhafte Production Schuld trägt, an der
Männer aus den höheren Klassen, die zu Ihrer Partei gehören, in her=

---

*) Recht artig, — Herr Lasker erklärt so ganz beiläufig die Con=
servativen für eine „bevorzugte Klasse"; worin doch diese Bevorzugung
wohl bestehen mag?

vorragendem Maße sich betheiligt haben. (Lebhafter Widerspruch und
Unruhe rechts.) Gewiß, meine Herren, haben Sie denn ganz vergessen,
wer die Genossen der Strousberge waren und noch sind? Wenn auch
dem einen oder dem anderen eine Quittung der vollständigen Unschuld
ausgestellt wird. Sie werden doch unmöglich vergessen machen können,
daß nicht durch unsere wirthschaftliche Gesetzgebung diese Calamität
verschuldet worden ist, sondern gerade in erster Linie von denen, welche
vorgestern, gestern, ja heute noch laut und mit Emphase gegen diese
Gesetzgebung declamiren. Ich hoffe, daß es der liberalen Partei ver-
gönnt sein wird, mit der Regierung weiter fortzuwirken in der Fort-
führung ihrer bisherigen Wirthschaftspolitik, und ich freue mich, diese
Hoffnung durch die heutige Rede des Finanzministers bestätigt zu sehen.

Die „Volks-Zeitung" sagt in ihrem Bericht ganz un-
umwunden, diese Stelle Laskers sei auf die Träger der
conservativen Partei gemünzt und dies veranlaßt uns
hiermit Folgendes zu erklären:

Es schadet nicht, daß Herr Lasker Herrn v. Kardorff,
dem vielfältigen Verwaltungsrath und Gründer die Wahrheit sagt, aber es thut uns leid, hierbei wiederum Herrn
Lasker einer Treulosigkeit zeihen zu müssen, deren Be-
gehung uns außerhalb jeder Grenze des Anstandes gelegen
zu sein scheint.

Jeder Philister hinterm Bierkrug weiß doch nun bereits,
was in Sachen des Parteiverhältnisses es mit den sogenannten
Freiconservativen für eine Bewandniß hat. Sie sind
die Zwillingsbrüder jener Partei selbst, welcher Herr Lasker
angehört, in nichts verschieden von dem rechten Flügel der
Nationalliberalen der Herren Miquél, Hammacher, Bennigsen.
Sie gehören weder zu den Agrariern, noch Alt-, noch Neu-
conservativen und ob sie sich zur Hälfte den conservativen
Mantel umhängen, so sind Viele doch in der That ganz
artige Börsenliberale; das haben alle Abstimmungen bewiesen.

Nun aber paßt es dem Herrn Lasker wieder einmal,
einen Stein des Gründervorwurfs zu werfen, und um die
Conservativen damit zu treffen, so greift er flugs nach dem
Taschenspielerstückchen und stempelt Herrn Kardorff und Genossen zu Vertretern der conservativen Partei. Zugleich
macht er sich dabei der zweiten Treulosigkeit schuldig, indem er die Conservativen als — Schutzzöllner behandelt,
was sie niemals gewesen sind, noch werden wollen.

Herr Lasker ist ferner großartig in seinen Vorwürfen.
Er erkennt die schlimmen Fehler des Actiengesetzes an, und

schiebt nun die Schuld der Entstehung desselben der — conser=
vativen Partei zu, weil sie damals bei der Berathung desselben
sich nicht dagegen erhoben. — Was wohl die damalige con=
servative Partei von etwa 62 Mitgliedern hätte thun können,
wo der ganze damalige Norddeutsche Reichstag täglich wider=
hallte von dem Culturfortschritt der „Normativbedingungen"
für die Actie und der Abschaffung des schädlichen Concessions=
wesens!! — Die liberale Partei war in der Mehrheit, sie
schuf das Gesetz, jeder Widerspruch wäre und ist thatsächlich
verlacht worden, und nun macht Herr Lasker nicht übel
Miene, für diese begangenen Fehler im Actiengesetz auch noch
die conservative Partei zum Sündenbock hinzustellen!

Nun aber ein Wort im Ernst. Herr Lasker hat wiederum
von der conservativen Partei gesprochen, als ob sie sich ganz
allein mit Gründungsgeschäften beschmutzt, während es
doch Thatsache ist, daß aus der großen Zahl von 70 Mit=
gliedern kaum 3 oder 4 herauszufinden sind, welche Ver=
waltungsrathstellen angenommen haben. Was aber hat
Herr Wilmanns in seiner „goldenen Internationalen" (5 Aufl.
S. 58) über die Antheilhaberschaft der nat.=liberalen Partei
an den Gründungen gesagt? Hier sei es wiederholt:

„Soweit unsere beschränkten Verbindungen reichen, haben
wir einen Einblick zu gewinnen versucht, welchen Umfang
bei den gegenwärtig dominirenden (der national=liberalen,
der liberalen Reichs= und der freiconservativen) Parteien
die Betheiligung erreicht hat. Süddeutschland ist außer
Betracht gelassen, weil uns dort Beziehungen fehlen. Für
Norddeutschland haben wir bezüglich der im Jahre 1874
abgelaufenen Legislaturperiode nachfolgende Liste von Ab=
geordneten, welche als Gründer, Verwaltungs=Räthe oder
Vorstände von Actien=Gesellschaften fungirten, festgestellt:

Adickes, von Bennigsen, von Bernuth, Graf Bethusy=
Huc, Birnbaum, von Bonin, Braun (Hersfeld), Braun
(Berlin), v. Bunsen, Graf zu Dohna=Kotzenau, Baron
v. Eckardstein, Friedenthal, Hammacher, Dr. Hasen=
clever, v. Hennig, Herzog v. Ujest, Dr. Kapp, v. Kar=
dorff, Graf Maltzahn, Miquel, Mosle, Graf Münster,
Overweg, v. Patow, Graf Renard, v. Rönne, Roß,
v. Unruh, v. Unruh=Bomst, Websky, Wehrenpfennig,
Westphal, Wichmann und den erwähnten Parteien nahe=
stehend: v. Bockum=Dolffs, Prinz Handjery.

Die Herren Wehrenpfennig und Wichmann haben wir
nur als Vorstände gefunden, die übrigen sind sämmtlich bei
Gründungen oder als Verwaltungsräthe betheiligt, viele,

5

z. B. v. Bernuth, v. Bonin, Braun-Berlin, v. Eckardstein,
Hammacher, Herzog v. Ujest, v. Kardorff, Miquél sogar in
einer Reihe von Fällen. Die genannten Parteien zählten
aus Norddeutschland im Ganzen 123 Mitglieder; es sind
mithin — soweit Norddeutschland in Betracht kommt —
schon nach unserer, vermuthlich noch sehr lückenhaften Aufstellung nahezu 30 pCt. (!) und darunter mit wenigen Aus-
nahmen alle hervorragenden Mitglieder der maßgebenden
Parteien zu den herrschenden Geldmächten in nahe Beziehungen getreten."

Hierzu treten neuerdings noch die Herren: Acker-
mann, Bamberger, v. Winter, Wölfel, Wolffsohn,
v. Bethmann-Hollweg-Runowo, Siemens, Kiepert,
und aus der ehrsamen Liste der Fortschrittspartei die
Namen: Berger-Witten, Löwe-Calbe (Lebensvers.), Dr.
Banks, Stadtrath Hagen (Unionbank), Hausmann-
Brandenburg, Kreutz, Dr. Minckwitz, Sonnemann,
Dr. v. Schauß, Parisius, als fast lauter Bankgrößen
und Bankgenossen! . . .

Wenn also Herr Lasker von „Taschenfüllen" reden
will, warum wendet er sich doch nicht an diese Adressen
seiner eigenen und der ihm verwandten Parteien? Oder
sind diese sieben und siebzig mal größeren Gründer etwa
mit einem Ablaßschein aus der Hand des Herrn Lasker
begnadet worden, weil ihre sonstigen Thaten dem großen
„Laskergeiste" angenehmen Duft bereiteten?

Jeder folge doch nur dem gesunden Menschenverstande
und lasse alle Gründer, groß und klein, seiner Bekanntschaft
Revue passiren: welcher Partei sie angehörten? So wird
man sie als eifrige oft hervorragende nationalliberale Partei-
mitglieder entdecken, wie ja auch alle Juden vorzugsweise
nationalliberal sind. — Möge daher auch die salomonische
Zunge Laskers das Abwälzungskunststück noch so oft versuchen: seine Arbeit bleibt fruchtlos, ja sie bekommt einen
ganz verdächtig talmudistischen Parteibeigeschmack: solange
er nicht die Gründer in seiner eignen Partei aufsucht und
mit diesen ebenso abrechnet, wie ers mit Wagner und Putt-
bus gethan hat.

Herr Lasker wurde in Folge dieser Vorgänge später
gezwungen, zu revociren, und er that dies mit derselben
geläufigen Zunge, mit der er zuerst die Beschuldigungen
sprach . . . .

Die vier Mitglieder des Centrums brachten hierauf in
der Commission sieben Fragen zum Vorschein, in welchen aller-

hand ausführliche Auskunft über die Modalitäten und Vorgänge bei der Belegung der Invalidenfondsgelder verlangt
wurde. Die Landes-Ztg. veröffentlichte am 27. Nov. einen
Artikel:

„Die drei „invaliden Fonds" und noch — ein vierter",
den wir hier mittheilen müssen:

Das genaue Verzeichniß aller ungarantirten Eisenbahn-
prioritäten, welche in den drei Fonds begraben liegen, stellt
sich jetzt auf 304,500,000 Mk. heraus, worunter Hannover-
Altenbekener (Cours der dritten Emission 84!) 12,172,200;
Magdeburg-Halberstädter 84,593,100 (Cours 90); Bergisch-
Märkische (Cours ?) 93 Mill., Cöln-Mindener 46 Mill.
(Cours 4 pCt. 87), von Berlin-Görlitzer (Cours ?), Berlin-
Hamburger (Cours 5 pCt. 103), Berlin-Potsdam-Magde-
burger (Cours 4 pCt. 88), Oberschlesische (Cours 4 pCt.
89) je 11 Mill. Mark sich befinden.

Zu diesen Coursen sind diese Papiere sicherlich nicht
eingekauft, sondern zu höheren. Herr v. Benda verrieth,
daß sie meistens zu $99^1/_4$—$^3/_8$ erworben seien; wir nehmen
an, daß dies nur von den $4^1/_2$ procentigen gesagt ist und
daß bei 4- oder 5procentigen Papieren eine entsprechend
höhere oder niedrigere Rate gezahlt wurde.

Eine andere Frage aber ist die: wer verkaufte diese
Papiere? Den weitaus größten Theil gab, wie wir weiter
unten sehen werden, die Disconto-Gesellschaft ab und zwar
machte sie dabei ein Courtagegeschäft von mindestens 4 pCt.,
— wenn nicht ein höheres, was sich hoffentlich auch noch
herausstellen wird.

Diese Gesellschaft bildete nämlich das Emissionshaus
für die verschiedenen Bahnen: sie übernahm die Anleihen
derselben theils ganz (Magdeb.-Halberst., Hannover-Altenbeken, Berlin-Potsdam, Halle-Sorau-Guben, Cöln-Mindener,
Bergisch-Märkische Ges.) oder mit anderen Firmen theilweis
consortialiter und suchte alsdann sich Käufer, wofür sie
sehr bequem und bereit die drei Herren: „Invalidenfonds,
Festungsbaufonds und Reichstagsgebäudefonds und noch
einen vierten" vorfanden, von dem wir zuletzt reden werden.
Man muß wirklich sagen, daß der Präsident dieser Diskonto-
Gesellschaft, Hr. Miquél, als ein gewiegter Unterhändler
sich bewiesen haben muß. Die Käufer im Publikum waren
im Jahr 1873 überhaupt rar, dies war zu bedenken und
Herr Miquél bedachte die drei Fonds darum allein mit —
242 Millionen.

Dies erhellt aus dem diesbezüglichen Jahresbericht der Disconto = Gesellschaft. Dort finden sich **ganz dieselben** Obligations=Emissionen aufgeführt und dabei heißt es:

„In den Umsätzen für Consortial= und eigene Rech= nung nehmen die Zinspapiere die wichtigste Stelle ein. Bereits im vorjährigen Berichte bemerkten wir, daß die Zinspapiere längere Zeit vernachlässigt blieben, bis im Jahre 1873 die Reaction auf die Emissionsbewegung der Jahre 1871 und 1872 er= folgte, und dann die Zinspapiere um so gesuchter in den Vordergrund traten, als sich zur Anlage gewisser Kategorien dieser Effecten durch Errichtung des **Reichs-Invalidenfonds** und ähn= licher Fonds ein größeres Absatzgebiet eröffnete."

Die Zahlen des Berichts bei der Cöln=Mindener, Bergisch=Märk., Hannover=Altenbekener u. a. stimmen ganz genau überein, so daß der ganze Schub der Emissionen in die besagten Fonds hineinbugsirt worden ist. — An Geschäftsüberschuß (Courtage) stellten sich rund 21 Mill. Mk. heraus, wahrlich ein glänzendes Geschäft für eine Bank= Actiengesellschaft von 60 Mill. Mark Capital! — wobei die „Eisenb.=Ztg." wörtlich sagt:

„Die vier Geschäftsinhaber der Disconto=Gesell= schaft, Herr v. Hansemann, Salomonson, Hecker und — der Führer des rechten Flügels der National= liberalen, der Regierungspartei, Vorsitzender der Verfassungskommission für die evangelische Landeskirche im Abgeordnetenhause, Herr Mi= quél, haben, gleiche Theile vorausgesetzt, allein an Tan= tieme jeder 129,841 Thlr. erhalten. Herr Miquél hat also nur an Tantieme — es fallen ja noch wohl andere Einkünfte ab — in jenem Jahre mehr Einkommen ge= habt, als das Gehalt des Herrn Reichskanzlers und aller preußisch=deutschen Staatsminister beträgt!! Wie viel ist davon aus der Provision für die Be= legung jener 3 Reichsfonds geflossen? Die Reichs= freundlichkeit ist doch eine schöne Sache, und es giebt Reden, die nicht Silber, sondern pures Gold sind, wenn man sie zur rechten Zeit an rechter Stelle hält."

Doch damit noch nicht genug. Die Disconto=Gesell= schaft emittirte im Ganzen 308 Millionen, von ihr sind in diesen drei Fonds nur 242 Mill. belegt, auch die andern 66 Millionen sind nicht ins Publikum gelangt, sondern wohl auch Einiges in einen vierten Fonds, den

Dotationsfonds gewandert, der für die preußischen **Provinzen** bestimmt ist. Wir erschließen dies daher, weil die Sache mit der Halle-Sorau-Gubener Bahn stinkt; auch ist bekannt, daß in irgend einem Fonds eine ansehnliche Zahl von Millionen d i e s e r B a h n steckt. 30 Millionen hatte die Disconto-Gesellschaft zur Emission übernommen, in diesen drei Fonds befindet sich Nichts von Halle-Sorau-Gubenern: folglich stecken sie in jenem Fonds, der zum 1. Januar den Provinzen **als Baargeld** zum Chausseebau überwiesen werden soll. Dieselben sind aber absolut u n v e r k ä u f l i c h da diese Bahn bankerott ist und ihre Prioritäts-Aktien' 17,75, die Actien 8 stehn. D a r u m e i l t d i e S t a a t s - r e g i e r u n g s o , d i e s e **Bahn als Staatsbahn zu über- nehmen,** denn sie muß nun **vor** das Abgeordnetenhaus treten und bekennen, daß der halbe Dotationsfonds — verloren ist, wenn die Regierung (das sind die Steuerzahler) selbst nicht die Zinsen zahlt. Daher kam es, daß schon in officiösen Waschzetteln die **naive** Frage auftauchte: o b w o h l d i e P r o v i n z e n i h r e D o t a t i o n i n d e n N o m i n a l - w e r t h e n d e r d a m i t b e l e g t e n P a p i e r e o d e r i n B a a r v e r l a n g e n k ö n n t e n ? — Was sollen sie aber mit werth- losen Halle-Sorau-Gubenern?? .... Graf Eulenburg hat Herrn Camphausen **als** dem Finanzminister die **Sicher- legung** der Dotations-Summen, d i e a u s d e n b a a r e n S t e u e r g r o s c h e n d e r p r e u ß i s c h e n B ü r g e r s i c h a n - g e s a m m e l t h a b e n, überlassen. Der Finanzminister kannte „das Geheimniß seiner Zeit, keine Zinsen zu verlieren" und verlor das — Capital. Pfandbriefe gab's auf der Welt nicht...

Diese Sache muß **noch** vorm Abgeordnetenhause und Herrenhause ausgetragen werden. Eins ist **nur** sicher: die Disconto-Gesellschaft hat auch mit diesem Dotations- Fonds ein gut Geschäft gemacht, indem sie ihn entleerte und — Maculatur dafür hineinlegte.

In der Budgetcommission des Reichstags, deren Mi- norität jene erwähnten Fragen gestellt, ging es indessen heiß her; nach den authentischen Berichten **der** liberalen Zeitungen kam Geh. Rath Michaelis als Vertreter der Regierung in die prekaire Lage, der Commission so „aus- weichend und unfreundlich" zu erscheinen, daß „dieselbe den Fragebogen der 5 Klerikalen einstimmig zu dem ihren machte und ihn als den Kern der Sache treffend erklärte." Der **Frage** nach dem Verbleib der Milliarden setzte der Commiſſar nur die ſtereotype Antwort entgegen, daß der Betrag ſich fortwährend vermindere. Die Kommiſſion rechnete nach ihren Zahlen, und da der Reichstag ſowieſo eine neue Börſen- und Erhöhung der Brauſteuer verwilligen ſollte, — (die man um keinen Preis wollte), ſo bewies man durch Zahlen, daß allein die Zinſen des noch vorhanden ſein ſollenden Milliardenreſtes das Deficit des Etats decken müſſen ꝛc. Camphauſens Lage war hiernach die roſigſte nicht, allein die Majorität beſann ſich bald eines Andern. Herr Camphauſen war die vornehmſte Stütze des liberalen Prinzips im Miniſterium Bismarck, er hatte ſchon ſo manchen Fehler gemacht, der vertuſcht worden war — und da dieſe Majorität gewiß keinen liberaleren Nachfolger erwarten durfte, wenn Camphauſen fiel, ſo war ſie moraliſch gezwungen, ihn aus dieſer Verlegenheit herauszureißen — und dies erklärt Alles, was nun nachfolgt.

Am 8. Dezember erſchien die ſchriftliche Antwort des Miniſters auf die Fragen von Schorlemer-Alſt; hieraus theilen wir mit:

„Bei den Eiſenbahn-Prioritäten ohne Staatsgarantie, welche das meiſte Intereſſe erregen, ſind 4 Millionen Berlin-Hamburger durch die Deutſche Bank, 1 Million Berlin-Potsdam-Magdeburger von der Verwaltung des Invalidenfonds, alle übrigen durch die Seehandlung angekauft. Sämmtliche Prioritäten ſind, bis auf die durch die Verwaltung des Invalidenfonds direct erworbenen, auf Anordnung des Reichskanzleramts gekauft. Die Zeit der Anſchaffung bewegt ſich zwiſchen **Februar** und Oktober 1873.

Da am Ausgang Mai 1873 das Geſetz über die Invalidenfonds erſt fertig wurde, ſo iſt hiermit durch die eignen Worte des amtlichen Berichts, der betreffs des Ankaufs ſchon vom Februar ſpricht, konſtatirt, daß der künftige Invalidenfonds ſchon ein gutes Theil beſagter Privatbahnpapiere im Kaſten hatte und daß der Beſchluß der Reichstagskommiſſion, ſolche Papiere für den Fonds nicht zuzulaſſen, die ernſtlichſte Verlegenheit für die Herren Delbrück-Camphauſen-Miquél-Diskontogeſellſchaft involvirte und daß darum ſchon, weil natürlich die Diskontogeſellſchaft nach dem inzwiſchen eingetretenen „Krach" die bereits „feſt" verkauften Papiere nicht zurücknehmen wollte (vielleicht auch nicht konnte) der ſchlaue § 3 von der vorläufigen Belegung zum zufriedenſtellenden Arangement aller Betheiligten eingeſchoben werden mußte. — Es wird nun des Langen und Breiten bewieſen, wie die Papiere bald gestiegen, bald gefallen wären. Wir notiren hier nun die Ankaufspreise, weil diese wichtig sind:

$4\frac{1}{2}$ Bergisch=Märk. VIII. Serie, wurden angekauft zu $99^5/_s$. (Hat keinen Cours, weil sämmtlich übernommen.)

$4^1/_2$ Bergisch=Märk. VII. S., wurden angekauft zu 99 bis $99^1/_2$. (Cours vom 27. Nov. 1875, $96^1/_4$ Br.)

$4^1/_2$ Görlitzer Litt. B., wurden angekauft zu 98—$99^1/_2$. (Cours vom 15. Nov. 1875, 91 Br.)

5 Hamburger III. Emission, wurden angekauft zu $101^1/_2$. (Cours vom 27. Nov. 1875, 103,20.)

$4^1/_2$ Potsd.=Magdb. Litt. D., würden angekauft zu 98 bis $99^3/_1$. (Cours vom 27. Nov. 1875, 95.)

$4^1/_2$ Pots.=Magdb. Litt. E., wurden angekauft zu $98^1/_2$ bis 99. (Cours vom 27. Nov. 1875, $94^1/_2$.)

$4^1/_2$ Breslau=Schweidnitz=Freib. Litt. F., wurden angekauft zu $98^1/_2$—$99^3/_4$. (Cours vom 27. Nov. 1875, $93_{,50}$.)

$4^1/_2$ Breslau=Schweidnitz=Freib. Litt. H., wurden angekauft zu 99—$99^3/_4$. (Cours vom 27. Nov. 1875, $90_{,30}$.)

$4^1/_2$ Cöln=Mindener VII. S., wurden angekauft zu $99^5/_8$. (Ganz im Fonds. Cours der III. Em., der aber lange nicht der höhern VII. Hypothek entspricht, vom 15 Nov. 1875, 97.)

$4^1/_2$ Hannov.=Altenbeken I. u. II. S., wurden angekauft zu $98^1/_4$—99, Cours 1. Mai 1875 75—92 (seitdem 90—88.)

$4^1/_2$ Magdb.=Halberst. 1873er, wurden angekauft zu $99^5/_8$. (Cours vom 27. Nov., 1875 $90_{,30}$.)

4 Oberschles. 1873, wurden angekauft zu $90^1/_2$. (Cours vom 15. Nov. 1875, 86.)

„Eine Berechnung, was an Coursdifferenz gewonnen oder verloren sei, (!) sei nicht angestellt; ein Gewinn oder Verlust würde sich erst beim wirklichen Verkauf er= geben." War denn aber der Verkauf so gewaltiger Massen überhaupt möglich? Gewiß nicht ohne Verlust mindestens der Hälfte . . .

Der Bericht nennt die Seehandlung als Käuferin, diese aber konnte nur von dem Emissionshause d. i. der Dis= kontogesellschaft gekauft haben. Sehr geschickt! Von den an= dern mit dem Invalidenfonds zu handeln berechtigten Bank= instituten, als z. B. von der Deutschen Bank, kaufte der Erstere direkt die Hamburger, von Bleichroeder direkt die Amerikaner und Russen; die Disconto schiebt die Seehand= lung vor! . . .

Die Börsen=Zeitungen riethen nun allesammt, doch ja

diesen Papieren „das Asylrecht" im Invalidenfonds zu be=
lassen und zwar länger als 4 oder 5 Jahre, „freien Spiel=
raum" müßte die Verwaltung haben. „Es handle sich
(wörtlich) bei dieser Capitalsanlage um Coursverluste von
einem Umfange, welcher eine Ausgleichung in vier Jahren
fraglich erscheinen lasse, da man sich bewußt sein müsse,
daß die Coursverluste nur deshalb heut nicht
schon viel größer sind, weil eben die betreffenden Effecten
nicht auf den Markt geworfen wurden." Was das heißt,
ist klar: die Effecten waren und sind absolut unverkäuf=
lich; warum aber sind sie dies? weil die Rentabilität der
betreffenden Bahnen bereits ihrer sicheren Taxe bei den
Eingeweihten der Börse unterliegt und weil diese äußersten
Prioritäten der Bahnen wahrscheinlich einmal nothleidend,
werden müssen. Denn, — wäre der Zinseneingang sicher,
so würde das Publikum die Papiere kaufen. Trotzdem aber
behauptet die Reichsregierung: die betr. Anlage schade nichts,
sie trüge ja doch gute Zinsen, — wie Figura zeigt: Han=
nover=Altenbeken mit 3387 Mark Reineinnahme per 1874,
von dem Stillstandsjahr 1875 ganz zu geschweigen.

Nun lag doch die Frage nahe: zu welchem Cours hatte
die Discontogesellschaft denn selbst die Anleihen von den
betr. Bahnen übernommen? (Wir wissen aus Strousbergs
Munde, daß dies bei 6 Procent unter diesem Verkaufspreise
an die staatlichen Fonds geschah!) Aber wer auch fragte,
dem brachte man Achselzucken entgegen: „Das wisse man
nicht." Und doch saßen da die Herren Siemens (von der
deutschen Bank), Herr Hausmann (von der Potsd.=Magde=
burger Bahn), Miquél (von der Discontogesellschaft) im
Reichstag, Herr v. Bennigsen (von der Hannover=Alten=
bekener Bahn) war als Vorsitzender derselben Budgetcom=
mission unmittelbar gegenwärtig. Die Einen mußten wissen,
was die Bahnen netto für 100 Nominal bekommen, die
Andern, was die Banken dabei verdient! Wir beantragten
damals in der D. Lds. Ztg. Vernehmung dieser stol=
zen „Schweiger". Allein man ließ sie — schweigen und
ließ die Seehandlung als anständige „Deckung passiren."

Die Minorität der Budget=Commission kehrte sich jedoch
nicht an das stereotype Betragen der Herrn Nationalen unter
Vortritt der Herren Miquél und Bennigsen, als sei nicht
das Geringste vorgefallen, als sei Alles nicht hansemannisch
„natürlich" zugegangen, als sei durchaus kein Schade ge=
schehen, wenn man nur den „Unterstützungswohnsitz" für
die verflogenen armen Anleihevögel recht hübsch beschließe

oder ihnen das „Asylrecht" in dem Raum des Fonds recht behaglich herrichte. Das wurde auch auf weitere 4 Jahre mit 10 gegen 4 Stimmen beschlossen; für die andern Fonds brauchte man dies gar nicht, zumal wenn man den Bau der Festungen und des Reichstagspalastes unterließ, was denn auch bis heute strikte befolgt ist. Der Bericht darüber lautete:

„In der Budgetcommission wurden § 1 und 2 der Gesetzvorlage betreffend Abänderung des Gesetzes über Gründung und Verwaltung des Invalidenfonds abgelehnt, an Stelle derselben ein Paragraph nach Antrag Richter angenommen, lautend:

§ 1. Die im § 3 des Gesetzes betreffend die Gründung und Verwaltung des Reichsinvalidenfonds vom 23. Mai 1873 bestimmte Frist wird für die vor dem 1. November 1875 erworbenen Prioritätsobligationen deutscher Eisenbahngesellschaften bis zum 1. Juli 1880 erstreckt-

Seitens der Abgg. Freiherr von Schorlemer-Alst, Freiherr von Frankenstein, von Adelebsen, Graf Ballestrem und Jörg wurde beantragt, folgende Resolution dem Reichstage zur Annahme zu empfehlen:

In Erwägung:

I. daß das Gesetz vom 23. Mai 1873, betreffend Gründung und Verwaltung des Reichsinvalidenfonds, im § 2 bestimmt, daß die dem Reichsinvalidenfonds überwiesenen Gelder regelmäßig anzulegen sind in verzinslichen Schatzanweisungen, welche a. auf den Inhaber lauten, oder auf den Inhaber jeder Zeit umschrieben werden können und Seitens des Gläubigers unkündbar sind und b. einer der nachstehend verzeichneten Gattungen angehören: 1) mit gesetzlicher Ermächtigung ausgestellte Schuldverschreibungen des Reichs oder eines deutschen Bundesstaats; 2) Schuldverschreibungen, deren Verzinsung vom Reich oder von einem Bundesstaat gesetzlich garantirt ist; 3) Rentenbriefe der zur Vermittelung der Ablösung von Renten in Deutschland bestehenden Rentenbanken; 4) Schuldverschreibungen deutscher communaler Corporationen (Provinzen, Kreise, Gemeinden rc.), welche einer regelmäßigen Amortisation unterliegen;

II. daß die im § 3 loco cit. statuirte Anlage in Schuldverschreibungen anderer Staaten und Schatzanweisungen des Reiches oder eines Bundesstaates in Lombarddarlehen, in inländischen oder auf Gold lautenden ausländischen Wechseln ersten Ranges wie in Prioritätsobligationen deutscher Eisenbahnen für die Zeit bis 1. Juli 1876 nur eine transitorische, die anderweite Realisirung bis 1. Juli 1876 jedenfalls in gewisse Aussicht nehmenden Charakter hatte, wobei die Anlage in (nicht vom Staate garantirten) Prioritätsobligationen deutscher Eisenbahnen die letzte Stelle, respective die Voraussetzung der mindesten und letzten Benutzung hat;

III. daß nach § 10. l. c. die vollständige Anlegung des Reichs-invalidenfonds gemäß §§ 2 und 3 erst bis zum 1. Juli 1875 zu er-folgen hatte;

IV. daß nach § 12 l. c. der Vorsitzende und die Mitglieder der Verwaltung des Reichsinvalidenfonds für die gesetzmäßige Anlage, Verrechnung und Verwaltung des Reichsinvalidenfonds unbedingt verantwortlich sind;

V. daß entgegen diesen gesetzlichen Bestimmungen in ihren klaren, den Bestand des Fonds sichernden Intentionen auf alleinige Anord-nung des Reichskanzleramtes die Anlegung schon nahezu vollständig und ohne Zuziehung der Verwaltung vor dem 1. October 1873 statt-gefunden hat, daß derselbe zu dem ursprünglichen Betrage von 205,739,400 M. für den Invalidenfonds, also zu circa $\frac{2}{3}$ in Eisenbahn-Prioritätsobligationen ohne Staatsgarantie, also in solchen Effekten, welche nur als transitorisch zulässig bezeichnet waren, erfolgte, von welchen Effekten sich zur Zeit noch 171,180,600 M. im Besitze des Reichsinvalidenfonds, außerdem 151,432,700 M. gleicher Effekten im Besitze des Reichsfestungsbaufonds sammt Reichstagsgebäudefonds be-finden;

VI. daß diese Effekten, das heißt die nicht garantirten Eisenbahn-prioritäts-Obligationen zum Betrage von circa 236,700,000 M. in einfacher Weise vorwiegend von drei Gesellschaften: Köln-Mindener, Magdeburg-Halberstädter in Verbindung mit Hannover-Altenbeken und von der Bergisch-Märkischen Eisenbahngesellschaft erworben worden sind;*)

VII. daß durch die Erwerbung dieser Effecten in solchen Beträgen, deren Realisirung bis 1. Juli 1876 voraussichtlich unmöglich**) war und die in der That zur Zeit unrealisirbar sind, bezüglich er-heblich unter dem Ankaufscourse stehen, Festungsbau- und Reichstags-baufonds einen sich belangmäßig auf 18,568,608 Mark bezeichnen-den Verlust zur Zeit erlitten hat;***)

VIII. daß endlich die Verzinsung der betreffenden angekauften Prioritätsobligationen nicht überall gesichert erscheint, was noch einen Verlust in der Einnahme des Reichsinvalidenfonds wahrscheinlich macht, beschließt der deutsche Reichstag zu erklären,

1) daß die Anlegung eines so großen Theils des Reichsinvaliden-(Reichs-Festungsbau-, Reichstagsgebäude-) Fonds in nicht vom Staate garantirten Eisenbahnobligationen die Vorsicht einer sorgfältigen Ver-waltung nach den Intentionen des Gesetzes verletzt hat;

---

*) Das ist: von der Disconto-Gesellschaft!
**) nota bene: auch wenn kein Krach und kein allgemeiner Ab-schlag gekommen wäre!
***) Nach denjenigen Coursen, die blos zur Zeit ohne Verkaufs-angebot nachweisbar wären.

2) Die Verwaltung des Reichsinvalidenfonds verantwortlich zu machen, daß ohne deren Zustimmung Effecten des betreffenden Fonds fernerhin weder veräußert, noch convertirt werden dürfen.

Weil nun da 10 Stimmen gegen 4 beschlossen, „die ganze Sache auf sich beruhn zu lassen," so las man Folgendes im „Berl. Börs.=Courier":

„Die gegen die Verwaltung des Invalidenfonds erhobenen über= triebenen (!) und nahezu den Charakter der Verwaltungsmit= glieder (!!) berührenden Anklagen sind bekanntlich schon in der Bud= get=Commission durch die von der Regierung gegebenen Aufklärungen entkräftet worden (?) und die öffentliche Debatte wird ihnen das verdiente Ende bereiten. (Wie stolz!) Der Verlust nach den heu= tigen Coursen beträgt für mehr als ⅔ der Gesammtsumme nicht ganz 2 pCt. Dieser Verlust ist aber nur fictiv (man sehe doch!), in so fern der Verkauf nicht Statt finden wird. „Die Zinsenzahlung bleibt ge= sichert."

Die Landeszeitung schrieb gegen diese hochfahrenden Ausführungen:

„Ja wohl, so mancher Actiengläubiger hat sein Geld auch sicher selbst in Industrieschwindel angelegt gesehn, wenn ihm die glänzenden Jahresbilancen 10 und 12 pCt. Divi= dende verhießen und — auch auszahlten. Womit aber geschah eigentlich Letzteres? Der Verlauf aller Gründungen hat bewiesen, daß die Actionäre nur 10—12 Procent ihres eignen Capitals zurück bekamen, denn das Capital ging hernach verloren. Die „sichere Zinszahlung" all dieser ungarantirten Bahnanleihen, die die Fonds besitzen, kommen ebenfalls nur vom Capital, sind noch sog. Bau= zinsen, denn Letzteres wird ja eben jetzt erst — verbaut, und hat seine Zinsenreproductionskraft noch nirgends bewiesen. Wäre aber solche wirklich da: so ständen diese Papiere bei 4½ Procent allesammt sehr gut 100, ebenso wie die alten Prioritäten der guten sicheren Bahnen, und den seltsamen Fall der „Unverkäuflichkeit" hätte das Publi= kum, das doch auch Bescheid weiß, gar nicht aufkommen lassen.

Geradezu frech und herausfordernd aber klingt das Wort des Börsen=Couriers, „als hätte man den Charakter der Verwaltung angeklagt und als erfordere dies wohl gar — Sühne." Wir antworten ihm nur mit dem Hinweis auf die Thatsache, daß 5 Commissionsmitglieder obiges Votum abgegeben haben und im Plenum vertheidigen werden. Gewissen Dingen gegenüber darf es nicht Eine dissen=

tirende Stimme geben und wenn es selbst gar keine gäbe, so sagen wir: „Wenn Menschen schweigen, werden Steine schreien!" Jeder Stein, den der Maurer zum Festungsbau oder Reichstagsbau in die Hand nimmt, wird schreien: „O weh! bin halb zu theuer bezahlt, denn ich war schon vorher verspekulirt."

Oho! wir begreifen sehr gut die heiße Verlegenheit der Consorteria, ihre Angst um diese That, die grell und unverhüllt aus den Fonds hervorlugt: darum allein kommt ihr der Ruf nach „Reichsbahnen" — so äußerst gelegen; — mit diesem Wort, ja, da geht's, sich noch einmal aus der Verlegenheit erlösen!

Anders, das wissen wir, erschiene der Börsenconsorteria die „Citrone" der Bahngründerei noch lange nicht vollständig genug ausgepreßt, um sie jetzt schon wegzuwerfen . . . ."

Nun hätten wohl nationalgläubige Gemüther bei der consequent schönfärberischen Darstellung der liberalen Presse auch meinen können, nur das gegnerische clerical-conservative Parteigetriebe färbte hier die Dinge absichtlich schwarz. Hiergegen wollen wir einige Zeugnisse anführen, die gewiß unverdächtig sind, weil sie aus dem nationalliberalen Lager selbst stammen, aus dem „Leipziger Tageblatt" und der „Augsb. Allgemeinen Zeitung." Die Reichsbahncontroverse war nämlich schuld daran, daß solche Blätter so hübsch aus der Schule plauderten. Die „Augsburger Allg." schrieb nämlich Mitte Dezember folgendes:

„Wir haben neulich schon angedeutet, daß der notorische Eifer, mit welchem von einigen Börsenblättern der Plan ventilirt wird, demselben einen anrüchigen Charakter gebe, und das „Leipziger Tageblatt" hat es geradezu ausgesprochen: man möge sich hüten für die Sache zu plaidiren, um nicht möglicherweise unlauteren (!) Zwecken zu dienen. Und es liegt ja auf der Hand, welche Zwecke zunächst erreicht werden sollen. Denn daß die Mittelstaaten ihre Bahnen nicht verkaufen werden, steht jetzt schon fest, und es ist auch schon officiös angedeutet, daß in diesem Falle natürlich auch Preußen nicht zum Verkauf schreiten werde. Es bleiben also als Kaufsobjecte natürlich nur die Privatbahnen, und von diesen hinwieder nur solche, deren Gegenwart eine traurige ist und deren Zukunft keine besseren Hoffnungen bietet. Wir durchfliegen die Dividendenschätzungen pro 1875 und finden unter den Bahnen, deren Dividende auf 0 taxirt ist, unter anderen: Hannover-Altenbekener und Magdeburg Halberstädter. Und wenn wir uns nun weiter erinnern, daß die Prioritäten gerade dieser Bahnen es sind, welche den Namen „Invalidenfonds" zu einem zweideutigen gemacht haben, daß die

Magdeburg-Halberstädter Bahn Prioritäten für eine Linie emittirt hat, deren Bau wieder eingestellt ist (Magdeburg-Erfurt) und daß die von der Magdeburg-Halberstädter Bahn garantirten Prioritäten dritter Emission der Hannover-Altenbekener Bahn neuerdings wegen Werthlosigkeit der Garantie von der preußischen Bank nicht mehr lombardirt werden, so kommen wir allerdings zu der Ueberzeugung, daß es Leute giebt, welche an der Aufrechterhaltung dieser „Mißverhältnisse" nicht nur kein Interesse haben, sondern dieselben möglichst bald aus der Welt geschafft haben möchten. Das sind eben Dinge, die nicht das Reich, sondern Preußen angehen. Preußen hat bereits die pommersche Centralbahn und die Berlin-Stralsunder Bahn gekauft, mag es auch die Halberstädter aus der Patsche ziehen! Im Uebrigen bleiben wir bei der Ansicht: der Ankauf aller Bahnen für das Reich würde den Reichskanzler oder Reichsverkehrsminister zum unbeschränkten Herrn der ganzen deutschen Industrie- und Handelsthätigkeit machen, und ist deshalb aus politischen Gründen, trotz der entgegenstehenden hauptsächlich militärischen Interessen, nicht zu empfehlen. Vereinfachung der Tarife aber und Verbesserung des Reglements kann auch auf anderem Wege wohl erreicht werden."

Hier ist also deutlich documentirt, daß die Liberalen allesammt sehr wohl wußten, was geschehen. Auch Assessor Reuter in seiner Broschüre: der Nationalliberalismus und das höhere Gentlementhum", die der Partei so großen Aerger bereitete, geißelte diese Gründerei mit den vier Fonds unverhohlen und schiebt sie als reine Missethat den nationalliberalen Coryphäen in die Schuhe; andere Zeugnisse könnten wir noch viele anführen, indessen versagt uns dies der Umfang dieses Buches.

Wenn solche sogenannten „Ringgebilde" durchaus ein Ding, das einmal schwarz ist, weiß brennen wollen, so geht das allerdings eine Weile. Die Thatsache bleibt doch bestehen, daß hier mit einem großartigen Gründercoup wohl 13 Millionen Mark (— wenn man nur 5 Procent Provisionsverdienst für die Discontogesellschaft rechnet, die sie bei dem Verkauf an den Invalidenfonds eingestrichen! —) fetter Pensionen an reiche Nichtinvaliden gewährt wurden, die in keinerlei Schlachten gestanden und etwa ein Bein oder nur einen Finger hergegeben hätten, ohne den weiteren Schaden, den sie dem Fonds angethan.

Was nun die in der angezogenen Stelle der „Augsb. Allg." wegen der Magdeburg-Erfurter Bahn betrifft, so ist das eine ebenso sonderbare Geschichte. Die Magdeburg-Halberstädter Bahn hatte eine Anleihe (von Stammprioritäten

Lit. C.) aufgenommen für den Bau der Linie Magdeburg=
Erfurt. Auf das Gesammtunternehmen inclusive dieser
Linie, um sie zu bauen, wiederum die Prioritäten, die sich
im Invalidenfonds befinden. Neuerdings aber hat dieselbe
Bahn=Direction beschlossen und einen Beschluß ihrer General=
versammlung extrahirt, den Bau der Linie Magdeburg=Erfurt
— gänzlich zu unterlassen, weil das für die Anleihe
erlöste Geld schon anderweitig verwendet worden ist. So
hat man hier Stammprioritäten und Prioritäten für eine
Linie creirt, die nur in der Idee vorhanden und ebenso gut
im Monde liegen könnte! — Aber der Name „Disconto=
gesellschaft", die die Cassenführerin und nach Hansemannischer
Weisheit „unverantwortliche" Direction derselben Bahn ist,
deckte das Alles zu, weil sie der Presse Schweigen auf=
zuerlegen weiß; hiernach wird man auch bei uns den
österreichischen Begriff der „Schweigegelder" verstehen
lernen.

Die Provinziallandtage.

Mit Anfang des Jahres 1876 kamen die Provinzial=
landtage zusammen und der unter sie zur Vertheilung
kommende Status des Provinzial=Dotationsfonds fand sich zu
zwei Dritteln mit ebensolchen fraglichen Papieren belegt.
Wir haben den Status desselben, wie er übergeben wurde,
auf Seite 22 aufgeführt. Hier war Hr. Camphausen an keine
andere Anlage=Instruction gebunden, als an die allgemeine
Regel, die preußischen Staats=Depositalgelder in pupillar=
sichere Anlagen niederzulegen. Wenn man sich jedoch seines
Wortes erinnert, welches lautete: „das Geheimniß unserer
Zeit sei keine „Zinsen zu verlieren", so stimmt dies nur
zu sichtlich mit dem Vorgange, daß die großen Bankhäuser
für die Eisenbahnen so flink wie möglich Anleihen auf An=
leihen aufnahmen und diese dem Hrn. Finanzminister sofort
zutrugen, damit derselbe für seine Rest=Millionen auch richtig
„keine Zinsen verlöre. . ."

Auch war ihm nirgends vorgeschrieben, hohe Zinsen zu
erstreben, der Minister des Innern hatte ihm bei der Ueber=
weisung der Capitalien keinerlei Vorschriften gemacht, darum
fällt es ganz besonders auf: warum nicht wenigstens ein
Theil jener 6 Millionen Thaler in Pfandbriefen an=
gelegt wurde?

Dies war hier nicht „gesetzlich" verboten, wie dies
schlauer Weise die Herren Nationalliberalen beim Inva=
liden=Fonds durchgesetzt hatten, indem sie zuerst die Pfand=
briefe und alle ungarantirten Eisenbahn=Prioritäten zur
definitiven Anlage verpönten, aber hinterher zur provi=
sorischen Anlage die Eisenbahnpapiere wieder ein=
schmuggelten. Hier ferner hatte auch der Einwurf des
Herrn Delbrück keine Bedeutung, mit dem er die Pfand=
brief=Anlage für jene Fonds (obschon hinfällig!) abwies,

weil die Pfandbriefe zu langsam ihre Amortisation auf=
brächten. Die Gelder des Provinzial = Dotationsfonds
blieben aber nach der Uebergabe an die Provinzen vor=
aussichtlich größtentheils in denselben Effecten rentetragend
liegen, und dazu wären die Pfandbriefe doch besonders
zweckmäßig gewesen, welche überdem trotz des Krachs und
der Krise keinen Coursrückgang erlitten haben. Wir haben
diese ganz besondere Antipathie gegen die Pfandbriefe
früher schon berührt, hier bleibt nur noch die auffällige
Sympathie zu kennzeichnen, welche ausnahmslos den
Bahnpapieren der Disconto=Gesellschaft entgegen getragen
wurde.

Nun sollten die Provinzen „nothleidende" Halle=Sorau=
Gubener (deren Schaden zu repariren trotz aller Eile durch
Erklärung dieser Bahn für Staatsbahn nicht bis zum 1 Jan.
1876 gelang!) Hannover=Altenbekener als Capitaldotationen
für ganz reelle Leistungen in Chausseebauten 2c. und Zukunfts=
verpflichtungen übernehmen, welche Leistungen weder „noth=
leidend" werden dürfen, noch sonst aus den Kreis= und
Provinzialetats spurlos verduften können, wie etwa factisch
unverantwortliche Actiengesellschaften. Wie konnte ein
Provinziallandtag anders auf die Uebernahme von Leistung
und Gegenleistung eingehen, als daß ihm auch die
Staatsregierung das wirklich lieferte, was sie versprochen,
nämlich: das für die Leistung rechnungsmäßig festgestellte
Baarcapital, das doch in keinem Fall ein unterwerthiges
Papier sein durfte? . . .

Laut gesetzlicher Bestimmung sollten die Börseneffecten
des Provinzialfonds nach dem amtlichen Cours vom 2. Ja=
nuar übergeben und demgemäß zwischen den Provinzen
vertheilt werden; da passirte dem Minister die ganz ab=
scheuliche Geschichte, daß an diesem Stichtage, der, weil der
2. Januar ein Sonntag war — übrigens auf den dritten
fiel, die Börsencourse der im Provinzialfonds investirten
Papiere eine ganz besonders verdächtige Erscheinung zeigten.
Doch wir wollen nach dem authentischen Referat des Grafen
Udo zu Stolberg aus dem schlesischen Provinzial=Landtage
den Vorgang mittheilen. Er sagte:

„Das plötzliche Steigen der Hannover-Altenbekener gerade am
3. Januar sei eine auffallende Erscheinung. Nur durch ein Börsen-
Manöver läßt sich eine derartige Coursbewegung erklären. Während
des ganzen Dezember standen die Halle-Sorau-Gubener Eisenbahn-
Prioritäten 92, am 3. Januar 94, um bald wieder auf 92 zu fallen.
Berlin-Görlitzer Litt. B. hatten am 22. Dezember keinen Cours, standen

am 31. Dezember 93, am 3. Januar 95, am 5 Januar 92. Hannover=Altenbekener hatten am 22. Dezember keinen Cours, standen aber am 31. Dezember 90 Brief, am 3. Januar 95 Geld, am 4. Januar wiederum 90. Solche Coursdifferenzen sind nur auf Börsenoperationen zurückzuführen. Frägt man nach der näheren Veranlassung, so wird man vielleicht in dem Sprichwort: „Ubi commodum, ibi auctor" eine Erklärung finden; es bietet dasselbe aber nur den Anhalt eines subjektiven Urtheiles, nicht aber für die positive Construction eines Beweises. „Ich wiederhole es", so etwa schloß der Referent seinen Vortrag, „wir können nichts beweisen, aber das kann ich Namens aller Mitglieder des Finanz=Ausschusses constatiren, daß wir nach bestem Wissen und Gewissen die Ueberzeugung gewannen, daß die Course künstlich erhöhte gewesen, und ich empfehle Ihnen die Anträge des Ausschusses zur Annahme."

Die Ursache dieser Courssteigerung ist bekanntlich niemals klargelegt worden, so oft sie auch zur Sprache kam. Herr Camphausen „wußte" nichts davon, er nannte es fast einen Streich, der ihm gespielt, die Seehandlung wollte es ebenfalls nicht gewesen sein, die Berliner Handelsgesellschaft (Conrad) und die Disconto, welche dabei interessirt waren, läugneten ebenfalls hartnäckig; die beiden Makler von der Börse aber, die mit diesem Effekt handelten, wurden niemals derart inquirirt, daß sie hätten gestehen müssen, wer den Auftrag dazu gegeben? So etwas ist immer wohlfeil, wenn dieses Etwas todtgeschwiegen werden soll, wahr aber bleibt immer das alte Wort des Lateiners: qui tacet, consentit.

Es fielen in den Provinziallandtagen die allerhärtesten Worte des Tadels über solche allen preußischen Traditionen widersprechende Anlageweise des Fonds. Ein Herr Stößer fragte: was man wohl von dem Vormund sagen würde, der das Vermögen seines Mündels in solchen fragwürdigen Papieren angelegt hätte? Der Abg. v. Rosenstiel im brandenburgischen Landtage erklärte, daß laut seinen Erkundigungen bei glaubwürdigen Banquiers die betr. Papiere absolut unverkäuflich seien und gar keinen Cours hätten, der Abg. v. Meyer=Helpe meinte, die Finanzverwaltung scheine sich bei der Belegung der Dotationsgelder gefragt zu haben, ob sie den Grundcredit oder den Gründercredit fördern wolle und habe sich für den Letztern entschieden. Sämmtliche Provinziallandtage (außer Provinz Preußen) nahmen diese Papiere mit Vorbehalt des Regresses an und der märkische Landtag beauftragte seinen Provinzialausschuß mit der nähern Untersuchung der Sache.

6

In diesen allgemeinen Sturm solcher ansehnlichen par=
lamentarischen Körper fielen des Gutmachers von Benda
Vertröstungen, „das wären lauter anständige Papiere," wie
welkes Laub von den Bäumen; der Herzog von Ujest kam
zur Erkenntniß: „die Hannover=Altenbekener und Consorten
find nichts, gar nichts werth, wir mögen sie nicht, wenn
sie auch am 2. Jan. künstlich 5 pCt. höher notirt wurden."
Selbst die „Volkszeitung" bewunderte die Schlauheit des
Fiscus, daß er mit den Provinzial=Landtagen ein so artiges
Handelsgeschäft abschließen wollte, was in unserer, von der
semitischen verschiedenen, deutschen Sprache heißt: daß
man die Provinzialstände um 5 pCt. zu „bemogeln" gedachte,
— und so kam die Geschichte „von des Kaisers neuen
Kleidern" endlich an den Tag! — Denn der Invalidenfonds
war freilich ein „todter Mann", er glich einer Actiengesell=
schaft, die auch nicht reden kann, wenn von ihrem Vermögen
brav hinweggeschleppt wird; hier aber waren fünf lebendige
Corporationen, mit Fleisch und Bein, welche Hannover=
Altenbekener und Halle=Sorau=Gubener als baare Münze
annehmen sollten! Das war der Unterschied.

Die Wirkung war für die Nationalen geradezu nieder=
schmetternd. Camphausens Ministersessel ward wackelig, aber
sofort waren die Nationalen auch bereit, heimlich das Bein
am Sessel wieder zu flicken. Streiten konnte ihre Großpresse
nicht, sie konnte die „Blame" nicht leugnen; sie betheuerten
aber allesammt sehr gnädig, dem Provinzialvermögen solle
sicherlich kein Schade geschehn, dafür würde schon die Ma=
jorität des Abgeordnetenhauses sorgen und den möglichen
Coursausfall ergänzen. Aber die Courstreiberei am dritten?
„Das hat ein untergeordneter Mann in seinem Uebereifer
gethan, unserem Herrn Finanzminister, der stets von großen
Gesichtspunkten geleitet wird, darf nicht der mindeste Antheil
daran zugeschrieben werden." Also sagte die „Schles. Ztg."
und ähnlich der ganze Chorus.

Indessen, das Publikum durfte doch auch nicht leer
ausgehn dabei, denn „man muß sich immer hübsch freisinnig
zeigen", darum wand sich der Semitismus im „Berl.
Tageblatt" ganz artig „zwischen den beiden Polen"; da
das Blatt doch unmöglich gänzlich schweigen konnte über
die Thatsachen und doch ihren angebeteten Schützling Herrn
Camphausen nicht in Nöthen stecken lassen mochte.

Dennoch merkte bei dieser Art Vertheidigung Jeder,
was sie bedeutete. Herr Camphausen war einmal Ihr
Minister, darum kann er ja auch jedes Jahr mit drei

Gesetzentwürfen durchfallen, desto mehr wird er verherrlicht. Es ist auch so ziemlich auffällig bemerkt worden, wer ihn jedesmal in den Provinziallandtagen wegen des Dotations= fonds in Schutz nahm. In Breslau war's ein Jude, Namens Dr. Honigmann, in Berlin war's ein Jude, Namens Peyser (aus Zehden) assistirt von Herrn v. Benda, in Königsberg war's der gesinnungsverwandte, national= liberale Stadtrath Rickert, und wenn diese Leute eine seltsam zärtliche Sympathie für den Herrn Finanzminister entwickelten, so wird sich dies wohl paralysiren mit dem „bittern Haß", den ihm, wie oben gesagt, andere Leute nachtragen sollen.

Aber man höre und staune! Noch Einer bemühte sich, ihn zu vertheidigen, das war Herr Killisch v. Horn in der „B. B.=Ztg.", der früher so oft dieselbe Finanzpolitik des Ministers heftig tadelte; — freilich, man sprach ja längst offen selbst an der Börse davon, daß die „B. B.=Ztg." der Regierungsmoniteur des Herrn Hansemann alias der Discontogesellschaft sei. Dies Blatt sagt:

„Nach sehr bestimmten Nachrichten, die uns heute zugehen, scheint der Finanzminister Angesichts des großen Aufsehens, welches die Art der Belegung der Gelder für die Provinzial-Dotations-Fonds gemacht hat, einen gewissen Rückzug anzutreten und hierzu auch formell noch vollständig die Möglichkeit zu haben. Es sind bis jetzt den Provinzial= verbänden erst die für sie bestimmten Papiere überwiesen, es hat bis jetzt aber eine definitive Abrechnung noch in keinerlei Weise stattgefunden, so daß also eine präcis ausgesprochene Erklärung, daß für diese Ab= rechnung der Cours vom 3. d. M. zu Grunde gelegt werden soll, noch gar nicht vorliegt." (?)

Es wird dann die Muthmaßung ausgesprochen, daß der Cours vom 31. v. M. der Abrechnung zu Grunde gelegt werden würde, was eigentlich höchst nebensächlich ist, da der eigentliche faule Punkt in der Unverkäuflichkeit, also Werthlosigkeit der überwiesenen Eisenbahnpapiere lag; und diese Unverkäuflichkeit schien auch jetzt die „Börs.=Ztg." zuzugestehen; denn sie schrieb dann:

„Die gegen die Bonität der übergebenen Papiere aber hier und da gleichfalls erhobenen Einwendungen werden allerdings völlig unbeachtet (!!) bleiben, da man in den Regierungskreisen vor er= folgtem Ankauf derselben sich die Ueberzeugung von der Sicherheit der Zinszahlung (!) für diese Papiere durch genaue Prüfung aller ein= schlagenden Verhältnisse verschafft hat und die Ansicht festhält, daß ge= rade diese Papiere bei ihrem relativ niedrigen Course, zu dem sie den

6*

Provinzialverbänden angerechnet werden, eine verhältnißmäßig hohe Zinsrate herbeiführen.“

Also die „B. Börs.-Ztg.“, das Organ Herrn v. Hanse= manns, die doch sehr gut wußte, was die Papiere an der Börse und beim Publikum galten. Man begreifts — und kann nur staunen! . . .

Weil die Sache aber doch allzubrennend und glücklicher Weise das Abgeordnetenhaus versammelt war, so nahm der Abg. Rickert schon am 21. Januar die Gelegenheit wahr, den Finanzminister über diese Vorgänge mitten in der Staatshaushaltdebatte zu interpelliren, der auch sogleich ant= wortete, also daß man deutlich sah, wie das Spiel abge= kartet war. Letzterer betheuerte von der Coursstellung am dritten Januar nicht das mindeste zu wissen. Er sprach eine volle Stunde, verbreitete sich über den Hoffnungsreich= thum der Prosperität der Hannover-Altenbekener Bahn und meinte, er würde keinen Augenblick anstehen, seine eignen Gelder darin anzulegen, — was wir ihm doch heut noch rathen, wenn er diese Papiere aus den Fonds beseitigen will. Er soll ja einige Millionen besitzen! Nach Umfrage bei einigen Abgeordneten aus der damaligen Dotationscom= mission*) und den Ressortchefs im Finanz= und im Ministe= rium des Innern, sei man übereinstimmend der Meinung gewesen, daß die Depositalmäßigkeit (nach preußischer Vor= schrift) der Fonds nicht erforderlich sei, daß es thunlich sei, auf einen höhern Zinsgewinn (!!!) zu Gunsten des be= sagten Fonds Bedacht zu nehmen; — schade nur, daß all dieser Rath niemals den Minister von der Befolgung der preu= ßischen Depositalordnung entband, wenn auch Herr Miquél zwanzigmal die Anlage in Privat=Eisenbahnpapieren für „wünschenswerth“ erklärte; — wie denn ja auch mehrere Landräthe in den Provinziallandtagen nachwiesen, wie ihnen auf Grund dieser Bestimmungen dies alte bewährte Anlage= gebot von Corporationsgeldern irgend welcher Art zum Zweck zinstragender Fondsbelegung neuerdings gerade erst wieder eingeschärft worden sei. Auch sein Lob der Hannover=Altenbekener fand bösen Widerspruch, indem der ganze bereits im Ausbruch sich befindliche Ruin der Magdb.= Halberstädter Bahn, die doch jene Bahn verwaltete, aufgedeckt wurde. Alles aber verlangte laut „Bestrafung der Schul=

---

*) Es hat sich später herausgestellt, daß dies die Herren Miquél, Friedenthal und Lasker gewesen. Miquél-Hansemann war also wiederum dabei!

digen" wegen der Courstreiberei und gründliche Unter=
suchung, — die trotzdem unterblieb. Man scandalirte blos
darum über einen „Unfindbaren," um das öffentliche Aufsehen
von der Hauptsache abzulenken, die in dem ungesetzlichen Ver=
fahren des Finanzministeriums bei Anlegung der Fonds bestand.

Ein ergötzliches Nachspiel fand die Sache noch im Berl.
Börs.=Cour., der einen Leitartikel: „Ein Scandal" brachte,
indem er den Fiscus angriff, und sich zärtlicher Weise für
die Provinzen einlegte. Er sagte darin über die Cours=
treiberei:

„Die Differenz macht für die drei oben genannten Prioritäten
rund 340,000 M. aus, eine Summe, welche in unserer Staats=Finanz=
verwaltung nicht schwer wiegt und daher wohl hätte entbehrt werden
können, welche aber für die Provinzial=Fonds eine Verkürzung von
nicht geringer Bedeutung in sich schließt. Auf dem schlesischen Pro=
vinziallandtage ist das Vorkommniß bereits zur Sprache gebracht. Es
bleibt zu wünschen, daß die Sache weiter verfolgt wird, und daß auch
die übrigen Provinziallandtage sich derselben noch in letzter Stunde
vor ihrem diesmaligen Schlusse annehmen oder eventuell später darauf
zurückkommen. Es liegt auf der Hand, daß man bei jener Coursbe=
einflussung nur den für die Staatskasse zu erzielenden Gewinn im
Auge hatte. Aber es kann nicht scharf genug gerügt (!!) werden,
daß man sich eines Theils überall zu so unwürdigen Börsenmanipu=
lationen bestimmen ließ und daß man andererseits ganz übersehen
mochte, wie im gegebenen Falle jeder Gewinn der Staatskasse eine
Schädigung und Verkürzung der Provinzialfonds bedeute und so die
Absichten des Gesetzgebers vereitle."

Wir nahmen hier Anlaß, unsern Standpunkt in einem
Artikel „Partei= und sachliche Opposition" zu kennzeichnen,
und da auch dieses Buch wieder Manchem sehr scharf und
schonungslos erscheinen mag, so möge eine Stelle daraus
auch hier darlegen, aus welchen Motiven wir derzeit
oppositionell sein müssen:

„Diese Auslassung des B. B.=C. ist höchst ergötzlich und
kennzeichnet das Verfahren der „Berliner Börsen=Presse"
genau. Was hier die Seehandlung that, macht die Groß=
finanz täglich, wenn's nur angeht, denn solchen Courtage=
gewinn nennt man eben im Börsenjargon „Verdienen" und
aus solchem Verdienst hat sich das ganze Vermögen der
Großfinanz zusammengehäuft. Wie hier, mußte also immer=
dar Jemand vorhanden sein, der auf der andern Seite —
verlor, sei dies nun der Staat oder eine besondere Er=
werbsconjunctur, sei es das verlockte und dann ausgebeu=

telte Publikum, das an den Börsenspekulationen mitnaschen wollte. Wenn so etwas aber zu Gunsten der Großfinanz geschah, so schwieg der „B. B.=C." darüber, weil ihm der Mund gestopft war, er machte selbst wacker mit, denn — wo kämen denn sonst die Rittergüter und Häuser her, die der Geist des „Börsen=Courier" in so kurzer Zeit „verdiente"? Redlich erworben sind sie nicht, höchstens „gewonnen" nach der derzeit gesetzlich gestatteten Weise der Ausbeutung. Doch damit nicht genug. Die edle Seehandlung versäumte, solcher Börsenpresse „den Mund zu stopfen" — und wer so häufig in der Lage ist, Wissentliches zu verschweigen, weil ihm eben goldenes Schweigen auferlegt war, der nimmt einmal die Gelegenheit mit Freuden auf, recht brav zu scandaliren, um sich wieder einmal beim Publikum auch in Gunst zu setzen. Zugleich geht dies Scandaliren hier auf den Staat, und es ist ja bekannt, wie die Semitenpresse in solchem Fall immer bei der Hand ist, „in Freiheit und im Wohl des Volks zu machen", wenn sie dabei das Ansehen der Staatsfactoren schädigen und ruiniren kann, damit die Börsenmacht ihre Herrschaft weiter und weiter ausbreitet.

Wir mußten freilich momentan dasselbe thun, und dem conservativen Gefühl so Vieler erscheint eben dies absonderlich. Allein, wer uns und unsere Prinzipien näher kennt, der weiß zur Genüge, daß unsere Absicht und unser Endzweck ein ganz anderer ist. Jener Semitengeist will das Ansehn des Staats immer mehr zertrümmern, um die daraus geschaffene Anarchie auszubeuten: wir wollen die bereits bedenklich zertrümmerte Staatswirthschaft von ihren Zertrümmerern befreien, um die Staatsmaschine in ihr altes rechtliches Geleis zurückzubringen. Jene opponiren dem Staat, um ihn zu schwächen und zu berauben, das ist Partei=Opposition; wir opponiren dem derzeitigen Staat, um ihn zu stärken und ihm die verlorenen Regalien wiederzugewinnen, wie dies die Eisenbahnfrage genugsam bezeugt; wie wir's ebenso bei der Bank= und erst neulich bei dem Attentat auf das Postregal bewiesen. Das nennen wir sachliche Opposition im Interesse des Staats."

———

Von hier an beginnen eigenthümliche Erwägungen hinter den Coulissen der Partei Platz zu greifen. Wäre Herr Camphausen ein conservativer Minister gewesen, so hätten die Zeitungen derart gedonnert, daß die ganze Schmach des

Jahrhunderts über ihn gefallen wäre. Die nat.=liberale Partei hätte ihn sehr leicht fallen lassen können, sie durfte nur in ihrer Presse aussprechen: „es ist in Sachen des Fonds nicht correct nach dem Gesetz gehandelt." — Allein was wäre damit erreicht gewesen? Unwillkürlich wäre mit diesem Urtheil auch ein Schatten auf die Handlungsweise der Disconto= gesellschaft, der Seehandlung und ebenso auf die Führer der eigenen Partei Miquél und Bennigsen ein unverwisch= barer Flecken gefallen. — Ueber Alles gern hätte sich zwar das Gros der Partei hiermit von der Verbindung mit den Gründeraffairen frei machen mögen, einzelne Zeitungen z. B. die maßgebende Magdb. Ztg., die Schlesische Ztg. wären gar zu gern diese Bahn gegangen, allein — das war aber das Verhängniß! — Eins hing am andern; — wo anfangen? wo aufhören? hieß es da und der „unverantwortliche Geist" der Discontogesellschaft, der hinter dem ganzen Apparat stand und ihn leitete, dachte eben nicht daran, unnöthiger Weise irgend eine seiner „verantwortlichen" Schachfiguren zu opfern, ehe es absolut nothwendig war.

So brachte z. B. die Magdb. Ztg. am 20. Januar folgende Betrachtung über den preußischen Landtag und den Reichstag, welche gleichzeitig versammelt waren:

„Die Freudigkeit und Hoffnung .... sind herabgestimmt, es ist, als sei man nicht ganz sicher, welchen Schicksalen wir denn entgegen= treiben, als habe man die Besorgniß auf Schäden zu stoßen, welche unsern preußischen Stolz tief verletzen müßten, als fürchte man, daß Männer, die im öffentlichen Leben bisher in vielen Beziehungen eine Rolle gespielt und Achtung genossen haben, nicht fleckenrein (!!) gefunden werden könnten. (!) Ein Glas Wasser, das unberührt auf dem Tische steht, kann einen hohen Grad von Kälte annehmen, ohne sich zu verändern; erschüttert man es, dann wird die Flüssigkeit plötzlich zu Eis.*) So ist es auch mit der Stimmung, welche gegenwärtig im Volke herrscht: noch ist sie nicht umgeschlagen, aber sie ist etwas ge= spannt. Ein reinigendes Gewitter**) thut unserer politischen Atmosphäre noth, und wir wünschen, daß im Verlaufe dieser Session uns diese Wohlthat erwiesen werde.

In einer Hinsicht wenigstens sollte der Landtag die nächste Gelegen= heit, welche sich ihm bieten wird, nicht versäumen, rücksichtslose Kritik zu üben und dem Volke Klarheit darüber zu verschaffen, woran es sich zu halten hat: wir meinen gewisse Vorgänge (!) auf wirthschaft= lichem Gebiete, an die sich schon seit Jahren und gegenwärtig mit

---

*) Nicht übles Bild!
**) Lasker, wo bist Du mit dem Donnerton?

erneuter Kraft mancherlei dunkle Gerüchte knüpfen, von denen man nicht weiß, ob und in wie weit sie begründet sind. (So?) Es ist kein Zweifel, daß hier die Bosheit sich vielfach bemüht, abscheuliche Verleumbungen uns als blanke Wahrheit darzustellen; manche von den Gerüchten aber, welche weit verbreitet sind, treten doch in solcher Weise auf, daß man zu zweifeln beginnt, ob sie denn wirklich ganz ohne thatsächliche Unterlage sind. In einzelnen Zeitungen und zwar nicht mehr bloß in Scandal- und Revolverblättern, werden gewisse finanzpolitische Operationen einer Actiengesellschaft*) ausführlich geschildert, welche darauf berechnet gewesen seien, das Volk zum Nutzen Einzelner, die rasch Millionäre geworden, auszuplündern, und diese Darstellungen sind so geartet und knüpfen so fest an thatsächliche Momente, welche ja gegenwärtig auch die Provinziallandtage erregen, an, daß es wohl nicht überflüssig wäre, wenn von berufener Stelle im Landtage auf diese Gerüchte einmal eine unzweideutige Antwort gegeben würde. Es wird sich dann das Wahre vom Erlogenen sichten, und die Verleumdung, welche jetzt so mächtig wirkt, daß man sie nicht mehr überhören und vornehm weiter schalten lassen sollte, wird dann wieder ohnmächtig in ihre dunkle Höhle zurückkriechen müssen."

Hierauf wird die im Sumpf steckende Untersuchung der Eisenbahncommissionsaffairen erwähnt und Herr Lasker provocirt:

„Wir glauben, Lasker würde sich ein neues und nicht geringes Verdienst erwerben, wenn er auch ohne eine solche ausdrückliche Aufforderung den begonnenen Feldzug in möglichst weitgreifender Weise fortsetzen und zu Ende führen wollte, damit das Land von der wie Alpdruck auf ihm lastenden Ungewißheit erlöst würde, ob nicht hier und da (!) ein unehrliches Spiel mit den Interessen des Volkes getrieben worden sei."

Die Schles. Ztg. reproduzirte denselben Artikel, machte jedoch in einer Einschaltung hinter Discontogesellschaft folgende Bemerkung dazu:

(„Herrn Miquéls, der trotz der Schätze, die ihm seine Stellung bei der Berliner Disconto-Gesellschaft eingebracht haben soll, an den sonderbaren Gründergeschäften dieser Gesellschaft (vide u. a. „Gartenlaube") gewiß keinen Antheil hatte, gedenkt die „Magdb. Ztg." zu unserem Bedauern nicht speciell. Red.)

Man ersieht aus diesem liberalen Zeugniß, deren vielfältige ebensolche durch die Presse liefen, daß man die liberale Partei gern gereinigt gesehen hätte, daß sie aber fest

---

*) Das ist die Discontogesellschaft.

in der Verkettung mit dem herrschenden Geldliberalismus lag, dessen Gefüge eben an keiner Stelle reißen durfte. Man muß nun bei nachfolgender Darstellung niemals vergessen, daß die Parole für Alles vom geheimsten Sitz dieses Geldliberalismus ausging, und daß hier beschlossen war, um jeden Preis das Ganze zu halten; — wozu war sonst diese nationalliberale Majorität da? Wozu war der Abg. Eugen Richter, der früher so auffällig gegen den Invalidenfonds auftrat, in das Interesse der Discontoge=sellschaft gezogen? Beschlüsse im Reichstag und Abgeord=netenhaus kleben Alles zu, hieß es, und so mußten Herr Delbrück und der Finanzminister doppelte Vertrauensvoten erhalten, die Seehandlung mußte gelobt und ihre sonst von den Liberalen geforderte Auflösung, die 30 Jahre lang wie ein „Carthaginem esse delendam" erklang, mußte dahin umgekrempelt werden, daß sich die Seehandlung „für's Vater=land verdient" gemacht habe und endlich mußten die be=treffenden Coryphäen aus den Parlamentskörpern, wie Miquél, Bennigsen, Bamberger, von jedem Verdacht des Eigennutzes feierlich freigesprochen werden. Damit aber die Sache desto wirksamer vom Stapel liefe, griff man zu einer alten liberalen Tactik, man 'maskirte nämlich dieses System der Defensive dadurch', daß man mit ihm einen Angriff auf die sog. Socialconservativen und Agrarier, sowie auf die „Deutsche Landeszeitung" in erster Linie oder auf die sog. verläumberische Revolverpresse, die im Finstern schleiche und wie ein Würgeengel die „anständigen" Leute morde, verband. Dieser Lärm war schon für das große Publikum nothwendig, um dessen Aufmerksamkeit von der Hauptsache, dem Reparatur=Actus, abzulenken. Um diesen ganzen Feldzug, in dem sich alle diese Momente seltsam durchkreuzten, klar in seinen ganz interessanten Phasen zu skizziren, müssen wir ihn chronologisch Tag für Tag in den ersten Monaten des Jahres 1876 verfolgen.

Plänkeleien über die Seehandlung.

Es mag zugegeben werden, daß Verfasser dieses als Redacteur der „Deutschen Landesztg." durchaus nicht blöde war, wo es galt, den Börsenmächten auf die Finger zu sehen und so erschien in der Landesztg. am 5. Januar 1876 ein Artikel, der folgendermaßen lautete:

„Die Königliche Seehandlung als Emissions-Institut."

Ein neues Börsen-Communiqué lautet:

„Wie wir erfahren, hat ein Consortium, bestehend aus der General-Direction der königl. Seehandlungs-Societät, den Bankhäusern S. Bleichröder, Gebr. Schickler, der Bank für Handel und Industrie und der Berliner Handels-Gesellschaft hierselbst, den Herren M. A. v. Rothschild Söhne in Frankfurt a. M., der Leipziger Bank und der Allgemeinen Deutschen Creditanstalt in Leipzig und den Herren L. Behrens u. Söhne in Hamburg, von der Berlin-Anhaltischen Eisenbahn-Gesellschaft Mk. 15,000,000 ihrer 4 $\frac{1}{2}$ procentigen Prioritäts-Obligationen Lit. C. fest übernommen. Es ist dies dieselbe Priorität, von welcher bereits früher 15 Millionen Mark zur öffentlichen Zeichnung aufgelegt worden sind. Der gleiche Weg der Subscription soll auch, und zwar in der ersten Hälfte des Januar für die Begebung des von dem Consortium übernommenen Betrages unter Emissionsbedingungen gewählt werden, welche dem Anlage suchenden Publikum gewiß conveniren dürften." (!)

Wir haben schon des Oefteren uns darüber gewundert, wie das Königliche Institut der Seehandlung sich in neuerer Zeit dazu hergegeben hat, ganz gemeine Consortialbetheiligungen bei Emissionen, in Gesellschaft mit den Privatinstituten der Rothschild's, Bleichröder's, Schickler's, Gelpke's u. s. w. mit einzugehen. Die Verwaltung dieses altpreußischen Instituts sollte doch aus seinen Transactionen mit der Disconto=Gesellschaft und dem Invalidenfonds schon ein Haar darin gefunden haben.

Desgleichen stehen noch das artige Darlehen von 2¹/₂ Procent an die Disconto=Gesellschaft, sowie die colossalen Lombarddarlehne an die Schuster'sche und andere Banken in der Höhe von 5 Millionen Thalern, gewährt in der Krachzeit und gleichbedeutend mit einem offenbaren Unter= die=Arme=Greifen der großen Gründergesellschaften, in frischem Andenken ...

Und wenn man die **Absicht** erkennt, weshalb die Privatbankiers die „General=Direction der Königl. Seehandlungs=Societät" groß und breit vorn an die Spitze dieser Börsen=Affiche stellten, so sollte dies dieselbe noch bedenklicher machen, denn in dieser argen vertrauenslosen Zeit soll ihr Name gerade der Emission Vertrauen beim Publikum erwecken, damit es solche Prioritäten zeichnet. Die anderen Privathäuser dächten gar nicht daran, die Seehandlung hinzuzuziehen, wenn ihr Name allein noch zöge... Wie aber kommt die Königl. Seehandlung dazu, solche gemeine Emissions=Procentchenwirthschaft mitzutreiben? Sind dazu die ihr anvertrauten Staatsgelder da? Ist das ganze Königreich Preußen mitsammt dem Reich zu Einem jüdischen Bankhaus à la Rothschild geworden? ... Möge man nun sagen, das Papier der Anhaltischen Bahn sei solide: wer bürgt dafür, daß im nächsten Jahr nicht auch die Anhaltische Bahn nothleidend wird? Wir befürchten dies sogar nicht ohne Grund. Verbaut hat sie sich ebenfalls, ihre Linie Berlin=Dresden liegt brach, die Staatsbahnlinie Berlin=Wetzlar muß ihr den größten Theil des großen Verkehrs bis Frankfurt a. M. entziehen, ebenso den des localen, da die neue Staatslinie das System der Anhaltischen Bahn an drei Stellen durchschneidet.

Wenn nun die Königl. Seehandlung den Theil ihrer übernommenen Emission nicht los wird? („Fest übernommen" heißt's da oben.) Wenn sie ihn unter dem Emissionscourse losschlagen muß: wie darf sie Staatsgelder verspeculiren? Aber der andere Fall ist noch schlimmer, wenn nun über kurz und lang Ach und Weh und Klage im Publicum auf= tritt, weil dies Papier fällt, — sobald es aus der Hand des Banquiers dem Publicum in die Tasche gespielt ist — (und dies geschieht sicher!), steht da ein Königl. Institut nicht in den Augen desselben Publicums da, als habe es die armen Leute zu schlechten Anlagen verführt, just wie jeder andere gemeine Gründer und Bauernfänger? — Und warum jetzt die Königl. Seehandlung sich und das ganze Ansehn des Staats dieser Gefahr aus? . . .

Ist das Consortium redlich und ächt, so hat es die 15 Millionen mit einem niedrigeren Course, wahrscheinlich zu 94 oder 95 übernommen und mit 97³/₄ wird „aufgelegt" Die 3 oder 4 pCt. Courtagegewinn, um welche das Publicum geschnitten wird, streicht — ein preußischer Staat mit ein: Ist das ein Pröbchen vom „redlichen Erwerb"? Oder wenn das nicht der Fall ist, wenn die Seehandlung nur ihr „Achtel Provision" nimmt, so setzt das voraus, daß die andern sieben Privatbankhäuser selbst unredlich gegen sie verfahren sind, denn anders als mit solchem Emissions- oder Consortialbetrieb machen sie solch ein Geschäft nicht und die Seehandlung hat sich alsdann freiwillig miß= brauchen lassen, damit die Sieben ihre Courtage durch Benutzung ihres guten Rufs verdienen. Wie man also auch die Sache ansehn mag: es bleibt nur das Auffällige der Handlungsweise der königl. Seehandlung bestehen, das wir hiermit gekennzeichnet haben wollen.

Das wäre wiederum die offenbarste Staatshilfe für arme jüdische Banquiers, damit sie mit Einem Zug wenig= stens Dreiviertel Millionen Mark einstreichen. Und . . . . was Alles für Transactionen noch dazwischen liegen, das wissen wir nicht, denn solche Schleier kann nur eine spätere Geschichte lüften.

Es ist weit, sehr weit gekommen im Staate Preußen unter dem derzeitigen Finanzregiment."

Der Artikel wurde in den Provinzen mehrfach abgedruckt und machte seinen Gang durch alle Preßorgane, welche eben nicht börsenliberaler Qualität sind, theils ganz theils im Auszuge abgedruckt.

Auch andere Zeitungen gingen, nachdem der Bericht der Seehandlung im Etat des preußischen Staats bekannt geworden, dem Instiftut wegen seiner Börsen= und Gründer= betheiligungen scharf zu Leibe. Es stellte sich nämlich immer mehr heraus, daß die Seehandlung den Bankinstituten mehr als hilfreiche Hand geleistet in Lombardbeleihung von Pa= pieren, die man nur Gründerobjecte nennen kann. Anfangs, jedenfalls kurz nach dem Krach (Mai 1873) beliehen, wo Schustersche Bankactien, Oels=Gnesener Eisenbahnpapiere noch Cours hatten, hatte man Prolongationen auf Prolon= gationen nachgegeben, — bis der Werth der Papiere gänz=

lich geschwunden. Als diese Katastrophe im Anzug war, die Prolongation verweigert wurde und die betreffenden Institute kein Geld schaffen konnten, mußte die Seehandlung zum öffentlichen Ausgebot solcher Lombardstücke an der Börse schreiten. Dies Schauspiel kam in dieser Zeit zweimal mit oben erwähnten Papieren vor, ohne daß ein Gebot erzielt wurde. Die „Börs.= u. Handelsztg." schrieb daher über die Geschäftsverfahren der Seehandlung:

„In den Anlagen zum Staatshaushalts=Etat für das Jahr 1876 befindet sich auch der Verwaltungsbericht der General = Direction der Seehandlungs = Societät für das Jahr 1874. Wir ersehen aus demselben, daß dieses, von unserem Herrn Finanzminister so sehr pro = tegirte Institut seine Hauptbeschäftigung darin suchte, sich an Grün = dungs = und Consortialgeschäften der allerzweifelhaftesten Art zu bethei = ligen. So sehen wir, daß die Seehandlung mitgewirkt hat bei der Uebernahme von Prioritäts=Obligationen der Berlin-Görlitzer, Berlin= Potsdam=Magdeburger, Breslau=Schweidnitz=Freiburger, Köln=Min= dener, Hannover=Altenbekener, Magdeburg=Leipziger, Oberschlesischen und der Thüringischen Eisenbahn; ferner bei den Krupp'schen Partial= Obligationen, den Partial=Obligationen der Dortmunder „Union" (!!), den Pfandbriefen der Deutschen Grund=Creditbank, Oesterreichischen Papierrente, den Oesterreichischen Staatsbahn=Prioritäten II. Emission, den Schweizer Central= und Nordostbahn=Prioritäten, den Ungarischen Ostbahn = Prioritäts = Obligationen II. Emission und den Ungarischen fünfjährigen Schatzanweisungen II. Emission. Ferner hat die See= handlung einem Consortium auf verpfändete Oels=Gnesener Eisenbahn= Stamm=Prioritäts=Actien und Halle=Soran=Gubener Prioritäts=Obliga= tionen resp. 610,000 Thlr. und 500,000 Thlr. Vorschüsse gewährt. Wie viel dieses Institut von den verschiedenen Gattungen von Effecten bei der Auflösung des Consortiums schon übernommen hat oder noch übernehmen muß, können wir leider nicht ersehen, soviel steht aber fest, daß von den Partial=Obligationen der Dortmunder Union=so gut wie gar nichts abgesetzt worden ist, daß die Seehandlung sich sonach von der Disconto=Gesellschaft verschiedene Sorten von Effecten hat aufhalsen lassen, deren Werth sehr, sehr zweifelhaft ist, da z. B. nicht einmal an eine Verzinsung aus dem Betriebe der Dortmunder Union zu denken ist. Wie es übrigens ein Königliches Institut wagen kann, Obligationen von einem Unternehmen zu erwerben, dessen Actien gleich Null notiren, ist uns unerfindlich! Eine Untersuchung dieses sonderbaren Falles von Seiten unserer Volksvertretung erscheint uns daher geboten. Daß die Seehandlung übrigens aus der sonderbaren Art ihrer Geschäftsleitung bereits Verluste gehabt hat, giebt sie selbst zu, denn sie sagt: „Die weichenden Course verschiedener Effekten und insbesondere der Eisenbahn= Actien haben den bei anderen Effekten erzielten Gewinn des Instituts

empfindlich geschmälert." — Und dies Alles aus Rücksicht für ein In
stitut — die Disconto-Gesellschaft! — Wir sehen davon ab, auf die
verschiedenen anderen Posen der Bilanz einzugehen, namentlich halten
wir es für überflüssig, diejenigen Summen anzugeben, welche die Bilanz
als „verdient" aufführt. Wir betrachten die Bilanzaufstellung der Seehandlung vielmehr als ein ähnliches Rechenkunststück, wie dasjenige so
vieler anderer Gesellschaften, insbesondere scheint sie viel von dem ihr
nahe stehenden Institut, von der Discontogesellschaft gelernt zu haben!
— Wir können nach Allem, was uns die Bilanz bietet wohl begreifen,
warum der Finanzminister sich der Aufhebung dieses königlichen Instituts
widersetzt, und darum glauben wir auch nicht, daß der bei der Berathung des diesjährigen Etats wiederholt zu erwartende Antrag Aussicht
auf Annahme hat. Wir würden bei einer Auflösung namentlich das
Schauspiel erleben, welches wir jetzt fast täglich bei Liquidationen von
Actiengesellschaften vor Augen haben, nämlich den Verlust des Be-
triebskapitals!"

So urtheilt selbst ein „Börsenblatt! . . ."

Die liberalen Zeitungen ventilirten höchst gleichmüthig
die Frage, daß es wahrscheinlich zu herben Angriffen auf
das Institut kommen werde und fanden die Eventualität, daß
dasselbe möglicher Weise liquidiren müsse, gerade nicht so
uneben, denn natürlich würden dabei nur der Staat verloren
und die Schuldner gewonnen haben.

· So war der Altardienst im Heiligthum der Seehandlung stets nur für die bekannten „Auserwählten des Volks"
geöffnet gewesen und selbst die Semitenpresse, die sonst so
überaus prahlend die „breiteste Oeffentlichkeit" liebt, hat
durchaus nicht offen erzählt, was sie längst wußte,
sondern nur die Geldnoth, wenn Herr Camphausen durchaus einen Posten Baargeld gebrauchte, lüftete seit etwa
einem halben Jahre bis jetzt ein wenig das Geheimniß des
Deckels, unter dem die riesigen Werthpapierberge aufge-
sammelt und — wohl verwahrt liegen können, bis sie ver-
modern.

Wie es also auch vor der Oeffentlichkeit mit der Seehandlung kam, die Börse und die Börsenpresse salvirten sich bereits.
Ging es scharf her, so gewann wohl Herr Miquél aus seiner
Partei einige gutmüthige Doctrinäre alten Styls, denen die
Phrase von „fort mit der Seehandlung" von früher her
hübsch eingepaukt war. Wenn dieser Floh ihm in's Ohr
gesetzt ward, so fiel auf diese Finesse selbst ein Lasker 'rein. --
Hierauf konnte die Sache weiter gedreht werden, daß gerade
diese Gutfreundgeschäfte, welche die Seehandlung der

Börse angedeihen ließ, zu einem spitzen Pfeil des Vorwurfs umgeschmiedet würden, um die „Schädlichkeit eines Staats= instituts‘ erst recht zu beweisen, wenn solches Geschäfte treibt. Ei, wie hätte da auch ein Lasker wüthen und Donner= keile gegen den „Racker von Staat" versenden können! . . .

Doch die Börsenclique kam, wie wir später sehen, leich= teren Kaufs davon.

Es sei hier zum Schluß noch einer sonderbaren Er= scheinung Erwähnung gethan. Nach dem eignen Bericht der Seehandlung „betheiligte" sie sich an der Emission der Berlin=Görlitzer, Hannover=Altenbekener, kurz a l l e r j e n e r P a p i e r e, die im Invalidenfonds und den andern liegen. Wir wiesen nach, daß die Discontogesellschaft dieselben mit 5—6 Prozent Courtage von den Bahnen übernahm. An dieser Courtage hätte doch folgerichtig auch die Seehandlung partizipiren müssen und diese hätte ihren übernommenen Theil doch ohne Gewinn an die besagten Fonds abgeben können. — Doch nichts von alle dem entdeckt man, zu ge= legener Stunde, wo der Finanzminister die Seehandlung beauftragt (wie die Acten des Abgeordnetenhauses nach= weisen), hat sie nichts, „g a r n i c h t s v o n s o l c h e n P a= p i e r e n", sondern sie muß nach dem „freien Markt" gehn und solche „kaufen" und sie kauft sie zu Coursen von 99$\frac{1}{8}$—$\frac{1}{2}$ — von der Discontogesellschaft! — Ueber diese Art und Weise der Consortialbetheiligung der Königlichen Seehandlung bleibt daher ein Widerspruch zwischen Geschäft und Freundschaftsdiensten bestehn, den das Institut selbst lösen mag, indem sie dies ihr eigenes Verhältniß klarlegt. . . .

Vom Finanzstand der Hannover-Altenbekener und Halle-Sorau-Gubener Bahn.

Am 18. Januar setzte die Berl. Börs.=Ztg. mit großem Aufwand die Güte der Hannover=Altenbekener auseinander, und bemerkte dabei, daß allerdings die Zinsen noch aus dem Baufonds bezahlt worden wären. „Es seien aber I. und II. Priorität überhaupt nur 5,575,000 Thlr. emittirt, die dritte Emission, (die uns hier nichts angeht), von neun Millionen, sei durch die Halberstädter Bahn garantirt. Von der I. und II. Emission aber lägen ja 4,057,400 in den vier Staatsfonds und 1,038,000 Thlr. im Provinzialfonds, folglich seien überhaupt nur 700,000 Thlr. in Privathänden; deshalb wäre es ja natürlich, daß diese Papiere an der Börse wenig gehandelt würden und so sei ihre scheinbare Unverkäuflichkeit genügend erklärt." . . . . Wir replicirten darauf, daß unser Verstand uns sagt: darnach müßten die Hannover=Altenbekener erst recht hoch im Course stehen, wenn sie sonst gute Papiere wären, denn keinerlei Ueberangebot drückte sie ja! — Was aber sollen wohl bei einer Bahn, deren Actien 12 Brief und deren Stammprioritäten 24 (im Ganzen 19 Millionen) stehn, die obendrein gar kein eigenes Betriebsmaterial besitzt, weil die Halberstädter Bahn den Betrieb übernommen, — deren Grundmaterial nach dem Actiencourse also nur noch ein Werth von $2\frac{1}{2}$ Mill. beigelegt wurde, eine Hypothek von $5\frac{3}{4}$ Millionen etwas anderes als eine Luftfundation bedeuten? Das Urtheil der Börse über diese Papiere besagt genug. — Das Urtheil der Börse hat aber leider seine guten Gründe, die Bahn ist und bleibt eine der vergründetsten, und weil an sich schon nicht hoffnungsreich in ihren Konjunkturen, eine der unrentabelsten Bahnen, die zur Stunde zu finden. Bei 39 Meilen Länge hat die Bahn verbraucht:

1. 9,250,000 Thlr. Actien (lt. Conceß. v. 25. Nov. 1868 und 29. Juni 1870).
2. 9,250,000 Thlr. Stammprioritätsactien (laut dito).
3. 2,250,000 Priorität I. Emission laut Privileg vom 11. März 1872 zum Weiterbau „Grauhof, Goslar, Hildesheim, braunschweigische Landesgrenze."
4. 3,500,000 Priorität II. laut Privileg vom 3. Febr. 1873 zur Fertigstellung der Deister= Bahn.
5. 9,250,000 Priorität III. Emission, garantirt von der Magdb.=Halberst. Bahn (für Ausrüstung, Nebenlinien und Aller= lei) laut 19. Juni 1874.

33,500,000 Thlr. = 100,500,000 Mark.

Hiernach hat die Meile 2,550,000 Mark gekostet und sollte diese Riesensumme verzinsen! ... Uns liegt nun ein genauer Bericht der N. Berl. Börs.=Ztg. vom 6. und 7. Nov. 1876 vor, aus dem wir in großer Ueberraschung gar fol= gendes ersehen.

„Die Strecke, für deren Herstellung die Prioritäten I. Emission ausgegeben wurden (Grauhof = Goslar, Hildesheim = Landesgrenze) ist garnicht in Angriff genommen worden. Unterm 24. Mai 1876 (siehe Seite 14 des 1875er Geschäftsberichtes) erklärt die Verwaltung, „daß die Inangriffnahme dieser beiden Strecken noch nicht stattgefunden habe, da die Verhandlungen über diese Linien noch nicht zum Abschluß ge= bracht sind." Doch verwandte die Verwaltung von den Prioritäten I. Emission zu anderen Zwecken „vorschußweise" einen Nominalbetrag von . . . . Mk. 4,600,000. Die Prioritäten II. Emission sind vollständig ver=

buch, verrechnet und verwendet mit . . . „ 10,500,000.

Summa Mk. 15,100,000,

deren 4½proc. Verzinsung und Amortisation dem Betriebsconto pro 1875 zur Last gefallen ist."

Diese Priorität I. Emission liegt nun fast ganz in den 4 Fonds und doch ist das Objekt, die Strecke auf welche sie hypothecirt ist, — heut noch gar nicht gebaut, wird auch bei dem trostlosen Finanzstande gar nicht gebaut werden. Auch weist derselbe Geschäfts=Bericht nach, daß diese Priorität immerdar (seit 1872) aus dem Baufonds verzinst worden

7

ist, womit die ganze Priorität sehr bald gänzlich aufgezehrt
sein wird. Auch die sonstige Finanzlage des 1875er Berichts weist nach, daß zwar erst von der dritten Emission
16,220,200 Mark begeben waren und somit 11,527,800 M.
sich noch im Tresor der Diskontogesellschaft befanden. Hiervon
hat aber seitdem die Gesellschaft sicherlich verkauft und die Bahn
selbst hat 8,020,000 M. schwebende Schulden, sowie einen
ferneren Schuldbetrag von 2,330,000 M., also daß jene
11 Millionen Guthaben aus der Priorität gänzlich verbraucht
sind. Endlich ist es nach der Berechnung der N. Börs.-Ztg.
zweifellos, daß die Einnahmen der Bahn die Zinsen der
drei Prioritäten pro 1876 nicht decken werden und daß zugleich die Magdb.-Halberstädter Bahn gar nicht daran
denkt, die Zinsen für die 1,700,000 Thaler der I. Hypothek,
welche auf die Luftstrecke Grauhof-Landesgrenze basirt sind,
aus dem Betrieb decken zu lassen. —

Hiernach ist es geradezu unbegreiflich, wie man Seitens
der Regierung gänzlich ohne jede Aufsicht diese Bahn hat
Schulden kontrahiren lassen, vielmehr ihr jedes Privileg zu
neuen Ausgaben unbesehens gewährt, ferner: wie der Finanzminister solche Hypotheken für würdig befand, in den „Fonds
zu plaziren", wie er obendrein noch vorm Landtag eine lange
Rede über die großen Hoffnungen der Rentabilität der Bahn
hält, wo es doch klar ist, daß die Betriebsherren der Bahn,
die Magdb.-Halberstädtische selbst sich endlos verbaut und
verspekulirt und — in den Fängen der Diskontogesellschaft
unlöslich gefangen liegt.

Wir stellen hierneben den ebenso erbaulichen Stand
der Halle-Sorau-Gubener Bahn:

Der amtliche Anschlag, ehe die Concession an den
Herzog von Ujest vergeben wurde, war: 12,750,000 Thaler.
Die Gesellschaft, welcher später Strousberg die Concession
gegen 650,000 Thlr. Abstand zum Bau abnahm, bekam
die Concession auf 13,500,000 Thaler halb in Actien, halb
in Stammprioritäten. Außerdem nahm die Gesellschaft noch
verschiedene Prioritäten auf, so daß jetzt die Höhe des
ganzen Capitals 23,007,644 Thaler beträgt. Die Prioritäten (5 pCt.) zerfallen in A. und B.; B. (4,385,000
Thaler) wieder in zwei Serien, wovon die erste 2,220,000
Thaler beträgt, die zweite 2,165,000 Thaler. Die letzteren
sind noch unbegeben, d. h. noch in Händen der Emissions-
häuser, werden aber trotzdem fictiv mit 93 notirt. Die
B. Nr. 1 aber sind seit dem 17. Juli 1872 an den
Markt gebracht, notiren 90—91 und von diesen besitzt

Herr Camphausen einen großen Theil, denn die 694,000 Thaler im Provinzialfonds sind von derselben Gattung. Hierauf bezog sich die ärgerliche Aeußerung des Herrn Finanzministers, daß seine doch besseren Prioritäten immer 3 Procent niedriger ständen als die schlechteren B. 2, was uns freilich sehr erklärlich ist, weil die Berliner Handelsgesellschaft leider artige Gründe hatte, den Cours 93 künstlich „zu machen". Das Gleiche wollten gewisse dienstbare Geister auch vollbringen und daher die ominöse Erscheinung vom 3. Januar. Die Bahn aber hat eine neue schwebende Schuld von 432,644 Thalern und ist diese dadurch entstanden, daß sie trotz ihres längst vollen Betriebs nicht im Stande war, nur die Prioritätszinsen von den ersten 9 Millionen Thalern Schulden herauszuwirthschaften. Es mußten nämlich laut ihrem Rechnungsabschluß von 1874 pro Geschäftsjahr 1873 219,890 Thaler und pro 1874 213,000 Thaler zugeschossen werden, welche Zinsen man so lange von den neuen Anleihe=Emissionen nahm, bis die Sache seit 1874 nicht mehr ging, indem Keiner die Anleihe (B. 2) mehr kaufte. Aktien, wie Stamm=Prioritätsaktien in der Summe von 12¾ Millionen Thlr. haben niemals einen Pfennig Zinsen oder Dividende besehn.

Solche guten Papiere kaufte aber unser Finanzministerium zur Anlage des Provinzialfonds, und handelte „im guten Glauben", um — wie es authentisch heißt, „recht hohe Zinsen" zu bekommen. . . . Die wahre Sachlage der Bahn konnte aber doch im Finanzdepartement kaum unbekannt sein, wenn man bedenkt, daß die amtliche Einsicht weit klarer und präziser sich die nöthige Kunde verschaffen konnte, als das Privatpublicum.

Aber nicht genug damit, die Staatsregierung ist indirect noch weit tiefer in die Sache verwickelt, sie hat wahrscheinlich noch mehr Papiere angekauft (aus den Milliardenresten) und sodann lesen wir, daß die unbegebene letzte Priorität Seitens der Bahn bei der Berliner Handelsgesellschaft verpfändet worden und da sattsam bekannt ist, daß solche Institute selbst kein Geld so festlegen, sondern hübsch bei einem anderen Institut anklopfen, so erfuhren wir richtig, daß die Handelsgesellschaft diese 2,100,000 wieder bei der Königl. Seehandlung für 600,000 Thaler verpfändet hat, welches staatliche Institut ja nur dazu da zu sein schien, um alle Art Gründer in dieser Weise — bereitwilligst zu unterstützen, so daß im Brandenburgischen

7*

Provinziallandtage der Abg. v. Meyer-Helpe mit Recht sagen konnte, unserer Finanzregierung lag vielleicht daran, den „Gründercredit", aber nicht den „Grundcredit" zu soulagiren.

Aus allen diesen Vorgängen erklärt sich denn auch das Nachfolgende:

„Unter diesen Umständen blieb der Gesellschaft nichts übrig, als die Hülfe des Staats nachzusuchen und sich den Bedingungen zu fügen, welche dieser im Interesse des Fiscus, dessen Wahrnehmung ihm hierbei ohne Zweifel in erster Linie oblag, zu stellen hatte."

Also sagt das amtliche Organ der Privatmonopolisten, „die Zeitung des Vereins D. Eisenb."; denn natürlich: wenn eine Bahn prosperirt, dann darf der „Racker von Staat" nicht wagen sich zu rühren, er darf gar nicht einmal den Gedanken fassen, daß er alle Bahnen gegen selbst reichliche Entschädigung an sich bringe, das erweckt einen gewaltigen Aufschrei auf der ganzen Linie der durch die Privatmonopolisten beeinflußten Presse, allein, wenn eine Bahn bankerott wird und sich nicht mehr halten kann, wie hier die Halle-Sorau-Gubener, da findet selbst das Organ dieser privilegirten Freibeuterei es „ganz natürlich", daß die Gesellschaft die Hülfe des Staats nachsucht: da mag er die Citrone hinnehmen, denn sie ist „ausgepreßt", ja es ist alsdann wo möglich seine verfluchte Pflicht und Schuldigkeit, helfend einzuschreiten.

Doch damit nicht genug. Der Staat hat sich auch diesmal ordentlich beeilt, die Bahn zu übernehmen und wo möglich sollte die Thatsache schon vollendet sein, ehe die Provinziallandtage und die Kammern zusammen kamen, denn — da liegt eben der Haken: der Hr. Minister war gezwungen sein eignes Geld, das er so leichthin in diese Prioritäten angelegt, — retten zu müssen. Und wie generös hat er das gethan! ... Man nehme unsre obige Auslassung in Betrachtung, daß die seit 1868 entrirte, seit 8 Jahren fertige Bahn nicht 9 Millionen Prioritäten zu verzinsen vermochte und vergleiche damit die Punkte der betr. Gesetz-Vorlage.

„1. Der Staat übernimmt vom 1. Januar 1877 ab für ewige Zeiten den Betrieb der Halle-Sorau-Gubener Eisenbahn.

· 2. Die durch Allerhöchstes Privilegium vom 14. October 1874 bewilligte Anleihe von 2,165,000 Thlr. (Lit. B. 2!) 5proc. Prioritäts-Obligationen wird nicht begeben und an Stelle derselben ein neues Privilegum zur Ausgabe von 4½procentigen Obligationen im Betrage

von 9,000,000 M. nachgesucht und von der Staatsregierung befür=
wortet (folgen die Modalitäten der Betriebsübernahme).

Die 2,165,000 Thaler Lit. B. (2.) sind jener Posten,
welcher bei der Seehandlung für 600,000 Thaler ver=
pfändet liegt und nicht wieder liquid gemacht werden kann,
die denen vorgehenden 2,220,000 Thaler befinden sich zum
größten Theil im vollbezahlten Besitz des Finanzministers
(siehe Provinzial=Dotationsfonds mit 2 Mill. Mark!); es
soll noch rund eine Million Thaler mehr aufgenommen
werden, um die schwebende Schuld zu decken und — der
Staat soll die Zinsgarantie für sämmtliche ausgegebe=
nen Obligationen übernehmen! Nun aber konnten in den
letzten Jahren (bei 9 Mill. begebenen) nicht einmal diese
verzinst werden, denn in jedem Jahre fehlten rund 220,000
Thaler oder die Zinsen für 4,000,000 Thaler, und hierzu
tritt noch eine neue Million zur Verzinsung! Hieraus
kann man gewißlich ersehn: wie es unserer Finanzregierung
allein darum zu thun war, den in ihrem Besitz befind=
lichen Halle=Sorau=Gubener Papieren die Staatsgaran=
tie zu verschaffen, sowie durch das gleiche Manöver den
bei der Seehandlung (mit Hrn. Camphausen's Ermächti=
gung) lombardirten und absolut unverkäuflichen 2 Millionen=
Posten gleicher Papiere wieder flott zu machen, weil sonst —
bei bevorstehendem öffentlichen Zwangsverkauf diese Laden=
hüter ebenso wenig irgend ein Gebot bekommen hätten,
wie die kurz vorher versuchte öffentliche Versteigerung der
Oels=Gnesener Stammprioritätsactien, welcher Act an der
Berliner Börse genugsamen Scandal entwickelte! . . .

Wenn man nur ein Zehntel von solcher Gentilität bei
der Nordbahn oder der Pommerschen Centralbahn ent=
faltete hätte, anstatt daß man beide ein volles Jahr lang
verfallen ließ: so hätte die Staatsregierung bei Beiden
mehrere Millionen von bereits vorhandener Arbeit gerettet!
Aber auch auf Herrn Lasker's und Gen. sittliche Entrüstung,
die diese beiden Bahnen in Verfall und Concurs brachte,
wirft es ein sonderbares Licht: warum fiel man nicht
gegenüber der total vergründeten Halle=Sorau=Gubener Bahn
in dieselbe Entrüstung? Warum hieß es hier, dieser armen
Bahn muß geholfen werden?

Die „Ztg. des Vereins der D. Eisenbahnen" ist selbst
so kühn, folgendes über der Gründungs=Vorgänge beim
Bau dieser Bahn auszusprechen:

„Der Verfall der Halle=Sorau=Gubener Eisenbahngesellschaft war
die naturgemäße Folge ihrer Entstehung. Von Personen gegründet,

(Ujeſt-Strousberg?) welche keine Einſicht in die Bedingungen beſaßen, unter denen ſich ein Eiſenbahnunternehmen lebenskräftig entwickeln kann und welche kein Intereſſe an dem Betriebe und der Verwaltung eines ſolchen nahmen, vielmehr den Bahnbau lediglich als einen Gegenſtand finanzieller Speculation (!!) anſahen, trug ſie den Keim eines Verfalles in ſich. ... Es war ein noch verhängnißvollerer Mißgriff, welcher in der auf dem Bau in Generalentrepriſe baſirenden Financirung lag. Denn die Baukoſten ſind dadurch um 50 pCt. über den Anſchlag hinaus gewachſen und es wurde eine Verſchuldung des Unternehmens hervorgerufen, für deren Verzinſung die Betriebs Ueberſchüſſe keine Mittel gewähren konnten."

Doch was thut's? Herr Camphauſen will, muß helfen, um eigene Fehler zuzudecken und weil Er das war: darum mußte ſolches in den Augen der Majorität im Landtage „wohlgethan" ſein, denn ſtets ſagt dieſe mit ihrer ganzen Conſorteria-Preſſe: „Siehe, wir finden keine Schuld an ihm!" weil er eben ihr Miniſter iſt. Was aber irgend Fatales hierbei doch nicht wegzuleugnen iſt, das wird man — dafür iſt ja Herr Lasker mit ſeinen Donnerkeilen da! — auf den Herzog v. Ujeſt abwälzen, der obendrein im ſchleſiſchen Landtage die verhängnißvolle Dreiſtigkeit beging, über die Beläge des Provinzialfonds in Halle-Sorau-Gubenern — zu ſpotten.

Die Behandlung der Provinzial-Fonds in der Commission.

Am 24. Januar kam in der Commission der Etatsgruppe des Abgeordnetenhauses der Provinzialfonds wieder zur Sprache. Seitens des Abgeordnetenhauses war eigentlich in der Sache gar nichts mehr zu sagen, da die Provinziallandtage die Anlagepapiere vorläufig angenommen und (bis auf den liberalen Preußischen) nur ihren Vorbehalt näherer Prüfung verlautbart hatten, allein zu großer Ueberraschung trat die liberale Majorität mit dem Antrag hervor:

a. die Anerkennung der Legalität des Verfahrens des Ministers Camphausen auszusprechen (d. i. wir finden keine Schuld an ihm!);

b. den Provinziallandtagen zu bewilligen, daß sie anstatt der belegten Kapitalien und aufgelaufenen Zinsen berechtigt sein sollen, Baargeld mit 3 pCt. Depotzinsen vom Tage der Bewilligung an in Empfang zu nehmen.

Beide Punkte widersprechen sich selbst. Wenn Punkt a. die Legalität aussprach, so hätten die Provinzen den Inhalt des Punktes b. gar nicht fordern können: Verwilligte man den Punkt b., so erkannte die Commission eigentlich an, daß der Minister in der Unterlassung der depositalmäßigen Anlegung doch nicht legal gehandelt hätte. In dieser Commissionssitzung, die sich bis zum 25. fortsetzte, ging es scharf her. Es befanden sich in derselben die Abgg.: Richter, Virchow, v. Benda, Hammacher, Rickert, Wehrenpfennig, Kochann, Stengel und die beiden Conservativen v. Wedell und v. Below, welcher Letztere eben neu ins Haus getreten war. In Betreff der Courstreiberei vom 3. Januar wurde Seitens der Regierungsvertreter erklärt, daß weder der Minister, noch die Seehandlung dabei be

theiligt sei, weitere Auslassungen wurden abgelehnt; v. Wedell
verlangte offenste Darlegung.

Im Anschlusse hieran monirte auch der Abg. v. Below
die Zurückhaltung des Regierungs=Commissars und empfahl
der Regierung, rückhaltslos Antwort zu geben, damit würde
am raschesten das erwünschte richtige Licht über die Be=
ziehung der Seehandlung zur Disconto=Gesellschaft
gegeben werden, worauf die öffentliche Meinung in den
diversesten Preßorganen anspiele. Bei dem noto=
rischen Vorzuge der Disconto=Gesellschaft Seitens
der Regierung wäre hier rückhaltlose Offenheit streng ge=
boten.

Diese und die oben angegebenen thatsächlichen Aus=
lassungen der conservativen Abgeordneten riefen bei den
liberalen Abgeordneten die größte Aufregung hervor,
und von ihnen wurde der Name des Abgeordneten Miquél
von nun ab in die Verhandlungen gezogen und den Con=
servativen das Ansinnen gestellt, denselben doch geradeswegs
zu beschuldigen.

Die beiden Herren constatirten hierauf, daß sie gar
nicht den Namen Miquél genannt, sondern nur die Liberalen.
Wehrenpfennig wollte sofort weggehen und Herrn Miquél
von dem unerhörten Attentat benachrichtigen u. s. w. Der
Abg. Richter benutzte die gespannte Situation sofort zu
dem taktischen Ausfall, indem er (laut seiner eigenen Corre=
spondenz) sagt:

„Es war jedem Anwesenden verständlich, daß sie den Abg. Miquél
meinten. Die Parteigenossen des Letzteren, die Abgg. Rickert und
Wehrenpfennig, forderten, offen mit Namen und Thatsachen vorzurücken.
Der Abg. Richter=Hagen erklärte Folgendes: Die Herren möchten
deutlich aussprechen, daß sie den Abg. Miquél beschuldigten, als ob er
in einem persönlichen Interesse seine politische Stellung mißbraucht habe.
Allerdings seien diese Anschuldigungen in der Presse weit verbreitet.
Eine Untersuchung über das Sachverhältniß müsse nicht blos die Ver=
leumdungen, sondern auch die Verleumder treffen. Man müsse festzu=
stellen suchen, wie weit Herr Wagener noch als Wirklicher Geheimer
Rath fungire, wie weit er die „Eisenbahn=Zeitung“, die „Deutsche
Reichs=Correspondenz“, die „Landes=Zeitung“ (!!) und andere für
offiziös*) gehaltene Organe influenzire. Es würde sich sodann heraus=
stellen, ob jene Anschuldigungen nicht auf dem System beruhten, an
einem Gesinnungsgenossen Laskers Rache (!) dafür zu nehmen, daß
Lasker Hrn. Wagener seiner Zeit entlarvt habe. Abg. Richter deutete

*) Wir, offiziös!!

ferner an, daß es neuerdings so scheine, als ob die Coursmanöver nicht von der Seehandlung, sondern von den Agitatoren jenes Systems*) herrührten, welche dabei von falscher Auffassung über die Tragweite des Dotationsgesetzes ausgegangen seien. Die Abgg. v. Benda, Wehrenpfennig und Rickert sprachen ihre Befriedigung darüber aus, daß endlich die dunkeln (!) Beschuldigungen ans Licht gelockt seien, verwahrten sich gegen die gefallenen Beschuldigungen und behielten ihrem Parteigenossen, den sie sofort von den Vorgängen in Kenntniß setzen würden, weitere Erklärungen vor.

Herr v. Below verlangte von Herrn Richter Beweise schließlich seiner gespenstersehenden Behauptung namentlich betreffs der D. Lds.=Ztg, die noch zu weiteren Controversen führte.

Herr Miquél ließ hierauf am 26. seine bekannte Erklärung los,

„wonach er weder zu der Zeit, wo er an der Geschäftsführung der Disconto=Gesellschaft theilnahm, noch später mit einem Minister Preußens oder des deutschen Reichs oder einem Beamten der Invalidenfonds=Verwaltung oder einer andern, über den Erwerb von Eisenbahn=Prioritäten Verfügung treffenden Behörde wegen eines solchen Erwerbs verhandelt, dieserhalb Rath ertheilt, an diesen Stellen Wünsche geäußert oder auch nur zufällig darüber gesprochen habe. Insbesondere sei dies auch nicht der Fall in Bezug auf die für die Provinzialdotationen beschafften Effecten."

Wir schrieben darauf am 28 Januar:

„Nun denn, wenn die Herren Herrn Miquél nicht gemeint haben sollen, wie ihnen solches fälschlich untergeschoben wird, so erklären wir: Ja, Herr Miquél hat Antheil an diesen ganz famosen Gründungen. Herr Miquél war Director der Disconto=Gesellschaft und er wäre ein verteufelt schlechter Director, wenn er nicht gewußt hätte, was für Geschäfte die Disconto=Gesellschaft unter seiner Direction (d. i. Leitung) in den zwanzig bekannten Gründungen und wenigstens vierzig Anleihe=Emissionen betrieb. Der Abg. Miquél hat sich auch nicht als ein absolut unfähiger Mensch documentirt, der sich blos zum Lockvogel hätte brauchen lassen, was wir aus Respect vor seinen Kenntnissen, seinem hervorragenden Rednertalent und seiner vielfältigen gesetzgeberischen Thätigkeit hier abweisen.

---

*) Wie fein! Wir, Courstreiber an der Börse!! Es dauerte hierauf auch nicht lange, so sprach das „Berl. Tgbl." auf vermeintlich sichre Nachrichten gestützt: „Wer Anders hätte das Coursmanöver angestellt, als der Geh. Rath Wagener!! . . .."

Nun aber sind bekanntlich selbst niemals solche Lock-vögel-Namen verschont von der Verantwortung geblieben und Herr Lasker hat sie vor den Augen des Volks buch-stäblich in Stücke zerrissen, und wenn Herr Miquél oben erklärt, daß er wegen besagter Papiere zu Niemandem Wünsche geäußert und Niemand angesprochen habe, so sagen wir: Er wird **gefragt worden** sein, das ist freilich Etwas Anderes. Und überdies war ja die Discontogesellschaft so beliebt bei der Seehandlung, beide gingen ja wohl zwanzigmal Hand in Hand bei den Emissionen: wie braucht sich da Herr Miquél die Mühe zu nehmen und jemals irgend einen Be-amten besonders zu sprechen? Das gleichartige Geschäft be-sorgte **Alles von selbst.** Disconto verkaufte, Seehandlung kaufte. Wer das aber alles so geschickt eingefädelt und ge-fügt, — wer war's?? — Herr Miquél mit seinem politi-schen Einfluß brachte das zu Stande — und sonst Niemand anders. — Herr Miquél ist unschuldig: warum bestreitet er nicht auch seine Thätigkeit in der Parzellirung der Do-mainen und der Bauernsabrikation? In der General-Synodenberathung? — Eins wäre so leicht zu behaupten wie das andere. Wir fangen nun auch an zu glauben, daß er niemals ein Führer der Nationalliberalen war, denn die ehrenwerthen Mitglieder dieser Partei werden auch gar stolz behaupten: sie wären stets ihre Wege allein gegangen.

Herr Miquél war ferner der **Vorsitzende** jener Do-tationscommission gewesen und es war wiederum seltsam, daß Seitens des Finanzministeriums zuerst behauptet worden war, die Mitglieder derselben seien wegen der Art der An-lage gehört worden. Auf die Frage: welche Mitglieder? wurde nur Friedenthal genannt und „Lasker sollte nichts dagegen gesagt haben." Wie würde nun aber der Vor-sitzende Miquél dabei umgangen worden sein?? Offenbar scheute man sich, zu bekennen, daß man auch Herrn Miquél gefragt!

Die hiesige liberale „Staatsbürger-Ztg." bestätigte unsere Ansicht, sie schrieb über Miquéls Erklärung:

„Im übrigen besagt die **Erklärung** sachlich gar nichts. Für ein ehrliches Gefühl und den gesunden Menschenverstand mag es schwer sein, sich vorzustellen, wie man mit Ehren zugleich geschäftlicher Leiter eines industriellen, in so und so viel schmutzige Gründungen verflochtenen Unternehmens und politischer Führer einer von „Sittlichkeit" strotzenden Partei sein kann, aber so kindliche Ansichten über derartige Transactionen hat schwerlich Jemand gehabt, daß er sich einbildete, Herr Miquél habe durch directen persönlichen Einfluß die Amtsehre preußischer Beamten in Versuchung zu führen gesucht. Wenn Herr Miquél die Güte hätte, zu erklären, daß er mit seiner persönlichen und politischen Ehre für die Geschäfte der Disconto-Gesellschaft zur Zeit, als er an ihrer Geschäftsführung theilnahm, haftbar sein wolle, so würde eine derartige Erklärung wenigstens Anhaltungspunkte zu einer weiteren Discussion geben; aber seine oben mitgetheilte Auslassung bekämpft Dinge, die ihm kaum irgend ein verständiger Mensch zugetraut hat, und sie ist somit völlig werthlos."

Es ist schade, daß wir um dieser so offenbaren Dinge willen soviel Papier verschwenden müssen, allein wir waren gegenüber diesen so heftigen Streitern von allen Seiten genöthigt, am 1. Februar folgende

„Einfache Frage"

vom Stapel zu lassen:

„Wir und alle Zweifler in der ungeheuerlichen Geschichte der Fonds wären also „Verläumder der Herren Miquél-Camphausen u. s. w."

Wir haben schon oft erlebt, daß die Liberalen mit dem Aufwand aller Kraft und mit der größten Leidenschaftlichkeit behaupteten, daß eine Sache weiß sei, wo doch Jedermann den Schmutz nicht blos sehen, sondern mit Händen greifen konnte, und ist das uns nicht mehr verwunderlich. Allein, da sich dies ganze Argument diesmal auf Herrn Miquéls losgelassene Erklärung (siehe S. 1(5) stützt, daß er niemals irgend einen Beamten oder Minister Betreffs der Belegung der Fonds angesprochen, so wollen wir hier nur die einfache Frage aufwerfen:

Hat man ganz vergessen: was der Director einer Actien= oder Commanditactien=Gesellschaft ist und was er thut?

Hier die Antwort: Er ist nach dem Gesetz der verantwortliche Leiter des Instituts, er vertritt die Gesellschaft nach Außen, sein Name besiegelt erst jedes Geschäft und jede Transaction in ihrer Giltigkeit, kurzum, er ist der verantwortliche Leiter der ganzen Gesellschaft. Nun ist Herr Abg. Miquél erster Director und Commanditair der Disconto=Gesellschaft gewesen, er hat jedes Schriftstück, jeden Handelsact, den die Disconto=Gesellschaft mit der Seehandlung abgeschlossen, mit seinem Namen unterzeichnet. Daß er diese hundertfältige Arbeit bei all den Gründungen und Invalidenfondsbesamungen nichtwissend oder im Schlafe oder als Somnambuler gethan, ist doch nimmermehr anzunehmen, und wenn das selbst wäre, so bleibt doch der Vorwurf bestehen: wie kann ein so intelli=

genter Mann, doppelter Volksvertreter und Führer der national-liberalen Partei, sich zu solchem Dienst gebrauchen lassen?

Der Director vertritt die Gesellschaft nach Außen, daraus folgt, daß, wenn die Discontogesellschaft unreinliche Gründer= und schlimmere Geschäfte gemacht hat: daß Herr **Miquél sie vertreten muß und Niemand anders.** Hat er doch die riesigen Gewinn=Tantiemen, als die Resultate dieser Geschäfte, von jährlich mehreren hundert Tausenden als Commanditär, sowie seinen Gehalt als Director aus der Kasse der Discontogesellschaft empfangen, wie jeder Jahresbericht der Discontogesellschaft mit Zahlen beweist. Herr Miquél war zur Zeit (1871—1873) erster Director, als alle die Fonds in ungarantirten Prioritäten angelegt wurden. Er ferner selbst als Volksvertreter hat 1873 den Antrag eingebracht und durchgesetzt, daß solche Belegung nur vorläufig, bis 1. Juli 1876 gestattet sein sollte. Diese ungarantirten Prioritäten stammen fast alle aus der Chatulle derselben Gesellschaft und wurden durch Vermitte= lung der Königl. Seehandlung in die Fonds übergeführt: **also ist Herr Miquél es gewesen, der das besorgt hat** und er ist dafür **verantwortlich,** soweit die Schuld die Disconto=Gesellschaft betrifft. Dies hat ja auch die liberale Presse (z. B. Leipz. Tagebl., Augsb. Allgem.) selbst gesagt, indem sie Herrn Miquél beschuldigte, die Reichseisenbahn= frage aufs Tapet gebracht zu haben, indem er damit die Folgen seiner eigenen Thaten, die Entwerthung dieser Papiere, habe zudecken wollen. Und dies ist wahr, denn an der Berliner Börse ist es bekannt, daß von der Disconto= Gesellschaft das Project der Reichseisenbahn ausgegangen ist.

Gehn wir nun zur Seehandlung über. An der Spitze derselben steht der Seehandlungspräsident Bitter, ein staatlicher Beamter. Wie oft schon hat die Großpresse in früheren Jahren solchen Präsidenten auf das Heftigste angegriffen, wenn die Seehandlung irgend welche der Börse mißliebige Maßnahmen ergriffen haben sollte. Sie greift ihn jetzt wieder an wegen der absonderlichen Lombarddarlehne, von der Tribüne des Landtages wird Herr Bitter schwere Vorwürfe deshalb zu hören bekommen. Mit welchem Recht thut man das? Die Antwort liegt doch auf der Hand; weil er als Seehandlungspräsident verantwortlich für die Maßnahmen der Seehandlung ist. Ist er aber dieses, wie kann man da behaupten wollen, Herr Miquél sei dies nicht für die Discontogesellschaft?

Ja, die Sache liegt auch weit günstiger für Herrn Bitter, als für Herrn Miquél. Die Kgl. Seehandlung ist gleichsam das Bankinstitut für den Finanzminister Camphausen und dieser ist der **eigentliche Chef**, denn — und das wird sich sehr bald aufklären — Herr Bitter konnte keinen Schritt thun ohne die Genehmigung des Finanzministers und er mußte alle Wünsche und Aufträge desselben ohne Widerrede vollziehen. Darum sind für die Affairen der vier invaliden Fonds nur **verantwortlich**: die Herren **Delbrück-Camphausen** einerseits und **Herr Miquél** andererseits.

Was soll man Angesichts dieser **thatsächlichen** Verhältnisse nun dazu sagen, wenn die ganze liberale Presse tausendstimmig schreit: „Es besteht keine Verbindung zwischen dem Volksvertreter Miquél und dem Bank=Director Miquél, der Eine Miquél hat niemals Etwas von dem andern Miquel gewußt, der Eine kannte ja die Existenz des Andern gar nicht, wenn doch diese beiden **Miquéls** immerdar eine und dieselbe Person gewesen sind?",

──────────

Die Judenfrage im Reichstag.

Am 27. Januar tagte der Reichstag über die Straf= gesetznovelle, hier nahmen die beiden mosaischen Abgeordneten Hr. Lasker und Hr. Bamberger die Gelegenheit wahr, sich gar bitter über die conservative und clericale Presse zu beschweren. Bekanntlich hatte die D. Lds. Ztg., sowie die „Germania" die immermehr zunehmende Arroganz unserer jüdischen Mitbürger scharf gegeißelt. Der Minister Graf Eulenburg sprach für Verschärfung der Preßgesetzparagraphen und belegte dies mit Citaten aus der social=democratischen Presse. Da nahm Herr Lasker die Veranlassung, die con= servative Partei des Liebäugelns mit dieser Partei zu be= zichtigen und daß sie eine noch schärfere Kritik gegen die bestehenden Institutionen (d. i. gegen die Juden), gegen ganze Volksklassen (d. i. gegen Juden) sich erlaube, als selbst die Socialdemocraten. Und so sagte er neben vielem über= schwänglich Idealen und Doctrinären unter anderem:

„Will aber der Herr Minister zu den früheren Dingen hierin zurückkehren, so war heute in der That nicht nöthig, gerade jene Stelle aus social=democratischen Blättern hier anzuführen, denn man findet in den Blättern der anderen Parteien gerade so starke Ausdrücke gegen Einrichtungen der Gesellschaft, als die hier angeführten. Meine Herren! So habe ich Ausführungen gelesen, dahin lautend, daß der ganze Staat und insbesondere die liberale Richtung des Reichstages nur dazu gemacht sei, um den Börsenschwindel zu verdecken; solche Aeußerungen habe ich in mehreren innerhalb der Parteien geachteten Zeitungen in ganz neuerer Zeit gefunden; ja in der Agrarpartei, deren äußerstes Ende bis an die „Neue Preußische Zeitung" heranreicht, wird man Stellen finden, gegen welche die vom Minister vorgelesenen Stellen ein Kinderspiel von An= reizung sind. Es sind mir solche Blätter erst vor wenigen Tagen zugesandt worden, die „Germania", die „Deutsche Landeszeitung" 2c.,

Blätter, die ich wirklich nicht aufsuche, wenn sie mir nicht aufgedrängt werden. (Heiterkeit.) In dem richtigen Gefühl, m. H., daß die Grenze hier nicht gefunden werden kann, wo das Anreizen anfängt, hat auch die conservative Partei ausdrücklich erklärt, daß sie gegen diesen Theil stimmen werde, und es besteht hierin Einheit beinahe des ganzen Hanses und nur vereinzelte Mitglieder werden wohl aus besonderen Gründen für diesen Punkt stimmen."

Es herrscht doch eine ganz eigenthümliche Confusion in dem Kopf dieses großen Laskers! An einer andern Stelle sagte er:

„Man lasse das Palladium der Preßfreiheit unverschont: Jeder komme her und schütte sein Herz aus, die Klagen sollen offen geführt werden, sonst können wir sie nicht widerlegen. Verdienen die Zustände nicht fortzubestehen, so sind wir im Stande, durch die Macht der Logik zu zeigen, daß wir trotz des besten Willens nicht helfen können und dann besteht keine Gefahr für die Gesellschaft; soll etwas Anderes an die Stelle der unhaltbaren Zustände gesetzt werden, so soll Jeder im Volke an seinem Theile mitwirken, und dazu bedürfen wir wiederum der freien Discussion."

Nun haben wir niemals etwas Anderes gethan, als was hier Hr. Lasker verlangt und gestattet, haben ganz dasselbe auch vor seinem Antlitz gethan und dennoch beschuldigt uns der große Prophet des Sozialismus, der Anreizung — natürlich und darin liegt das Majestätsverbrechen! — gegen Hrn. Lasker's Glaubensgenossen, die denn auch jetzt die modernste aller Wahrheiten erfunden haben: Alles das Sozialismus zu nennen, was sich gegen die Privilegien der Börse und der Monopole richtet.

Herr Bamberger aber verstieg sich noch weiter, man kann sagen, seine bekannte Suade hatte einen wahrhaft durchgängerischen Tag. Er nannte die Ausführungen des Ministers Kindergeschichten gegen die Auswüchse der socialconservativen und agrarischen Presse. Er lobte die Socialdemokraten geradezu wegen ihres „Tactes" (weil sie die Juden nicht angriffen!) und sprach von „Kerlen, Bravis, Canaille," die seinen politischen Ruf begeiferten u. s. w. Er provozirte die Conservativen derart, daß er behauptete, sie zögen die künftige Commune bei uns groß. — Jene Rede fand seiner Zeit die verdiente Verurtheilung. — Wir erinnerten Herrn Bamberger nur an seine Gründungen und Aufsichtsrathstellen bei der rumänischen Eisenbahn und der Deutschen Bank und sagten u. a., daß wir einen von solchen Geschäften freien Mann für besser und „reiner" hielten,

als Hrn. Bamberger. Das ist eine Idee, die ihre Existenz=
berechtigung auch im freien sog. deutschen Judenreiche
fordert, und die er vergeblich als „sozialistisch" von der
Reichstagstribüne verketzern wird.

Es ist übrigens reizend von diesen Leutchen: Wenn
die Conservativen mit der Legitimität, der Krone, mit Er=
haltung des Bestehenden, mit der Kirche und dem Altar
und Alles was heilig, sittig und ehrbar ist, kommen, da
werden sie von diesen Juden als „Reactionäre" ausgezischt;
wenn sie aber die unerträglichen modernen Zustände unseres
überwuchernden Bougeoisieregiments bekritteln und geißeln,
da schreit man wieder: das sind Sozialisten!

Doch genug; der Abg. Malzahn=Gültz antwortete ihm
bereits ganz richtig: „Wenn Herr Bamberger ein gutes
Gewissen habe, dann möge er nur die Leute reden lassen."

Aber da liegt eben der Haken, die beiden Juden Lasker
und Bamberger haben in Betreff der von uns aufgeworfenen
Frage der Präponderanz des Judenthums im deutschen
Reiche — kein gutes Gewissen.

Nun hat man ihr Treiben einmal vor das Forum der
Oeffentlichkeit gezogen, sie, die die ganze Großpresse besitzen
und Alles, was einer andern Ansicht huldigt, als ihnen
und ihren Zwecken genehm ist, auf das ausgefeimteste und
allerschonungsloseste behandeln, wie wir seiner Zeit hundert=
fältig nachgewiesen. Sofort aber, da ihnen einmal mit
Gleichem gedient wird, da wird „Au waih!" geschrien —
und die Reichstagstribüne wird zu den provozirendsten An=
griffen benutzt, so daß der Herr Bamberger, der sich schon
einmal zu feig zum Schlagen gezeigt hat, wiederum von
„Canaille und Kerl" zu reden wagt.

Doch seien wir großmüthig, solch Judengeschrei ist nur
zu natürlich. Es ist eben menschlich, daß der Jude „Au
waih!" schreit — wenn's ihm irgendwo schmerzt. Nur Eins
wundert uns: Hr. Bamberger findet's ja ganz in der Ord=
nung, daß die Sozialisten in England, wenn der Richter
einen ihrer Leute verdammt, denselben „Dummkopf, Esel,
miserabler Kerl" (wörtlich in derselben Rede!) nennen,
warum geräth er denn also in Harnisch, weil man ihn
einen Juden genannt hat, der bekanntlich immerdar jüdisch
handelt?

Im Anlaß dieser sogenannten Bamberger'schen Judenrede
klagte der jüdische „Börsencourier" als ächter Börsianer
über den schrecklich um sich greifenden „Sozialismus", Alles
werde sozialistisch, selbst der preußische Staat, das sehe man

an seinem Gelüst nach den preußischen Eisenbahnen, er werde darauf weiter auch nach dem Grund und Boden greifen. Daß diese sozialistischen Reactionsbestrebungen bei der Regierung, wie bei den Conservativen gebührend gekennzeichnet worden wären, wäre der größte und glücklichste Effect der Lasker= und Bamberger'schen Reden u. s. w.

Man sieht hier wieder, was doch diese Juden für weise Leute sind! Alles was ihrer Freibeuterei zu nahe tritt, ist Sozialismus; Börsensteuer, — auch Sozialismus, Beseitigung der Steuerfreiheit, der Notenfalschmünzerei, der Reichsbank, der Staatseisenbahnen — Alles — alles Sozialismus! . . . wir glauben, die Ratten denken ebenso, wenn sie der Hausherr verfolgt, um sich ihrer in seinem eigenen Hause zu erwehren . . . .

·Seltsame Conclusionen! In Italien halfen dieselben Juden dem Staat die „verkrachten" Bahnen auf, und die Gerüchte spuken schon, daß die Börsen enorm daran verdienen. Aber darum sicherlich lobt der „B. B.=Cour." dort diesen Act als genialsten Culturfortschritt, bei uns aber, wo diese Aussicht zum „verdienen" nicht vorhanden ist, ist derselbe Schritt — Sozialismus. Daraus folgt: daß das Prozentchenabschneiden und das Betrügen der redlichen Arbeit allein kein Sozialismus wäre . . . Judenlogik, absonderliches Gaukelspiel! . . .*)

Die Bamberger'sche Judenrede hatte noch die Duellaffaire mit Rud. Meyer zum Nachspiel, wo er sich jämmerlich verwickelte in seinen Rectificationen und zuletzt sich natürlich — nicht schlug, sondern sich wohlfeil hinter den Schild seiner Volksvertreterschaft verbarg. Zu gleicher Zeit kam v. Diest mit der Enthüllung, wie ein Redacteur der Nationalzeitung bei Gründung der Berlin=Dresdener Bahn 6000 Thaler Trinkgelder empfangen, — welche Thatsache bis heut — obwohl durch allerlei Erklärungen bemäntelt, — seitens der Nationalzeitung nicht widerlegt worden ist. — Wer die Verhältnisse der liberalen Großstadtpresse kennt. wundert sich gar nicht über solches Vorkommniß, denn, wenn es auch nicht öffentlich bekannt geworden, so steht doch die Thatsache fest, daß keine einzige von den 500 Gründungen und den hunderten von sonstigen Anleihe=Emissionen ohne heimliche Abmachungen mit der Zeitungspresse, die oft

---

*) Wir antworteten Hrn. Bamberger noch einmal und stärker in dieser Zeit, was in der „Sittenlehre des Talmud". Berlin. Verlag von M. Ant. Niendorf. S. 212—215 nachzulesen ist.

Hunderttausende gekostet, in Scene gegangen ist. — Hier war die positive Behauptung, die obendrein das vorerwähnte Organ, den Moniteur der Nationalliberalen, betraf, von niederschmetternder Wirkung, denn es zeigte wiederum eine Falte, durch die man in den so künstlich verborgenen Zusammenhang des Liberalismus mit der Börse und deren Interessen und dem ganzen unredlichen Prozentchengewinn hinein blicken konnte.

Der „Schles. Ztg." in Breslau machten all diese Vorkommnisse viele Sorge und sie legte dieselben in einem Artikel „Dumpfe Atmosphäre," nieder; dabei erschien ihr die von uns S. 68 citirte Stelle aus dem Geschäftsbericht der Disconto-Gesellschaft vom Jahre 1873 „geradezu unglaublich", weil darin sichtlich Bezug auf die Geschäfte mit dem Invalidenfonds genommen war. Sie fand dies Alles ungeheuerlich und machte dutzendmal im ewigen Kreislauf die Ansätze: „Wenn dies Alles wahr sein sollte, so . . ."

Wir antworteten ihr:

Da Miquéls Namen darunter steht, kann man da annehmen, daß dieser intelligente Mann nur als Strohmann seinen Namen hergegeben, da, wie er selbst sagt, er sich um die finanziellen Geschäfte der Gesellschaft nicht bekümmert habe?? — Allein schließlich blieb die Schles. Ztg. doch „unglaublich," sich wiederum ein dutzendmal im Kreise drehend, — als sie merkte, daß sie selbst aus dem Consorteria-Ring nicht heraus kommen konnte.

Die Novelle über den Invalidenfonds vorm Reichstag und der erste Ausfall Richters.

. .

Am 4. Februar trat der Reichstag in die zweite Berathung des neuen Abänderungsgesetzes über den Invalidenfonds ein, wonach das Domizil des Papierhaufens auf
4 Jahr verlängert werden sollte. Es herrschte eine gespannte Situation. Die Majorität war natürlich für Verlängerung und die Commission hatte ein langes Elaborat
ausgearbeitet, das höchst kunstgerecht alle Einwürfe gegen
die Belegung des Fonds abwies, sich aber darin dutzendfach
selbst widersprach, die Gelder schließlich gut und trefflich, (!)
nur zur Zeit unrealisirbar, (!) jedoch hohe Zinsen tragend (!)
angelegt fand, und mit der vollständigsten Decharge=Er-
theilung für das Reichskanzleramt (Delbrück), sowie
obligatem Vertrauensvotum schloß. Wir würden diese seiten-
lange Motivirung abdrucken, trotz der Raumverschwendung,
wenn sie irgend Etwas Neues enthielte. Doch darnach sucht
man vergebens, es war nur eine Compilation der landläufigen
Deductionen der liberalen Zeitungen, wie sie zu beweisen
suchten, daß „eigentlich gar nichts geschehen sei," und daß,
weil doch irgend Etwas geschah (nämlich die Verlängerung
des Domicils der Papiere), die doch ein ganz unschuldiges
harmloses Ding sein sollte, das lediglich den Gang der
Zeitläufte erforderte.

Das Centrum hatte seine Resolution verkürzt, nach
Lage der Sache mußte wohl die Verlängerung überhaupt
werden, denn geschehene Thatsachen sind eben nicht zu ändern, aber die Wahrheit brauchte darum nicht unterdrückt
zu werden. Sie lautete:

8*

„Der Reichstag wolle erklären: Durch die seitens des Reichskanzleramts schon vor dem 1. October 1873, also ein und dreiviertel
Jahre vor der gesetzlich limitirten Frist, bewirkte Belegung eines so
großen Theiles des Reichsinvaliden-, Reichsfestungsbau- und Reichstagsgebäudefonds zum Betrage von rund 307,800,000 Mark, also über
⅔ der Gesammt-Summe, in nicht vom Staate garantirten Eisenbahn-
prioritäts-Obligationen, deren Realisirung bis zum 1. Juli 1876 voraussichtlich unmöglich war, ist dem Sinne des Gesetzes vom 23. Mai
1873 nicht entsprochen."

Referent **Frankenburger** sprach im Sinne der Majorität, und Schorlemer-Alst hielt eine seiner schneidigsten
Reden; hier, wie noch einmal am Tage darauf durch den
Abg. v. Ludwig, kam noch eine viel seltsamere Geschichte
zu Tage. Darnach war nicht blos **gegen den Sinn,**
sondern auch **ganz auffällig gegen den Wortlaut**
des Invalidengesetzes vom 23. Mai 1873 gefehlt. §. 11
desselben lautet: (nachdem die bekannten Bestimmungen über
Bildung und Anlage des Fonds vorhergegangen):

„Die demnach die Verwaltung des Reichsinvalidenfonds führende
Behörde ist von der allgemeinen Verwaltung abgesondert und selbstständig. Dieselbe ist unter die fortwährende Aufsicht der Reichsschulden-
Commission gestellt. Ihre Verwaltung ist eine ganz selbstständige,
unterliegt jedoch der oberen Leitung des Reichskanzlers insoweit, als
diese mit der ihr nach § 12 des Gesetzes festgesetzten Unabhängigkeit
vereinbar ist. Nach § 12 heißt es: „Der Vorsitzende und die Mitglieder der Verwaltung des Reichsinvalidenfonds sind für die „gesetzmäßige
Anlage" unbedingt verantwortlich und haben vor Antritt ihres Amtes
in öffentlicher Sitzung des Reichsoberhandelsgerichts einen besonderen
Eid dahin zu leisten, daß sie sich von der Erfüllung dieser ihnen mit
eigener Verantwortlichkeit obliegenden Pflichten durch keine Anweisung oder Verordnung irgend einer Art abhalten lassen wollen."

Nun war es bekannt, daß bis zum October 1873 hin
die ganze Anlage des Fonds nicht von solcher Behörde,
sondern vom Reichskanzleramt in Verbindung mit Herrn
Camphausen, der Seehandlung und Discontogesellschaft besorgt worden war und erst **nach** dem 1. October diese Verwaltungsbehörde eingesetzt und vereidigt wurde, wie die des-
wegen interpellirten Mitglieder ja auch ausgesagt, daß sie
bei Antritt ihres Amtes die ganze Art und Weise
der Belegung schon vorgefunden. Der Abg. v. Ludwig erhob daher mit Recht folgenden wörtlichen[*]) Vorwurf:

---

*) Vergl. Sten. Bericht der Sitzung des Reichstags v. 5. Febr. 1876.

So steht es im Gesetze. Wie ist aber der faktische Zustand? Wer hat die Anlagen besorgt? Wir haben es gestern gehört, der Herr Präsident des Reichskanzleramts. Wer sollte sie besorgen? Die ad hoc zu bildende und ad hoc zu vereidigende Behörde. Ist das geschehen? Nein, es ist nicht geschehen. Ist also das Gesetz ausgeführt? Ich muß mit: Nein! antworten. Es steht vielmehr so, daß hier der seltene Fall eintrat, wo wir nach dem Gesetze eine verantwortliche Behörde für die Sache hatten, die aber nicht benutzt wurde, sondern eine unverantwortliche Behörde dies Amt eigenmächtig übernahm, die gestern selbst ausgesprochen hat, daß sie nur die moralische Verantwortlichkeit zu tragen habe, die allerdings unter Umständen sehr schwer zu tragen sein mag. Nur diese Behörde ist thätig in dieser Sache gewesen. Nach meiner Auffassung war es das Erste, als das Gesetz vom 22. Mai 1873 gegeben war, dasjenige zu schaffen, was im Gesetz vorgeschrieben stand, und das war eben diese Verwaltungsbehörde. Wir haben gehört, daß diese Behörde erst im Oktober geschaffen worden ist. Anstatt nun abzuwarten, bis diese Behörde alle diese Dinge vornehmen sollte, wurde über Hals und Kopf das ganze Geschäft abgewickelt, und als man damit fertig war, wurde erst die Behörde gegründet, die auch dann noch, da sie eidlich verpflichtet ist, für die gesetzmäßige Anlage einzustehen, ja dann noch nach meiner Auffassung sagen mußte: Ich bin nicht in der Lage, den geschaffenen Zustand so ohne Weiteres zu übernehmen. Sie hat kein Wort gesagt, sie hat still den Geschäftsgang, wie er eben geführt worden ist, übernommen und gewissermaßen und mehr unter ihrer eigenen Verantwortlichkeit beibehalten.

M. H., bei solchen Zuständen ist es wohl nicht wunderbar, wenn das Volk auf allerlei Gedanken kommt. Es ist ja leider Thatsache, daß das Mißtrauen in höchstem Grade durch die hundert- und tausendfachen Gründungsgeschichten rege geworden ist, die in Deutschland in neuester Zeit obgewaltet haben.

Diese ganz besonders auffälligen Bestimmungen über die Selbstständigkeit der Invalidenfonds-Verwaltung erklärt sich kurz gesagt nur aus Folgendem: Die Berliner haute finance betrachtete von vorn herein diesen Fonds als ein zu ihrer besonderen Verfügung stehendes Depôt, sie wollte ihn als eine Art von Rückversicherungsfonds für ihre Emissionsoperationen benutzen. Unternahm sie solche Emissionen und der Effectenmarkt fand sich überfüllt, so daß das Publikum nichts mehr aufnehmen konnte, so dachte man sich den Invalidenfonds, diesen reichen Publicus von 561 Millionen Mark, als eine trefflich geeignete Persönlichkeit, der man den Kauf zeitweilig überflüssiger Posten zu guten Preisen zuschieben, aber auch wieder zu gelegener Zeit mit einigen Prozentchen Courtage wieder abnehmen könnte. Diese Tendenz war schon im § 5 des Gesetzes vorgesehen, wonach das Reichskanzleramt „die Häuser und Bankinstitute bestimmt, mit denen der Invalidenfonds handeln soll." Es waren dies bis jetzt: Disconto, Haus Bleich= röder, Deutsche Bank (Delbrück u. Co.) und die Ber= liner Handelsgesellschaft (Conrad, Vorstand der Börsenältesten); später wurde noch Rothschild in Frankfurt a. Main in Gnaden nominirt. — Jemehr nun hiernach der Invalidenfonds ein sogenannter „Strohmann," d. h. ein reichster Mann ohne eignen Willen war, desto umgäng= licher mußte er sein, und da diese Finanzgrößen nicht gerne mit vielen Beamten und Behörden (des Schweigens wegen), sondern am liebsten mit Einem oder höchstens dreien ver= kehren, so war es im §. 11 und 12 desselben Gesetzes sehr weise vorgesehen, daß die Verwaltung des Invalidenfonds also wunderbar selbstständig componirt wurde, wozu der Freiheits= dusel des Gros der liberalen Strömung, die immer den „Racker von Staat" für zu mächtig beargwohnte, die aller= liebste Handhabe bot.

Indessen war der Krach gekommen, die haute finance sah sich von übernommenen Emissionen überbürdet, und sieh da! auch ohne daß diese Behörde schon da war, fand man den Invalidenfonds als — unbesehenden Käufer, und konnte ihn in Folge seines „vorläufigen" Belegungs= paragraphen ja trefflich für die ihm zugewiesene Bestimmung als Rückversicherungs=Depot oder Vorrathsniederlage be= nutzen. Daß damit das Gesetz so offenbar übertreten wurde, — was genirte das die Finanzwelt, die gar nichts zu verantworten hatte? Aber der Reichstagsmajorität, die den Abg. v. Ludwig in seinen obigen Ausführungen mit solchem Tumult unterbrach, daß er nicht weiter zu Wort kommen konnte, hielten wir damals folgende Worte (Lds.= Ztg. v. 12. Febr.) entgegen:

„Sehr bemerkenswerth bleibt übrigens das Verfahren dieser Reichstagsmajorität, die sonst immerdar nach ver= antwortlichen Ministern und Behörden ruft: Hier war, wie man aus dem Eingang der Rede des Abg. von Ludwig klar ersieht, eine solche verantwortliche Be= hörde eigens geschaffen — und Herr Delbrück hatte mit offenbarster Uebergehung dieser verantwortlichen Behörde unverantwortlich über deren Kopf hinweg zuvor ge= handelt; da dessen erstes und alleiniges Geschäft hätte sein müssen, diese Behörde zu bilden und ihr die Thätigkeit der Anlegung der Fonds selbstständig zu überlassen. Doch Alles

das sieht diese Majorität hier gar nicht und das Minister=
Verantwortlichkeitsprincip der Liberalen heißt hiernach: „Ein
liberaler Minister kann Alles thun, was er will, selbst be=
stehende Gesetze übertreten.“ Diese Art Verantwortlich=
keit, auf Schritt und Tritt unverantwortlich zu han=
deln, ist nur aus dem bekannten liberalen Wörterbuch er=
klärlich, in dem alle sonstigen Vernunft=Begriffe ihr directes
Gegentheil bedeuten.“ •

Nachdem wir so die Sachlage gekennzeichnet, finden
wir es zunächst bezeichnend, daß Herr Präsident Delbrück
sofort folgendes erklärte, woraus man schließen muß, daß
es schon vorher Seitens seiner und seiner Vorgesetzten zu
Erklärungen gekommen sein mußte.

„Ich muß zunächst bemerken, daß bei diesem Punkt der Reichs=
kanzler völlig unbetheiligt ist. Er hat nur die allgemeinen
Gesichtspunkte gebilligt, nicht das Einzelne. Die ganze Verant=
wortlichkeit übernehme ich*), und ich weiß, daß die moralische Ver=
antwortlichkeit eine schwierigere und höhere ist, als die gesetzlich po=
litische. Wenn wir diese Anlage nicht so gemacht hätten, es wären die
Zinseinnahmen geringere gewesen und der Invalidenfonds hätte
Kapitalzuschüsse machen müssen. (?) Das wollten wir nicht, und deshalb
haben wir von den Prioritäten so viel erworben, als möglich war.
Wenn wir nur von vier Gesellschaften Papiere nahmen, so kam das
daher, daß wir andere Gesellschaften nicht zwingen konnten, Anleihen
zu machen. Wir haben 15,000,000 Mark an Zinsen gewonnen u. s. w.“

Hierauf erklärte Herr Miquél sich „unschuldig“: „die
geschäftlichen Operationen der Discontogesellschaft gehörten
gar nicht zu meinem Ressort (des Directors!!), welches sich
wesentlich auf die Behandlung juristischer Fragen erstreckte (!)“
Sodann beklagte er sich in mildester, höchst vorsichtiger Form
über die unser politisches Leben „vergiftenden“ Verläum=
dungen. Er versicherte feierlich, die Papiere seien gut, nur
müsse man abwarten und dies könne der Invalidenfonds
ja am besten. — (!)

Endlich eröffnete Eugen Richter eine ganz neue
Kampfdiversion, er ging zum Angriff über, indem er die
Conservativen bezichtigte, sie seien Patrone und Beschützer
der „Deutschen Landes=Zeitung“, von der die ganze Miß=
stimmung im Lande über den Invalidenfonds
ausgegangen, — freilich nach Herrn Richters Preß=

---

*) Nun ist er aber längst abgegangen, — und dies geschah freilich
nicht, ohne daß diese Affaire von Einfluß gewesen wäre — und wer
ist nun noch verantwortlich? — Niemand.

regiment hätte sie gar nicht „bemerkt" werden dürfen, wie viel leichter wäre dann das vorliegende „Nothgesetz" durch= gegangen! Nach seiner ferneren Meinung sollte man die „nationalliberalen und Fortschrittsheiligen" mit dem heiligen Vater derselben, Herrn Lasker gar nicht mehr anzugreifen wagen! Und so etwas sagt der Abg. Richter, dessen fortschrittliche Correspondenzen täglich von den schändlichsten Verläumdungen gegen die Behörden, gegen die Agrarier u. s. w. wimmeln! Dann fährt er fort:

„Wenn Sie fragen: Was hat die „Deutsche Landeszeitung" mit der conservativen Partei zu thun? so erwidere ich, dieselbe Nummer, welche den Angriff gegen mich enthält, trägt an ihrer Spitze den Auf= ruf der „Steuer= und Wirthschaftsreformer." Es heißt darin: „Die volkswirthschaftlichen Prinzipien, welche in großen Umrissen die „Deutsche Landeszeitung" vertritt, sind bekannt, es gilt auf Grund derselben sich zu vereinigen und fester zusammenzuschließen." Sodann werden Die= jenigen aufgefordert, welche sich über Zweck und Ziel der Vereinigung näher unterrichten wollen, sich an den Redacteur dieser Zeitung zu wenden. Unterzeichnet ist der Aufruf von einer Anzahl Männern der conservativen Partei, Mitgliedern des Abgeordnetenhauses und Herren= hauses und dem Reichstagsabgeordneten v. Brauchitsch=Katz. Nun kann man gewiß nicht eine Partei für Alles verantwortlich machen, was in ihren Blättern steht. Wenn aber diese Steuer= und Wirthschaftsreformer den Redakteur der „Landeszeitung" gewissermaßen als den Mittelpunkt ihrer Intelligenz hinstellen und in solcher Weise zum Dolmetscher ihrer Ziele proklamiren, wird die Verantworlichkeit für den Inhalt solcher Zeitungen eine schärfere."

Wir antworteten Hrn. Richter hierauf in der Landesztg.:

„Wir danken für das Compliment der „scharfen Ver= antwortlichkeit", — können aber diese nicht einmal in den Augen des Hrn. Richter anerkennen: denn für die Landes= Zeitung ist nur ihr Redacteur verantwortlich, am aller= wenigsten Frhr. v. Maltzahn=Gültz, der gar nicht zu den Agrariern gehört, noch sonst Jemand im Reichstag oder außer dem Hause. — Auch die Vereinigung der Steuer= und Wirthschaftsreformer ist ebenso wenig Herrn Richter über die Haltung der „D. Landes=Zeitung" verantwort= lich, wie etwa die „Nat.=Ztg." und die „Volks=Ztg." für Hrn. Eugen Richter selbst, wenn dieser, wie sattsam be= kannt, einen dicken Börsenartikel zu Gunsten der Reichs= bank in der „National=Zeitung" schreibt, den Tags darauf in mehreren Leitartikeln die fortschrittliche „Volks=Zeitung" (von der Partei des Hrn. Richter) als dickste ungemessenste

Börsenreclame gebührend abfertigt, bis die „Nat.=Ztg."
voll Schadenfreude enthüllt, daß Hr. Richter selbst der
Verfasser sei.*)   Die „Volks=Ztg." that hernach beschämt
Buße in Sack und Asche vor ihrem großen Richter, und
wenn dies auch nur beweist, daß „Pack sich schlägt und sich
auch wieder verträgt": so sollte doch daraus Herr Richter
gelernt haben: wie wenig man eine Partei für eines ihrer
Blätter verantwortlich machen kann.

Hierauf verlangte er, — man denke! — von der Tribüne
des Reichstags herab, in bester Form, die Conservativen sollten
den Redacteur derselben**) als das bezeichnen, wofür
wir (d. i. er) den Artikel und den Redacteur ansehn.   „Es
würde uns (d. i. ihm) das in hohem Maße erleichtern
(!!), Herr von Brauchitsch und seine Parteigenossen (!)
in diesen Räumen mit demjenigen Maße persönlicher
Achtung (!) fernerhin zu begegnen, zu dem wir uns durch
seine Wähler (nur durch die Wähler?) verpflichtet halten,
und das wir allen Mitgliedern der konservativen Partei
trotz politischer Gegnerschaft (!) gern entgegenbringen." —
Man ermesse die imposante Arroganz die in diesen Worten
steckt! Der große Eugen that so breitspurig, als ob er selbst der
ganze Reichstag wäre und als ob er über die Achtung oder
Nichtachtung eines Mitgliedes unbeschränkt gebieten könne,
als ob Er als Unfehlbarer berufen wäre, das — anathema
sit! — über ein Mitglied auszusprechen!!   Wahrlich,
dies Unerhörte haben sich noch niemals, weder die Klerikalen,
noch die Sozialdemokraten im Hause bieten lassen.
Hierauf gehörte ihm nur Eine Antwort: Herr Richter möge
nur versuchen, die schuldige Achtung gegen ein Mitglied
der Konservativen aus den Augen zu setzen, so wird ein
solches dieselbe zu behaupten wissen, — wenn auch nicht mit
der Richter'schen grenzenlosen Zungen=Insolenz, so doch auf
eine weit anständigere Weise.***) — Oder soll etwa jedes
Mitglied des Hauses, ehe es eintritt, vorab vor Herrn Eugen
Richter den Schwur ablegen: „Ich bin kein Leser, noch
Anhänger der Deutschen Landeszeitung??" Diese Art der
Behandlung freier Meinungs=Aeußerung werden ihm die
Agrarier noch lange gedenken, denn die Zeiten ändern sich wohl.

---

*) In zwei Leitartikeln „Schamlose Berechnungen" machte
die „Volksztg." den Richter'schen Börsenartikel schändlich herunter.
**) Das ist der Verfasser dieses Buchs.
***) Wie dies auch später in der Affaire beim Provinzialfonds
durch die 127 Unterzeichner des ersten Aufrufs der Steuer= und Wirth=
schaftsreformer gethan.

Herr v. Maltzahn=Gültz antwortete Herrn Richter sachgemäß, Herr v. Branchitsch kam durch den bekannten Valentin „mit dem Strick" gar nicht mehr zum Wort. Er konnte sich nur in einer persönlichen Bemerkung die Freiheit seiner Handlungsweise wahren.

Am zweiten Tage war der Abg. v. Ludwig so unerhört kühn, neben der oben angeführten Entwickelung der Rechtsverhältnisse direct Herrn Miquél und die Discontogesellschaft bei Namen zu nennen. Wie damals in der Budgetcommission des Abgeordnetenhauses fuhr das ganze Haus darüber in Tumult auf, der Präsident ertheilte zweimal Ordnungsrufe — sonderbarer Weise, weil eben nur der Name Miquél vom Redner genannt und dieser mit gewissen Geschäften der Discontogesellschaft in Verbindung gebracht wurde, — woraus doch unwiderleglich folgt: daß der Präsident des Hauses ganz dieselben Geschäftstransactionen als ehrenrührig verurtheilte, während das Haus so eben darüber beschließen wollte, dieselben Geschäfte für ganz legale und unverfängliche zu erklären! — In solche Widersprüche verwickelte man sich, — aber wenn auch der Abgeordnete von Ludwig verlacht, verhöhnt, ja sogar insultirt wurde, die Thatsachen schrieen einmal zum Himmel und zunächst sprang der allzeit zungenfertige Lasker auf die Tribüne, um seinen Freund Miquél so warm zu vertheidigen, daß er sich einen Ordnungsruf zuzog, und nachdem durch Windthorst's schneidende Sarkasmen eine Art heiterer Athmosphäre wieder hergestellt war, betrat der Abg. Miquél noch einmal persönlich auf, um sich zu vertheidigen — und zwar nun auf eine so unglückliche Weise, daß er eigentlich seinen Heiligsprecher Lasker, der bereits an ihm als „correcten Gründer" keine Schuld befunden, arg bloßstellte.

Wir schrieben damals den nachfolgenden Artikel, unter dem unmittelbaren Eindruck dieser Sitzung:

„Anonym" — da ist's erlaubt!

Die Vorgänge im Reichstag mit Herrn Miquél und die Rede des Herrn Dr. Lasker zum Schutze desselben geben wieder einmal interessante Aufschlüsse über gewisse Moralprinzipien, die in der nationalliberalen Partei, sowie in unserer Gesetzgebung und insbesondere im Actiengesetz verkörpert sind. Seltsame Verwunderung erregte bei uns schon desselben Lasker's Erklärung in der Gartenlaube: „Man müsse sehr wohl die soliden Gründungen von den unsoliden unterscheiden," — nun wir werden am Schluß dieser Betrachtung vielleicht einen Einblick gewinnen, was Herr Lasker unter „solid und unsolid" verstehen mag und was für feine Unterscheidungen der große Rechtslehrer damit verbindet.

Die Actiengesellschaften regnen bekanntlich nicht fertig vom Himmel, sondern sind stets von einer bestimmten Person (oder auch mehreren) gegründet worden, die man darum „Gründer" nennt. Nun aber können solcher Gestalt schon gegründete Actiengesellschaften wiederum Gründergeschäfte betreiben und von Neuem Actiengesellschaften gründen und da solche Actiengesellschaft anonym ist, so kann man gemeiniglich in diesem Fall nicht die und die bestimmte Person als den Gründer bezeichnen. Es sind zwar z. B. die Namen Schuster, Oder (Schuster'sche Gewerbebank), Schweder (Pr. Bod.-Cred.-Bank), Quistorp (Vereinsbank) u. A. trotzdem in der öffentlichen liberalen Presse als „Gründer" von schlechten Gesellschaften heruntergerissen worden, sie hat mit Fingern auf sie gezeigt, obwohl diese gerade ebenso zu ihrer anonymen Gesellschaft standen, wie Herr Miquél zur Discontogesellschaft. In diesem Fall aber beliebt es dieser Presse wieder einmal inconsequent zu sein und jeden Tag eifrig und fest zu behaupten: „Herr Miquél sei darum doch an der Dortmunder Union und vierzig andern Unternehmungen der Disconto-Gesellschaft, wie an der Belegung der vier Fonds u. s. w. gänzlich „unschuldig"; ja Herr v. Bennigsen war sogar Inhaber der Concession Hannover-Altenbeken, er trat sie an Strousberg ab, er war also ein Gründer ohne Anonymität — und doch ist auch er rein und unschuldig. . .

Als der Abg. v. Ludwig Herrn Miquéls Namen genannt, fuhr der ganze Reichstag in höchster Aufregung auf und Herr Lasker eilte voll heiligen Eifers auf die Tribüne, um eine Schutzrede für seinen Freund loszulassen, in der sein Zorn sich gar einen Ordnungsruf zuzog. Wenn er den Fluch der Verachtung auf Hrn. v. Ludwig niederdonnerte, weil er keine „Thatsachen nenne," so war doch nur der Umstand hierfür hinderlich, daß eine anonyme Gesellschaft (Disconto-) als Gründerin u. s. w. figurirt und nicht ein Fürst Putbus oder Wagener. Nun besteht aber der ganze Unterschied darin, daß Herr Miquél (oder auch) die Disconto-Gesellschaft) die Privilegien des Actiengesetzes ausgiebiger auszunutzen wußte, indem er sich mit Anderen hinter einen Zaun versteckte und von dort aus dieselben Dinge beging, derentwillen Herr Lasker schon mehrmals seinen heiligen Zorn der Redefluth ergossen. Nehmen wir aber an: Ein Wanderer würde von Jemand auf offener Straße beleidigt und der Wanderer verklagt den Beleidiger, so wird er bestraft werden, wenn die Thatsache der Beleidigung unzweifelhaft ist. Nun aber soll Jemand hinter einem Zaun sitzen und durch diesen verdeckt dieselbe Beleidigung ausführen, — und da soll diese Letztere doch nicht strafällig sein, ja noch mehr: der hinter dem Zaune Versteckte soll gar nicht verantwortlich für seine That sein, auch wenn er Jemanden erschossen hätte, weil er „anonym“ gehandelt? — Welche Wirrniß der Begriffe! Und doch herrscht ganz dieselbe Verwirrung im Kopf des Herrn Lasker, denn er hat es kühn und klar ausgesprochen: In seiner Partei existirten keine Gründer, weil man, — wohlgemerkt! — keine Namen nennen könne, und wir gestehen zu: So geschickt sind alle national-liberalen Gründer gewesen, sich hinter den Zaun einer anonymen Gesellschaft zu flüchten, denn sie stecken meistens in den großen Bank-Gesellschaften, von denen alles Gründen ausging, belebt und bewegt wurde. Und deshalb meint wohl Herr Lasker in ächt mosaischer Weise: „weil sie das Gesetz erfüllt, darum sind sie rein und untadelhaft.“ Daran möge man wieder einmal ermessen, mit welcher politischen Feinheit und Voraussicht vorher das Actiengesetz von denselben Leuten in die Welt gesetzt wurde! ... Besäßen wir ein Gesetz: „In diesen und diesen bestimmten Fällen darf man stehlen“, so wäre nach Herrn Lasker's Doctrin dieses Stehlen ehrenhaft, wie streng es auch von der Sitte und dem christlichen Gewissen verurtheilt würde. — Vor der jüdischen Moral ist das freilich etwas Anderes, der Talmud erlaubt ja ausdrücklich das „Stehlen an dem Goi“ — und alles dies erklärt auch den heiligen Eifer gewisser Leute für das Gesetz. — Wir hoffen, Herr v. Dietz wird nun begreifen, wie vergebens er sich mit diesem modernsten aller Cato's herumgequält, um ihn zu bestimmen, auch mit den eigenen Freunden ins Gericht zu gehen. Hier hat ja Lasker nun es offiziell ausgesprochen: „Sie haben die Form des Gesetzes zu wahren gewußt, darum sind sie rein!“ Ja noch mehr, wer diese talmudische Lehre nicht anerkennt und doch wie O. Glagau zu behaupten wagt, die Disconto-Gesellschaft sei die größte Gründerin gewesen, der ist ein gedungener „Bravo“, ein schriftstellerischer Verläumder, trotzdem die Artikel in dem allergrößten Judenorgan, in der „Gartenlaube“ gestanden haben. — Wenn man sofort Gartenlaube und Glagau zu den Todten wirft, weil sie anders über die Gründer denken als Herr Lasker, will man sich da noch wundern, daß man uns verketzert? Wir sollen nicht blos schreiben und sprechen, wir sollen auch zuletzt noch denken, wie der Talmud lehrt, dann erst werden wir vor dem Richterstuhle des heiligen Rechtsvaters der Nationalliberalen Gnade finden.

Gründung hinterm Zaun einer anonymen Gesellschaft, das ist also nach Laskers Doctrin eine „solide Gründung" und der Gewinn daraus ist „ehrlicher Gewinn", Gründung aber ohne diese Anonymität oder tropfmäßiger Blosstellung seines Namens, das ist „unsolid"; das muß von Herrn Lasker, wie die letzten Jahre gezeigt haben, mit der ärgsten Kennzeichnung verfolgt werden.

Es ist aber höchst bezeichnend für diese „laskerhafte" Moral: Aus Herrn Miquéls Vertheidigungsrede geht klar und bündig hervor, daß er sich selbst nicht so rein und heilig hält, wie ihn Herr Lasker vertheidigte, — vielleicht rührts davon her, daß doch Herr Miquél noch ein wenig von christlicher Moral im Busen trägt. Er erzählt, wie arm er als Ober-Bürgermeister von Osnabrück war und wie das nicht anging: armer Beamter und zugleich Parteiführer im Reichstag zu sein. „Da sei ihm — ohne sein Zuthun! — durch besondere „Freundschafts-Verhältnisse" — die Wahl in die Direction der Disconto-Gesellschaft zugefallen. —" Sehr geschickt dargestellt! Dieser Gott des Zufalls ist doch ein sonderbarer Gott, — wir hörten aus diesem Munde schon einmal, daß der Invalidenfonds und die Seehandlung die 300 Millionen Prioritäten auch so per „Zufall" auf dem Wege gefunden hätten, und daß Hr. Miquél zum vierten Commanditär der Disconto-Gesellschaft angenommen wurde, die nicht 6000—8000 Thlr., sondern in den Jahren vor 1870 schon 60—100,000 Thlr. Revenüen abwarf, — diese Commanditärstelle, die die Herren Hansemann und Co. auf Grund ihres Antheil-Reichthums an der Gesellschaft besaßen, warf diese auch nur so ein „Zufall" Herrn Miquél in den Schooß?? Wir haben schon früher das Verhältniß besprochen: die Herrn Hansemann und Co. bedurften zum Zweck ihres Einflusses in den Regierungssphären und Abgeordnetenkreisen eines Mannes, wie Miquél, dagegen wußte Herr Miquél auch genau, was er wog, und so kam nicht der „Zufall", sondern das Geschäft zu Stande, das doch, wenn man den wahren Kometenlauf der Disconto-Gesellschaft betrachtet, wahrlich glänzend genug für diese, wie für Miquél ausfiel. Er meint nun ferner: „Nachdem der Grund weggefallen (1872), warum ich eingetreten (nämlich nachdem ich Vermögen erworben), erklärte ich meinen Austritt, schon weil ich fühlte, daß ich meine Pflichten der Arbeit (als Director) nicht mehr zu erfüllen im Stande war," und an einer andern Stelle sagt er: „Ich trat aus der Direction und nur die dringende Bitte des Verwaltungs-Raths, der sich meine Erfahrungen in Geschäften weiter zu Nutze machen wollte, bewogen mich im Jahre 1873 den Vorsitz im Verwaltungsrath anzunehmen." Wie stimmt nun damit jene frühere Aussage, er habe an den eigentlichen Geschäften (d. i. Gründungs- und Anleihetransactionen) gar keinen Antheil gehabt (sozusagen „sich gar nicht darum gekümmert"), sondern sich nur mit den juristischen Angelegenheiten befaßt? — Er beschönigt ferner das Geschäft mit dem Invalidenfonds, indem der Gewinn ein verhältnißmäßig „kleiner" gewesen,*) er entschuldigt diese Geschäfte damit, daß sie die staatliche Seehandlung ja auch betreibe. Ja, er erkennt an, daß seine politische Stellung, nachdem er selbst mehrere „Gründungen" der Discontogesellschaft nicht gutzuheißen vermochte, sich nicht mehr mit derjenigen in der Gesellschaft vertrage und erklärt seinen Austritt aus derselben! . . .

Das enthält Alles directe Zugeständnisse, deren Tendenz ist, daß er Entschuldigung seiner Handlungsweise vor der öffentlichen Meinung nachsucht, aber sie selbst nicht für untadelhaft hält; wie stimmt das Alles mit der Judenmoral des Abgeordneten Lasker, der denselben Mann für dieselbe Handlungsweise frei und rein spricht, und darob gar aller Welt und zuletzt auch der „Kreuz-Ztg." den „Verläumder" an den Kopf wirft?

„Alles, was nicht verboten ist, das ist erlaubt!" also sagt die Gründermoral, und damit recht Vieles erlaubt werde, darum hat man die Actien- und Handelsgesetze mit ihren Lücken, Anonymitäten und ihrer mangelhaften Verantwortlichkeit eigens fabrizirt.

Will er, fragen wir, auch diese Discontogründungen, wie seiner Zeit in der Eisenbahn-Untersuchungs-Commission, nach derselben Talmudmoral von „solider und unsolider Gründung", „von Gründung hinterm Zaun und vor dem Zaun" auslegen?

*) Eine Kleinheit von 13 Millionen Mark!

Die Erklärung Miquéls von seinem nunmehrigen Austritt aus der Discontogesellschaft, seine Behauptung, an der „correcten Gründung" der Dortmunder Union, die nur durch schlechte Direction so in Verfall gekommen, seine wiederholte Abläugnung in Verbindung mit den Geschäften der Discontogesellschaft, — die Erklärung seiner Armuth, die ihn bewogen, wenn er als Reichstagsmitglied in Berlin leben wolle, die Stelle bei der Discontobank anzunehmen, Alles das waren offenbare Entschuldigungen, sie gereichen ihm zur Ehre, denn ein härter gesottener Gründer=Macher hätte das lieber nimmer zugegeben. Wir ziehen hieraus kurz den richtigen Schluß, daß Herr Miquél selbst bei seinem Eintritt in die Discontogesellschaft nicht alle Folgen desselben übersehen hatte, daß er eigentlich als „Schachfigur" in der Hand eines Schlauern dahin gestellt war, jenes Börsengeistes, dessen erstes Princip darin bestand, unmäßige Millionen in Procentchenschneiderei zu verdienen, und doch von jeder Verantwortlichkeit sich frei zu machen, indem er andere Leute gegen Mitverdienst sich dafür aussuchte.

Wir fügen hierbei ausdrücklich noch ein, wie diese ganze Affaire, die sich freilich um den Namen Miquél drehen mußte (weil er ja besagte Schachfigur auf der betreffenden verantwortlichen Stellung war) damals in der Landes=Zeitung ganz objectiv beurtheilt wurde, damit es nicht scheint, als seien wir persönlich gegen Miquél aufgetreten, gegen diesen Volksvertreter, der ohne den Einfluß der Börsenmacht*) als der trefflichste conservative Führer Großes und Segensreiches für Deutschland hätte schaffen können. — Ohne jene Liaison mit der Börse wäre er sicher einmal Minister geworden, — nun freilich wird er einige Reichthümer besitzen**), aber er wird wohl Bürgermeister von Osnabrück bleiben. Die D. Landes=Ztg. schrieb damals:

---

*) Den er freilich hätte von sich abweisen können.

**) Viel wird ihm freilich der „Geist der Discontogesellschaft" nicht gelassen haben, denn obwohl Miquél hunderttausende an Tantièmen einstrich, so gescheut wissen wir jenen Geist doch, daß er auch wieder mit seinen eigenen Schachfiguren um die erst großmüthig überlassenen Prozentchen: „Meine Tante, deine Tante!" spielte, d. h., daß er sie wieder bei anderen Unternehmungen engagirte, wo seit dem Krach das Geld unrettbar wieder verloren ging. Miquéls ernstlicher Zurücktritt scheint zu beweisen, daß er jetzt wohl fühlt, wie er gebraucht wurde. Aber auch dies spricht ihn ebensowenig von jeder Schuld frei. Wenn Jemand, verführt von einem Anstifter, ein Haus in Brand steckt, so ist er darum nicht unschuldig der Brandstiftung, — es müßte denn der Brandstifter ein unzurechnungsfähiges Kind von 8 Jahren gewesen sein.

„Wir legen auch hier den Nachdruck auf das **Prinzip**, der Fall Miquél ist uns nur das Vehikel zu Erörterung der staatspolitischen Grundsätze, welche in Frage kommen." Ferner am 16. Febr.:

„Wir nehmen gern an, daß Herr Miquél das Alles nicht gerade vorausgesehen hat, als er sich in die Disconto-gesellschaft begab, aber er wird sich nicht darüber beklagen können, daß wir an seiner Situation die beklagenswerthen Konsequenzen des Systems der Aktien-Gesellschaften deutlich und rückhaltslos aufzeigen. Es ist nur das System der Aktien-Gesellschaften, welches wir durch das Beispiel des Falles Miquél bekämpfen."

Als Endurtheil registriren wir noch, daß die liberale „Augsb. Allg. Ztg." wie folgt sich ausließ:

„Herr Miquél hätte sich eine Erwiderung auf die Rede des Herrn von Ludwig sparen können; daß er wissentlich seine Doppelstellung als Abgeordneter und Director der Discontogesellschaft zur betrüglichen Ausbeutung der Gesellschaft, des Staats oder des Publikums benutzt habe, sei ihm ja ohnehin von Niemandem vorgeworfen worden: dagegen hat er selbst zugegeben, daß seine Stellung eine sehr einträgliche war, während vier große Gründungen der Discontogesellschaft, welche derselben Riesensummen eintrugen, schließlich mißglückten, und dem enttäuschten Publikum entsprechende riesige Verluste brachten. Auch dürfte kaum zu bestreiten sein, daß gerade wegen der schönen Namen, mit welchen die Prospekte der Discontogesellschaft und ihrer Compagnons geschmückt waren, das Publikum den Gründungen dieser Gesellschaft mit besonderem Vertrauen entgegenkam. Hieraus ergiebt sich die Lehre: Die „Edelsten und Besten" der Nation mögen in Zukunft, wenn sie wieder ihre Namen unter Gründerprospekte setzen, etwas reiflicher den möglichen Ausgang bedenken. Jedenfalls können sie sich nicht darüber beklagen, wenn das Publikum Parallelen zwischen seinen eigenen Verlusten und den Gewinnen der Gründer zieht. Mit demselben Recht, mit welchem man sagt, daß das Publikum selbst seinen Schaden durch Mangel an Vorsicht verschuldet habe, kann man den in öffentlicher Stellung befindlichen Personen, welche ihren Namen dazu hergeben, um mittelst desselben den Credit der eigentlichen Gründer zu verbessern und das Vertrauen des Publikums zu befestigen, Mangel an Vorsicht vorwerfen, mögen sie auch vollständig in gutem Glauben gehandelt haben."

Mehr haben wir auch nicht gesagt. Ist das etwa nicht richtig?

Da für Herrn Delbrück und den Invalidenfonds das Asylrecht der Discontopapiere durchgesetzt war, so wurde

es Zeit den Reichstag zu schließen, der ohnedies dieser drin=
genden Dinge wegen gleichzeitig mit dem Abg.=Hause ge=
tagt hatte, so wurde er am 12. Februar geschlossen. Fürst
Bismarck konnte indeß nicht mithin, bei Gelegenheit der
Strafgesetznovelle sich in seiner Weise dilatorischer Diplomatie
über die Situation auszusprechen. Wir charakterisirten
diese Rede, die mit=dem Ausfalle auf die „Kreuzzeitung"
endete, folgendermaßen in der Landes = Zeitung vom
13. Februar:

„Der Reichstag ist nach Hause gegangen. Fürst Bis=
marck gab den Herren eine Abschiedsrede mit auf den Weg.
Sie ist bezeichnend genug. Zunächst bekam der „Doctrinär"
seinen Vers gelesen, der Fürst erklärte an die Andresse des
Herrn Eugen Richter: Er sei der Minister eines Monar=
chen und kein republikanischer der jeweiligen Majorität.
Alsdann kam der gelehrte Jude Bamberger an die Reihe,
dem er seinen Glauben voll schneidenden Hohnes ließ, daß
er die Socialdemokraten „belehren" könne. Zum dritten
kam die liberale Presse dran, was sie für Ungeheuerliches
geschaffen, als die Reporter noch in Herrn Aegidi's Preß=
cabinet sich officiöse Waare holten und dann ihre eigenen,
höchst unofficiösen Gedanken und Wünsche dazwischen mischten,
um sie als echte „Importirte" an den Markt zu bringen! Es
war eine wunderbare ergötzliche Verwirrung damals, als
alle die großen nationalliberalen Blätter „officiös" waren!
Der Kanzler hat dies Treiben abgestellt und wohl daran
gethan. Seine Mahnung aber, daß diese Presse in sich
gehe und wahrheitsliebend, mäßig und vorsichtig werde, wird
wohl in den Wind gesprochen sein. Uns sollte nichts mehr
zu Dank sein, als dieses, denn wir wären alsdann auch
in der angenehmen Lage, nicht mehr den vielen maßlosen
Angriffen antworten zu müssen. Zuletzt bekam auch die
„Kreuzzeitung" ihren Denkzettel von wegen der Unrichtig=
keiten in den Aera=Artikeln. Nun ja, solche waren darin,
aber so bös waren sie doch nicht gemeint, als der Kanzler
es aufzufassen scheint.*) „Es sind Motten im Pelz!" ruft

---

*) Die „Kreuz=Ztg." hatte den Kanzler in theilweis mißverständlicher
und darum ungerechtfertigter Weise in intime Beziehungen zu Bleich=
röder gebracht. Wenn man aus unserer Darstellung ersieht, wo
eigentlich der Rattenkönig von Börsenmacht zu suchen war, der von
alten Seiten in die Staatsregalien und in die Staatsmacht selbst ein=
zudringen suchte, wenn man in Erwägung zieht, daß der Reichskanzler
sich unmöglich um das Einzelne kümmern kann, wenn er einem
Ressortminister oder Präsidenten ein bestimmtes Verwaltungs=

der Bediente, wenn er auch nur erst eine in der Stube
hat fliegen sehen; — soll er darum dem schwersten Zorn
seines Herrn ausgesetzt sein, weil noch nicht Motten, wohl
aber doch schon — Millionen Motteneier im Pelz zu entdecken sind?? . . .

Uns schien die Rede am meisten bezeichnend in dem,
wovon er — nicht sprach."

---

feld übergiebt, so ist allerdings sein Ausspruch zutreffend, wenn er
den Aera-Artikeln „komische Unkenntniß der Verhältnisse" vorwarf.
Recht hatte die „Kreuz-Ztg." nur insofern, als sie auf einmal rief:
„Motten im Pelz!"

Der Provinzialfonds vor dem Abgeordnetenhause und zweiter Ausfall des Abgeordneten Richter.

Wir begrüßten diese Episode in derselben Nummer mit den Worten:

„Mit dem Montag beginnt das Abgeordnetenhaus, die „Kreuzzeitung" klagt, „daß das fortwährende Parlamentiren nur zu sehr jene nervöse Erregung fördere, die zum characteristischen Kennzeichen der Gegenwart gehöre." Ja wohl, an vielen Orten entdeckten wir schon wieder jene „zu schwachen Nerven!" Wenn die „Posaune von Jericho", dieses große semitische Wunderwerk der Neuzeit, so aus allen Registern forte-fortissimo bläst, — da bröckeln doch immer noch verschiedene Mauerwerke, zittern wenigstens — haben — „Nerven." Wir rühmen uns, von zäherem Stoff zu sein, und können uns nur amüsiren, wenn die ganze Preßconsorteria sich — einen glänzenden Sieg auf der ganzen Linie zuschreibt. — Wer? was hat gesiegt? Worin hat man Erfolg? Wen hat man geschlagen? . . . Nichts hat man geschlagen, als offenbaren Thatsachen mit Faustschlägen in's Gesicht.

Dieselbe Herrlichkeit muß sich im Abgeordnetenhause wiederholen.

Zunächst ist hier zu erwähnen, daß die wenigen mit dem Geldcapital nicht ensilirten Abgeordneten durch die in diesem Buche besprochenen Vorgänge den Muth faßten, zwei Anträge einzubringen:

1. Die Herren v. Wedell=Malchow, v. Loeper= Loepersdorf, v. Loeper=Georgendorff, Buchholz, v. Donat, v. Roy, v. Studnitz brachten den Antrag

9*

ein: „Das Haus der Abgeordneten wolle beschließen Die Königliche Staatsregierung aufzufordern: „Der General-direction der Seehandlungs-Societät die Betheiligung an Consortialgeschäften zu untersagen."

2. Der greise Abgeordnete v. Denzin hatte die endliche Berathung des Berichts der Spezial-Commission zur Unter-suchung des Eisenbahn-Concessionswesens gefordert, jenes Berichts, der so einseitig und sonderbar ausgefallen und den, obwohl allein für das Abgeordnetenhaus bestimmt, dennoch dasselbe volle drei Jahre unangerührt bei den Druck-sachen liegen ließ. Letzterer Antrag kam am 22. Februar zur Verhandlung und Herr Eugen Richter konnte wieder nicht umhin, die Agrarier, Schutzzöllner und Democraten als böse Verläumder zu verketzern, worauf ihm v. Below betreffs der Agrarier würdig diente.

Bei allen diesen Controversen hatte die Frankf. Ztg., das Organ des Herrn Sonnemann, dieses Socialdemocraten per excellence mit beschuhter Hand und parfümirtem Taschentuch, recht brav die Partei des Invalidenfonds und der Disconto-Gesellschaft genommen; wir schrieben damals zur Kennzeichnung dieses Blattes und gewisser fast räthsel-hafter Zeiterscheinungen Folgendes:

„Herr Leopold Sonnemann haßt auch uns, — das wissen wir nur zu gut, und wir bewundern nur seine Ent-sagung, daß er nicht auch im Reichstag den Herren Bam-berger, Lasker und Richter beisprang, als diese Helden gegen die conservativen „Socialisten" zu Felde zogen. Doch alles das ist ja leicht begreiflich: wenn einmal die Socialdemocraten obenauf kommen, wie könnten sie da ohne das Judenthum fertig werden?

Uebrigens ist der **arme** Jude von Natur Socialdemocrat, Republikaner, und ganz auffälliger Weise **muß** diese Couleur sehr stark unter den Socialdemocraten vertreten sein, denn deren Organe reagiren durchaus nicht auf die Judenfrage, die doch die incarnirte Börsenfrage selbst ist. Aber das ist's eben: der französische Rothschild fütterte ja auch täglich die Pariser Commune von 1871 aus der Hand. — Ist etwa die Erzeugung der Güter aus Provisionsprocentchen eine Productionsweise, welche vor der Kritik der Socialdemocraten Gnade zu finden hätte? ... Der **arme** Jude hält die Fäden der Socialdemocratie in seiner Hand, um sie, wenn's sein muß, dem „**reichen** Juden" zu überliefern, der, wie Herr Bamberger, 12 Jahre „Bankhaus" studirt hat. Also — der arme Jude — Socialdemocrat, der **reiche** Jude —

Börsenliberal: Herr Leopold Sonnemann aber ist die Krone, er ist der Januskopf, er ist Beides und — gedeiht vortrefflich. Das ist das sonderbarste."

Am 1. März lag, wie vom Himmel gefallen:

Bei der Etatsposition Titel 7 (Gewährung von Fonds für die Provinzen und für die Durchführung der Kreisordnung 37,559,110 Mk.) von 8 Mitgliedern ein Antrag vor, wonach das Haus erklären solle, „**daß die Verwaltung in Bezug auf die Anlegung des Provinzial-Fonds vollkommen ordnungsmäßig und den Gesetzen entsprechend gehandelt habe.**" Die Antrags-Namen waren: v. Benda, Hammacher, Kochann, Richter (Hagen), Rickert, Stengel, Virchow, Wehrenpfennig.

Zunächst ist hierbei auffällig, daß man an dieser Stelle auf ein ausdrückliches Vertrauensvotum ausging, wo doch vom Provinzialfonds gar nicht die Rede war. Der Abg. Osterroth monirte daher zunächst, daß hier 8 Mitglieder eine Indemnitäts-Erklärung provoziren wollten, während die Etatsgruppe aus 17 Mitgliedern bestehe, wonach zunächst gar kein Majoritäts-Beschluß der letzteren vorliege; zugleich habe nach den Vorschriften der Geschäftsordnung diese Etatsgruppe gar kein Recht zu solchen Anträgen und schon wegen dieses ganz illegitimen Vorgehens sei der Antrag abzulehnen. — Der Abg. Stengel will den Finanzminister schuldlos wissen, geht aber der Seehandlung zu Leibe und empfielt dies Institut aufzulösen. Abg. v. Below-Saleske geht auf die Kritik derart ein, daß zwar der Minister bona fide, indessen doch nicht nach den bestehenden gesetzlichen Vorschriften gehandelt habe, welche eine Anlage in depositalmäßigen Papieren forderten. Finanzminister Camphausen spricht von seiner bona fides und sagt, er habe keine Kenntniß von dem Deficit der Halle-Sorau-Gubener Bahn (1874) gehabt.*) Er meint, alle diese Bahn-Gesellschaften hätten die schwierigsten Zeiten hinter sich, das allerdings schon bekannte Deficit derselben Gesellschaft seit 1872 (?) habe er auf

---

*) Eine Anfrage bei seinem Collegen, dem Handelsminister, würde ihn längst (es war noch im April 1874, wo er H.-S.-Gubener kaufen ließ), eines Bessern belehrt haben. Trotzdem haben wir die bona fides des Herrn Camphausen und seine Interesselosigkeit niemals bezweifelt. Im Ganzen schob ihn nur das einmal en vogue gekommene „parlamentarische Prinzip, das von allen Seiten auf ihn andrängte, — dem er freilich auch stets zu bereitwillig nachgab. Hieraus wiederum erklärt es sich, daß er der Liebling der Liberalen ist, die als Geldmacht nur einen willigen Finanzminister gebrauchen können.

Rechnung der bekannten Erscheinung geschrieben, daß jede Bahn Anfangs zu kämpfen habe, ehe sich der Transport der Bahn entwickle. (!) Dann fährt er wörtlich fort:

„Ein Wort noch über die Zukunft der Eisenbahn-Prioritäten überhaupt! Ich glaube, daß die Periode hinter uns liegt, in welcher die Baissepartei an unserer Börse sich als Aufgabe gestellt hatte, den Cours der Eisenbahn-Prioritäten zu drücken. Ich hege vielmehr das Vertrauen, daß wir bereits das Stadium erreicht haben, in welchem der Rückweg zum Besseren immer weiter verfolgt wird.*) Seit der letzten Discussion über diesen Gegenstand haben wir bereits wahrgenommen, daß die Zahl der soliden Papiere, die wieder bedeutend gestiegen sind, nicht gering ist. Auch die Chancen der Verkäuflichkeit dieser Papiere haben sich wesentlich gebessert, und wenn auf dem jetzigen Wege mit der bisherigen Energie (!!) fortgefahren wird, so wird hoffentlich die Zeit nicht ausbleiben, wo man mit Vergnügen höhere Preise für diese Anlagen zahlen wird.“

Das Wort „Energie“ ist da in einem merkwürdigen Sinne gebraucht. Heißt das „Energie der Hausse und Courstreiberei“? Ist die „Energie“ auf die absichtlichen Indemnitäts- und Vertrauensvota zu beziehen, die die jetzige Finanzleitung sich von der national-liberalen Majorität im Reichstage und vom Abgeordnetenhause ausstellen läßt?... Wie man die Sache auch betrachtet, ächt banquiermäßig ist der Ausdruck und in Anbetracht der vielen Engagements, mit welchen die Seehandlung behaftet ist, mag man auch guten Grund dazu haben, solche „Energie“ in der Hausse zu wünschen.

Doch genug hiervon, lassen wir den Herrn Minister in seinen Verlegenheiten und in seinen — Hoffnungen. Der preußische Landes-Director Rickert behauptete, die Ausstellungen der Provinzial-Landtage fielen in sich zusammen (!!). Ueber die Sicherheit (!!) der Effecten sei das Land bereits hinlänglich informirt. Er habe anfangs die Abänderung des Dotationsgesetzes dahin gewünscht, daß den Provinzen das Baargeld mit 3 Procent Verzinsung ausgeantwortet werde, dies sei indeß nicht mehr nöthig, es biete auch große Schwierigkeiten, wenn die Provinzen solchen Haufen Geld plötzlich (!) anlegen sollten. Zuletzt wirft er den Conservativen noch vor, sie säeten absichtlich Mißtrauen im Lande u. s. w.

*) Hat sich doch nicht erfüllt, trotzdem wir 1877 schreiben, und das Project der Reichseisenbahnen nur dazu bestimmt war, die Course zu heben.

Herr von Wedell-Malchow betont noch einmal die ge=
setzlichen Vorschriften, welche in Betreff der Belegung von
Kassengeldern gelten und immer gegolten haben. „Dem
Abg. Rickert entgegne ich, sagt er, daß mir die Aufregung
in den Provinzial=Landtagen sehr erklärlich erscheint, nach=
dem ihnen Papiere überwiesen sind, von denen über ein
Drittel weder verkäuflich, noch lombardfähig war.“

Der Abg. Windthorst läßt seinen Sarkasmen freien
Lauf, namentlich wundert er sich in seiner höchst geistreichen
Naivetät, wie man denn hier zu einem Vertrauensvotum
komme? Es müsse also doch wohl Etwas geschehen sein, was
das Vertrauen im Lande wankend gemacht habe. (Wir
nannten dies früher: „Flicken des Minister=Sessels“, der
ein Bein gebrochen.)

Hierauf hielt der Abgeordnete Eugen Richter eine seiner
Glanzreden, die ihn zu einer traurigen Berühmtheit gemacht
hat, sie dauerte stundenlang und gipfelte wieder in einem
Angriff auf die „Deutsche Landes=Zeitung“ als das offizielle
Organ der Steuer= und Wirthschaftsreformer, von der durch=
aus alle Verläumdung ausgegangen sein solle; dadurch seien
selbst alle diese Papiere erst in Mißcredit gekommen (!)
u. s. w. Es ist uns nicht angenehm, in dieser objectiv
politischen Materie von uns selbst sprechen zu müssen, allein
wir müssen hier Eins hervorheben: Es lag Methode in
Richters Angriffen, er speculirte auf die schwache Seite der
Conservativen, wie sie dem Geschrei der Großpresse leicht
unwillkürlich nachgeben. Die Abgeordneten=Tribüne ist ein
bevorzugter Platz, jedes Wort von ihr herab hallt millionen=
mal vervielfältigt durch ganz Deutschland. Die große
Masse kannte die Tendenz der „Landes = Zeitung“ nicht,
wurde sie also von hier aus als ganz abscheulich ge=
mein und niedrig dargestellt, so konnte es wohl gelingen,
daß dies auch geglaubt wurde. — Wenn aber diese wohl=
gezielten Angriffe für unsere publizistische Bedeutung eine
Art Ehre waren, so passirte hier doch der bis dahin un=
erhörte Fall, daß der Verfasser dieses von einer Stelle her
angegriffen und geradezu beschimpft wurde, wogegen ihm
jede Vertheidigung abgeschnitten war. — Wiederum aber ver=
langte Richter auch in seiner insolenten Weise, jedes Mitglied
des Hauses solle womöglich der Lectüre der Landes=Zeitung
abschwören und namentlich provozirte er den Abgeordneten
v. Below, welcher neben 126 Anderen den Aufruf zur
Bildung der Vereinigung der Wirthschafts=

reformer*) unterschrieben hatte, auf das malitiöseste, indem er in einer persönlichen Erwiderung die Worte fallen ließ:

„Es heißt mit der Unterschrift des Herrn v. Below in dem Programm noch weiter: „Wer sich von den Zwecken und Zielen der Vereinigung unterrichten will, dem wird auf Verlangen die Redaction dieser Zeitung die ersten Präliminarien übersenden." Ich wünschte, daß die gesellschaftlichen Gewohnheiten dem Herrn v. Below nicht gestatten möchten, zu solchen **Bauernfängern** (!!) im schlimmsten Sinne des Wortes in Beziehung zu treten. (Großer Lärm.)

Herr v. Below bat den Präsidenten (v. Bennigsen) um Schutz gegen solche Beleidigungen, denn er mußte das Wort „Bauernfänger" auf sich beziehen, da er jene Worte mitunterschrieben. Herr v. Bennigsen aber bedauerte, nicht einschreiten zu können, da Herrn Richters Aeußerung nur auf „außerhalb dieses Hauses stehende Redactionsmitglieder" sich bezöge. — Wir verzeihen jetzt Herrn v. Bennigsen die Irrthümlichkeit seiner Auffassung und erklären sie uns aus dem Lärm und Tumult, den diese ganze Scene erregte. Daß er sich aber stark im Irrthum befand, bewies der andere Morgen; als Herr v. Below den stenographischen Bericht eingesehen hatte, und sich ganz unzweifelhafter Weise „Bauernfänger" titulirt sah, behandelte er diese Beschimpfung als eine Ehrensache, schickte Herrn Richter einen Vertrauensmann mit der bestimmten Forderung des öffentlichen Widerrufs seiner Aeußerung von der Tribüne des Hauses. Die Situation Richters war peinlich, vor einem Collegen des Hauses konnte er sich nicht, wie weiland Ehren-Bamberger, hinter den Schutz der Tribüne zurückziehen und eine „Forderung" war doch eine zu unangenehme Sache. Er entschloß sich daher — durch Laskers bereitwillige Vermittelung, wie es hieß, zu der persönlichen Erklärung von der Tribüne des Hauses, „daß er (nachdem er hochkomisch das Wort Bauernfänger als Inseratenfänger gedeutet und nur als auf die Redacteure bezogen wissen wollte) durchaus nicht die Absicht gehabt habe, mit dem Wort „Bauernfänger" die Ehre des Abgeordneten v. Below anzugreifen oder ihn mit den als „Bauernfänger" bezeichneten Personen in eine persönliche oder gesellschaftliche Beziehung zu bringen, sondern es nur als nicht rathsam bezeichnen

---

*) Am 2. Februar war in der D. Landes Ztg. ein Aufruf, unterzeichnet von 127 Großgrundbesitzern des Landes, erschienen, welcher zur Bildung eines Vereins „der Steuer- und Wirthschaftsreformer" aufforderte.

sollen, daß ein Abgeordneter durch äußere geschäftliche Beziehungen zu jenen Personen den Schein auf sich lade, deren Benehmen zu billigen."

Man ersieht aus dieser Erklärung, daß Herr v. Below damit zufrieden sein mußte, denn Er war ausgenommen, aber Herr Richter, wie dies ja immer der Fall ist, wenn man zu dem System des schmählichen Rückzuges seine Zuflucht nimmt, hatte damit noch kenntlicher jene andern 126, welche denselben Aufruf unterzeichnet hatten, „Bauernfänger" genannt. Fast alle 126 waren höchst achtbare Großgrundbesitzer, Grafen und Herren, viele von Offiziersrang, die im Punkt der Ehre diese Beleidigung nicht leicht nehmen konnten. — Wie die Sache auch sofort aufgefaßt wurde, zeigte der Schritt des Gutsbesitzers Bergell-Crampe, der zufällig auf der Zuhörer-Tribüne der Verhandlung beigewohnt. Er schickte sofort als Secundanten Hrn. N. Meyer in Richters Wohnung; — derselbe wurde aber von der tauben Haushälterin des Herrn Richter nicht — vorgelassen. Unterdeß verlangten auf ein schleuniges Circular 83 der Unterzeichneten entweder Widerruf oder Genugthuung. Da Jeder nur einzeln operiren konnte, so kam Frh. v. Hammerstein-Schwartow nach Berlin und beauftragte seinen Vetter v. Hammerstein-Loxten mit der Verhandlung. Herr Richter machte gewaltige Querzüge, endlich aber verstand er sich zu folgender Revozirung, die einen zweiten Rückzug bedeutend, in folgender Form von Frhrn. von Hammerstein-Schwartow in der Landes-Zeitung vom 31. März 1876 veröffentlicht ist:

„Es geht uns vom Frhrn. v. Hammerstein-Schwartow folgende Erklärung zu:

Als in der Sitzung des Ausschusses der Steuer- und Wirthschafts-Reformer vom 27. März a. c. die Frage zur Besprechung gelangte, ob und welcher Collectivschritt seitens der Unterzeichner des Aufrufs zur Bildung unserer Vereinigung zur Remedur gegen die von Herrn Eugen Richter am 1. März a. c. im Abgeordnetenhause öffentlich gemachten beleidigenden Aeußerungen geschehen solle, theilte ich der Versammlung mit, daß ich in dieser Richtung bereits allein Maßregeln ergriffen habe, und bat dieselbe, vor definitiver Beschlußfassung den Erfolg meiner Schritte abzuwarten.

Dem entsprechend begab sich mein Vetter, der Freiherr von Hammerstein-Loxten, am 2*. März a. c. in die Wohnung des Herrn Eugen Richter, um von dem-

selben in meinem Auftrage Erklärung über seine qu. be=
leidigenden Aeußerungen zu fordern.

Herr Eugen Richter entsprach dieser Aufforderung in
nachstehendem, an meinen Vetter gerichteten Schreiben:

„Berlin, den 28. März 1876.

Hochgeehrter Herr!

Mit Bezug auf unsere mündliche Besprechung be=
ehre ich mich ergebenst, Ihnen Folgendes mitzutheilen:

Aus dem Zusammenhang meiner im Abgeordneten=
hause in der Sitzung vom 1. März d. J. gehaltenen
Rede, vollends aber aus meiner daselbst in der Sitzung
vom 2. März in Betreff des Abgeordneten Herrn von
Below=Saleske gegebenen erläuternden Erklärung, ergiebt
sich laut stenographischem Berichte: daß ich unter den
am 1. März als Bauernfänger bezeichneten Personen
weder Ihren Herrn Vetter, den Herrn Freiherrn **von
Hammerstein=Schwartow, noch einen anderen** mit der
Redaktion der Deutschen Landeszeitung **nicht betrauten**
Unterzeichner des Programms der Steuer= und Wirth=
schafts=Reformer bezeichnet habe.

Die Absicht, jene Herren zu beleidigen, hat mir
gänzlich fern gelegen.

Ich kann nur annehmen, daß unrichtige Berichte
einzelner Zeitungen zu jenem Mißverständniß Anlaß ge=
geben haben.

Hochachtungsvoll ergebenst

Eugen Richter."

Dies ist der Erfolg meiner in dieser Angelegenheit
gethanen Schritte. Den Betheiligten überlasse ich es nun=
mehr, zu dem Verlauf dieser Angelegenheit Stellung zu
nehmen.

Berlin, den 29. März 1876.

Frhr. von Hammerstein=Schwartow."

Man ersieht hieraus, daß sich Herr Richter klüglich in
seinem Schreiben vor dem Choc der weiteren 125 Unter=
zeichner des Aufrufs salvirt hatte, und jetzt nur noch den
Verfasser dieses, welcher Redacteur der Landeszeitung ist,
genannt haben wollte. Daß diese Behauptung mit dem
stenographischen Bericht leider nicht stimmt, war eine
Blamage für Hrn Richter; die 125 Unterzeichner aber mußten
sich zufrieden geben, sie hatten Genugthuung erlangt.

Der Verfasser dieses, als der nur noch einzig Beleidigte
beauftragte zunächst den Abg. Jos. Cremer, von Herrn
Richter die Erklärung zu verlangen:

„daß es ihm leid thue, im Eifer der Debatte von der Tribüne des Abgeordnetenhauses herab solche schwere Beleidigung ausgesprochen zu haben und er nehme dieselbe als unzutreffend und in der Uebereilung gethan, hier in aller Form zurück."

Herr Cremer traf mit Herrn Richter noch am Abend des 29. in der Städteordnungscommission zusammen, aber das mir von Herrn Cremer brieflich zugestellte Resultat der Unterredung lief dahin aus, daß Herr Richter es ablehnte mit dem Verfasser dieses überhaupt in Verhandlung zu treten. Mündlich wurde mir mitgetheilt, Herr Richter habe gemeint — zwischen mir und Richter habe ja genug Compensation „in gegenseitigen Beleidigungen" stattgefunden. — Hierauf begab sich der Hauptmann Berg in meinem Auftrage zum weiteren Arrangement des qu. Zerwürfnisses nach dem Abgeordnetenhause. Allein Hr. Richter verwies ihn nach seiner Privatwohnung. Hier war aber trotz aller Geschicklichkeit Herr Richter niemals zu sprechen! Die taube Haushälterin desselben erwies sich als eine trefflich instruirte Vertheidigerin seiner Burg, in welche nur mit dem Beil einzudringen möglich gewesen wäre; mir blieb nichts übrig, als nach actenmäßiger Darstellung des Hergangs (Landesztg. vom 1. April) die Sache mit folgender Erklärung zu schließen:

Nachdem sich Herr Richter (nach Erzählung obigen Hergangs) selbst hiermit für **satisfactionsunfähig** erklärt hat, bleibt mir nichts weiter übrig,

als Herrn Richter für einen Menschen zu betrachten, der, als außerhalb des gewöhnlichen Anstandes und des gewöhnlichen Begriffs von Ehre stehend, nicht im Stande ist, mich wirklich zu beleidigen. Zu drastischeren Mitteln zu greifen, halte ich diesmal für nicht statthaft, muß mir aber als unter den derzeitigen Umständen geboten, für künftige Fälle den Standpunkt der reinen Nothwehr vorbehalten.

Berlin, den 31. März 1876.

M. Ant. Niendorf.

Diese Actenstücke nebst Schlußerklärungen wurden in mehreren hundert Exemplaren gedruckt und an die hervorragenden Zeitungsredactionen Deutschlands gesandt, von vielen theils ganz, theils im inhaltlichen Auszuge abgedruckt und somit das feige Betragen des Herrn Richter der Würdigung des Publikums nach Gebühr überlassen. —

Der Richtersche Ausfall gegen v. Below in der D.

Lds.-Ztg. u. s. w. wurde aber auf das härteste selbst von der liberalen Presse beurtheilt. Die „Norbd. Allg." schrieb:

„Der von der „Kölnischen Zeitung" angeregte parlamentarische Disziplinarhof lebt leider noch immer erst im Reich der Wünsche; die Aeußerungen des Herrn Richter in der Sitzung vom 1. März erneuern aber das dringliche Verlangen, die Anregung des rheinischen Blattes ehestens verkörpert zu sehen. Die Geschäftsordnung hat, wie der Präsident constatirte, keine Abwehr gegen die Verunglimpfung außerhalb des Hauses befindlicher Personen, selbst dann nicht, wenn solche Personen in Zusammenhang mit Mitgliedern des Hauses gebracht werden. Wie soll aber dann dem Mißbrauch der parlamentarischen Tribüne seitens mangeluder Lebensart oder übersprudelnder Leidenschaft Einhalt gethan werden?"...

Die „Magdb. Ztg." warnte dringend vor einer Einbürgerung des Tons, wie er am 1. März und leider nicht zum ersten Male angeschlagen worden sei. „Ausdrücke, wie „Schandblatt, Bauernfänger" seien nicht darnach angethan, das parlamentarische Bürgerrecht zu erwerben und am wenigsten sei es zu billigen, daß sie das parlamentarische Recht zur Deckung in Anspruch nehmen wollen u. s. w."

Auch das „Berl. Tgbl." sagt: „man brauche kein patentirter Anhänger der Agrarier zu sein, um den von Hrn. Richter angeschlagenen Ton gegen Männer, die sich an derselben Stelle nicht vertheidigen können, endlich zu mißbilligen. Leute, die selbst in der Presse thätig sind, wie der Abg. für Hagen, sollten doch diesen bissig persönlichen Ton gegen Mitglieder der Gilde anzuschlagen unterlassen u. s. w."

Und so geschah es, daß Herr Richter, anstatt den Agrariern und uns zu schaden, selbst die schlimmste Schädigung an seinem Rufe davon getragen hat, der niemals wieder zu repariren ist.

Also endete die Verhandlung wegen der Provinzialfonds im Abgeordnetenhause, das natürlich das Vertrauensvotum für den Finanzminister mit 236 gegen 93 acceptirte. — Das Lächerlichste aber war und blieb, daß darum der Fonds um kein Haar besser wurde und die bösen Thatsachen immer wieder dagegen den schrillsten Schrei des Gegentheils erhoben. So mußten wir noch am 18. März in der „Lds. Ztg." folgendes registriren:

Vom „alten Schimmel und neuen Rappen."

„Die bekannten zweifelhaften Papiere geben immer noch zu den ergötzlichsten Widersprüchen Anlaß. Wenn sie zu Vertrauensboten des Finanzministers gebraucht werden, dann ist nämlich an ihnen kein Tadel zu finden, ja sie sind sogar „vorzüglich", denn sie geben „hohe Zinsen", — und ihre „zeitweise Unverkäuflichkeit" ist nur so ein Schönheits= oder so eine Art von Liebhaberfehler.

Wenn sie aber zu diesem Zweck (der diese Mittel heiligt!) nicht gebraucht werden, da ist das ganz etwas anderes. Macht sich doch der jüngste Ulk den Scherz, folgenden Witz vom Stapel zu lassen:

„Die Reichsbank nimmt, wie die Zeitungen melden, Kassenscheine nicht an, wenn denselben auch nur eine Ecke fehlt. Es ist das um so befremdender, als bekanntlich von der vorgesetzten Behörde der Reichs- bank schlechte Papiere, bei denen sich ein Ende nicht absehen ließ, nicht zurückgewiesen wurden."

Doch damit nicht genug. Bei Gelegenheit des Be= schlusses des Aufsichtsraths der Halle=Sorau=Gubener Bahn, ihren Betriebsvertrag mit der Görlitzer Direction zum 1. Januar 1877 zu kündigen, lamentirt die „B. B.=Ztg." über den allzu langsamen Gang einer gewissen Sache im Abgeordnetenhause, die ihr sehr am Herzen liegen mußte. Wir lesen nämlich folgendes:

„Die im Abgeordnetenhause beliebte Verzögerung der Beschluß= fassung über die Angelegenheit der Halle=Guben-Sorauer Bahn, deren wir gestern schon gedachten, dürfte nicht blos für das Unternehmen, sondern event. auch für die Regierung (??) von unangenehmen Folgen begleitet sein, falls nicht in den nächsten Wochen noch die Erledigung durch den Landtag erfolgt. Wie bekannt, ist die dritte Prioritäts=Anleihe (vielmehr Rest von Litt. B.) der Bahn im Betrage von 1,600,000 Thlr. seiner Zeit von der Berliner Handels - Gesellschaft beliehen worden, eine Operation, bei der u. A. auch die Seehandlung (aha!) sich betheiligt hatte. Das Lombardgeschäft lief am 31. December vorigen Jahres ab und es ist, wie wir auch gemeldet haben, nur nach langen Mühen, unter großen Schwierigkeiten (!!) und speciell auf Betreiben der Regierung gelungen, dasselbe auf drei Monate zu verlängern, so daß am 1. April die Bahn wiederum vor der Noth- wendigkeit steht, das Anlehen zurückzuzahlen. Für den Fall, daß dies nicht geschieht, würden die Prioritäten — und zwar für einen ziemlich niedrig bemessenen Preis — an die Handels=Gesellschaft übergehen und es könnte sich (man erinnere sich des vor einigen Wochen stattgehabten executivischen Verkaufs großer Posten von

Oels Gnesener Prioritäten) sonach leicht ereignen, daß hierdurch der ganze finanzielle Status der Bahn, welcher auch der
dem Abgeordnetenhause gemachten Vorlage als Basis dient, verändert
wird. (so!) Unter diesen Verhältnissen ist es in der That dringend
geboten, daß die Angelegenheit vor dem 1. April im Abgeordnetenhause
zu Ende geführt wird, denn es ist ganz unzweifelhaft, daß eine Verlängerung des Vertrages mit der Handels-Gesellschaft sehr schwer zu
bewerkstelligen sein wird und daß, wenn dies nicht gelingt und wenn
andererseits die Regierung nicht in der Lage ist, ihre Intentionen
durchzuführen, die Verhältnisse der Halle-Guben-Soraner Bahn
sehr kritisch (!!) werden könnten."

Da hat man wieder so einen erbaulichen Blick hinter
die Coulissen! — Und wenn nun bis zum 1. April die
„Schiebung" mit der Uebernahme der Bahn Seitens des
Staats nicht perfekt wird, — und die Halle-Sorau-Gubener
Prioritäten unter den Hammer kommen, was schadete es
denn, da die Prioritäten (auch Lit. B, wie die im Provinzialfonds!) doch immer noch nach hartnäckigster Behauptung
ganz werthvolle, coursfähige, viel Zinsen tragende Papiere
sein sollen?? . . .

Warum fürchtet man denn, daß sie das Schicksal der
Oels-Gnesener erreichen könnten? So erscheinen die Halle-
Sorau-Gubener auch hier wieder sehr — unsicher. Nun
lese man dagegen die „Tribüne" vom selbigen Tage, welche
folgendermaßen über die „Provinzialfonds" lospofaunt:

„Den Provinziallandtagen ist jetzt ein interessantes (!!)
Actenstück seitens der Regierung zugegangen, das eine Erläuterung der
für Rechnung der einzelnen Provinzen verwalteten und zinsbar angelegten Fonds enthält. Es ergiebt sich daraus, wie es den Conservativen
bei ihren Angriffen gegen den Finanzminister einzig darum zu thun
war, denselben im Lande zu discreditiren und zwar, wie sich herausstellt,
durch falsche Angaben. (?) Nach der Erläuterung haben nämlich die
Provinzen zusammengenommen durch die Anlegung in ungarantirten
Eisenbahnprioritäten einen Verlust von im Ganzen — 134 Mark 89 Pf.
erlitten. Legt man den Cours vom 3. Januar 1876 (also den künst-
lichen!!) zu Grunde, so erwächst den Provinzen ein Zinsgewinn
von 851,387 Mt., zum Course vom 31. December 1871 (soll wohl
1875 heißen!) ein Zinsgewinn von 511,413 Mt. Nach dem Dotations-
gesetz sollten die Provinzialverbände erhalten 17,672,301 Mt., sie erhalten jedoch in Wahrheit in Folge des Zinsgewinns 18,523,688 Mt.
Mit dieser Erläuterung dürfte den berechtigten Anklagen gegen die
Finanzverwaltung der letzte Rest eines thatsächlichen Untergrundes
entzogen sein."

Die Rechnung ist übrigens falsch; nach dem buchlichen Rechnungsabschluß (wonach die Effekten zum Erwerbspreise mit den Zinsen aufgeführt waren), mußten die Provinzial=verbände 19,104,440 Mk. 66 Pf. bekommen, — wenn die Papiere nicht am Courswerth Einbuße erlitten hätten. Nun aber stecken in der Summe 1,880,400 Mark Halle=Sorau=Gubener von einer Qualität darin, von welcher doch, wie obige Figura zeigt, die Berl. Börs.=Ztg. fürchtet, daß, wenn sie unter den Hammer des zu verkaufenden Lombards kämen, dieselbe das Schicksal der Oels=Gnesener theilen würden.

Hierzu kommen noch 3,114,000 Mk. Hannover=Alten=bekener (II. Emission) und 3,050,000 Mk. Berlin=Görlitzer Lit. B., die die scharfe Luft des Marktes auch nicht an=wehen darf. . . . Und dabei behauptet die Tribüne, in=dem wieder, weil's in ihren Kram paßt, diese Anlagen trotzdem als vollwerthig und solide figuriren, mit der liebens=würdigsten Frechheit: „die Conservativen hätten durch falsche Angaben den Finanz=Minister discreditiren wollen!"

Man muß sich wahrlich wundern, wo diese Blätter noch die Kühnheit hernehmen, Thatsachen, welche längst fest=stehen, immer wieder wegläugnen zu wollen. Kann ein Pferd zugleich ein Schimmel und ein Schwarzer sein? Im gewöhnlichen Leben nicht, aber in dieser liberalen Aera wird solcher Unsinn schon fertig gebracht.

Und dabei fällt uns jene Anecdote von dem Pastor ein, der seinen alten Schimmel verkauft und sich dafür einen neuen schönen Rappen auf dem Markt ausgesucht hatte. — Als der Knecht nach Hause fährt, wundert er sich im Verein mit seinem Pastor, daß der Rappe schon alle Wege und Stege kennt und sogar freudig wiehert, als er auf den ihm wohlbekannten Hof einbiegt.

Die Roßtäuscher hatten nämlich den Pfarrer angeführt — und ihm seinen eigenen gefärbten Schimmel wiederverkauft. Der Volkswitz erlustigt sich bei dieser Mähr an der ausbündigen Unerfahrenheit und Harmlosigkeit des Pastors, der der List der Roßtäuscher unterlag. „So etwas kann doch nur einem unerfahrenen Pastor passiren!" heißt es gar selbstgefällig da.

Siehe, Deutsches Volk, genau so haben's Deine libe=ralen Roßtäuscher mit Dir getrieben! Du bist der Gehän=selte in der Geschichte „vom alten Schimmel und dem neuen Rappen."

———

Die Seehandlung
vor'm Abgeordnetenhause.

Die liberale Coalition hatte sich schon Ausgang Februar schlüssig gemacht, daß sie auch die Seehandlung vor jedem Angriff mit ihrem **Votum** schützen müsse. Wenn man den Satz anerkennt, daß es keine Wirkung ohne Ursach geben kann, so schließt dieser Satz jeden Zweifel **aus**, daß etwa **nicht** Börseneinflüsse dabei im Spiel gewesen sein sollten. Zur Illustration theilen wir folgenden Artikel aus der Lds.=Ztg. hier mit:

„Zweckmäßigkeits - Politik.

Wir haben wiederholt die eigenthümliche Praxis des Königl. Staatsinstituts der Seehandlung gekennzeichnet. Seit der liberalen Aera hat sie sich fast an allen großen Anleihe=Emissionen, welche von den Berliner Privatbank=Instituten ausgingen, betheiligt, und so eben steht sie wieder zum wahren Skandal des preußischen Staats als Erste bei der versuchten Subscription auf drei Millionen Thaler Cöln=Mindener Eisenbahn=Prioritäten, denn der Prospect besagt, die Anleihe (VI. Ser. Lit. B.) sei

„negociirt durch

die **General**-Direction der Seehandlungs-**Societät**
die Direction der Disconto=Gesellschaft   } in Berlin,
S. Bleichröder
M. A. v. Rothschild u. Söhne in Frankfurt a. M.

Es ist auch noch bezeichnend, daß man wahrscheinlich aus reiner Scham das alte ehrwürdige Epitheton „Königlich" wegläßt, denn ihr officieller Titel ist „Königliche Seehandlung" seit fast 100 Jahren, und niemals ist sie bestimmt gewesen, Privatanleihen ins Publikum zu vertreiben, und, was das allerschlimmste ist, mit ihrem Namen dem Publikum dasjenige Vertrauen einzuflößen, das die seit dem Krach compromittirten Namen der „Diskonto-Gesellschaft, Bleichröder und Rothschild" nicht mehr voll besitzen. Wenn schon dieses die obenstehende nackte Zusammenstellung der Namen für jeden einfachen Bauernverstand bekundet: wie seltsam eng und vertrauensvoll unsre dermalige Finanzleitung sich mit den Börsenmächten liirt hat, so daß die Spatzen vom Dach herab schreien, was dermalen Grauenvolles im Königreich Preußen passirt und im neuen deutschen Reiche unseren Ruf geradezu stinkend macht, so ist dies lange noch nicht Alles, was diese Königliche Seehandlung gethan: Sie hat die mithelfende Hand dazu geleistet, die vier großen Staatsfonds mit 312 Millionen Mark zweifelhafter Papiere zu füllen. Sie hat endlich alle noch übrig gebliebenen Restmillionen aus der Kriegscontribution leihweise ausgegeben auf allerhand Gründerpapiere derselben Berliner Banken, und zwar von der Quistorp'schen Gründerei an, (worin 1,200,000 unabgewickelter Thaler stecken müssen, obschon alle Geschichte darüber schweigt und es bald heißt: die Bank habe das Geld gegeben, bald die Seehandlung, — was wahrscheinlich dasselbe ist); sie hat somit den Gründern mit Staatsgeldern direct unter die Arme gegriffen; und die kommenden Verluste sind noch gar nicht abzusehn, da wir noch lange nicht am Ende der Katastrophe uns befinden. Den Beweis hierfür lieferte die Affaire mit den 4,600,000 Oels-Gnesener Stammprioritäten, wo sie ihre darauf geliehenen 600,000 Thaler trotz öffentlicher Auction nicht wieder herausbekam — und wie vieles dergleichen wird noch der wohlthätige Schleier des Geheimnisses bedecken!! . . .

Es ist also klar: die Handlungsweise der Seehandlung seit 1871 mußte vor die Kritik des Abgeordnetenhauses gezogen werden und ein Antrag von Seiten einiger Conservativen in dieser Richtung liegt bereits vor; diesen Antrag müßten nicht blos sonst oppositionslustige Mitglieder des Hauses, sondern alle diejenigen, welche es ernstlich wohl mit dem Staate meinen, mit Genugthuung begrüßen, damit die Seehandlung über ihre Geschäftspraxis Rede stehe, damit das Königliche Institut für künftighin von dem schmachvollen Prozentchenhandel und Courtagegewinn ablasse, der immerdar eine Art unredlichen Erwerbes ist, weil solcher Gewinn sich doch nur aus den Verlusten des

10

Publikums zusammensetzt. Allein was schreibt das Organ
des Hrn. Lasker, die Berl. „Nat. Corr." darüber? Man
lese folgendes und lerne es begreifen:

B. N. C.: „Leicht erkennbar ist, daß die auf die Geschäftsführung
der Seehandlung gerichtete Kritik eine besondere Form der Opposition
gegen die Finanzverwaltung im Reiche und in Preußen namentlich
auch gegen die persönlichen Vertreter (also gegen Herrn Camphausen) dieser Verwaltung darstellt. Aber eben diese kaum verschleierte
Absicht läßt es weder rathsam (!!) noch im Interesse der Sache
erscheinen (!!!), auf diejenigen Anträge einzugehen, welche unter der
Geschäftsführung der Seehandlung die Finanzverwaltung anzugreifen (!)
beabsichtigen. Der Reichstag hat in seinen Beschlüssen zum Gesetze
über den Invalidenfonds mit größter Entschiedenheit jene Absicht
vereitelt, dasselbe ist auch von dem preußischen Abgeordnetenhause zu
erwarten. (Wonach zu richten! denn die nat.-liberale Pythia sagt's!)
Grade von der Seite, auf der die Bedenken gegen die Seehandlung
besonders stark vertreten waren, darf nicht geduldet werden, daß
diese Anschauung durch eine allgemeine politische und opposi-
tionelle Behandlung (!!) getrübt werde. Erst muß über die persönlichen Angriffe volle Klarheit geschaffen werden (!), dann erst kann
diejenige sachliche Untersuchung folgen, für welche die Beispiele der
letzten Zeit ihre passende Verwendung finden werden."

So giebt die nat.-liberale Pythia von ihrem Seher-
dreifuß die Ordre aus: wie ihre Preßconsorteria im ganzen
Land, wie ihre Partei im Abgeordnetenhause den Fall mit
der Seehandlung zu behandeln habe. Fein ist das, das
muß man sagen. — Die „Volksztg." druckt diese Ordre
beifällig ab und sie kennzeichnet sofort in einer Nachschrift
die Stellung der Fortschrittspartei, indem sie folgende
Weisheit entwickelt, die um kein Haar besser ist:

„Daß die Conservativen in der That nicht ernsthaft (warum auch?)
an die Aufhebung der Seehandlung denken, sie vielmehr erhalten und
nur nach ihren Anschauungen trainiren möchten, wurde schon neulich
bemerkt. Ihren Angriff gegen den Finanzminister irgendwie zu unterstützen, liegt für die liberale Partei natürlich (!) kein Grund vor (so!);
andererseits aber möchten wir denn doch dringend wünschen, daß auch
jene sachliche Untersuchung nicht auf die lange Bank geschoben werde,
um so weniger, als in dem unzweifelhaften Ergebniß derselben; dem
Beschluß auf Aufhebung der Seehandlung ein Mißtrauensvotum
oder eine Niederlage für den Finanzminister nicht erblickt werden kann."

Sehn wir uns zuerst die Aeußerungen der „B. N. C."
an. Was heißt das: Zuvor müsse „über die persönlichen
Angriffe volle Klarheit geschaffen werden, ehe man an die

Sache, gehn könne?" Das heißt: Die ganze Fäulniß der Zustände kennt die „B. A. C." wohl, zuvor aber muß vorsichtig sondirt werden, ob auch Hr. Camphausen unversehrt außerhalb des Schusses zu bringen sei, und wenn das geschehen, dann kann man allenfalls einigen blinden Lärm vor den Ohren des Volks machen, um sich mit dem alten wohlfeilen Nimbus der Volksbeglückerei zu umgeben; dazu würden alsdann „die Beispiele der letzten Zeit" eine „passende Verwendung" finden können. Das geht auf die Oels=Gnesener Affaire und zwei Dutzend andere gleiche Dinge. „Ohne Ansehn der Person!" sagten Sie großartig, Herr Lasker, bei dem Fall Putbus, Wagener, Schuster. — Warum sprechen Sie heut nicht ebenso?...

Oho! Der Schwindel ist bergegroß im deutschen Reiche. Das nennt man „objectiv und sachlich" die Thatsachen prüfen, das nennt man mit **gleichem Maße** messen. Ei, ei, wenn Graf Lippe, oder Mühler, oder Graf Itzenplitz in ihrem Ministerium solche Angriffsblößen geboten hätten: Wie würde da der heilige Zorn der verletzten majestas populi von diesen Phrasendreschern auf die Ministerhäupter niedergehagelt sein?

Doch — dem Wissenden ist's genug. Solcher Partei=Corruption kommt es nicht auf viele Millionen vergeudeter Staatsgelder an; — Alles wird mit dem Kautschuk=Maß der „höheren Politik" gemessen und einer Million Werth wird von solcher imposanten **Wahrheitsliebe** flugs zum Coursverlust eines angeblichen Silbergroschens umgestempelt.

Was wird einst die Geschichte über die Vorgänge dieser Tage sagen??

Um diese heiklen Angelegenheiten so rasch wie möglich abzuthun, stand schon am 2. März der Etat der Königl. Seehandlung **auf der Tagesordnung**. Es lagen 2 Anträge vor:

1) Der Abgg. v. Wedell (Malchow) und Genossen: Die Staatsregierung aufzufordern, der Generaldirektion der Seehandlungs=Societät die Betheiligung an Consortialgeschäften zu untersagen. 2) Abg. von Kardorff: unter Ablehnung des Antrages v. Wedell die Regierung aufzufordern, vorbereitende Schritte zu thun, um die Auflösung des Instituts der Seehandlung herbeizuführen, sobald die finanziellen und wirthschaftlichen Verhältnisse des Landes dies gestatten.

Ueber die Verhandlung selbst referiren wir:

Abg. Dr. Nasse befürwortet den Antrag Kardorff zur Annahme. Abg. v. Wedell (Malchow): (Gegen die Art der Geschäfte, die ich

10*

im Auge habe, läßt sich an sich nichts sagen, so lange dieselben von großen Bankhäusern getrieben werden. Aber wie steht es nun, wenn ein königliches Institut, wie die Seehandlung, mit in ein solches Consortium eintritt? Dann liegt die Sache doch wohl anders: denn dann tritt eine Solidarität zwischen diesem Institut und den betreffenden Bankhäusern ein und diese Solidarität führt dahin, daß dem großen Kapital eine Staatshülfe geleistet wird. Solche Operationen erscheinen mir doch bedenklich; denn die Staatsregierung wird dadurch Verdächtigungen ausgesetzt, die einen Anschein von Begründung haben, und wir handeln daher im Interesse der Finanzverwaltung und des Staates, wenn wir meinen Antrag zum Beschluß erheben. Redner geht dann auf die von der Seehandlung gemachten Geschäfte, auf die eigenthümliche Betheiligung bei fremden Staatsanleihen und bei den Eisenbahnanleihen speciell ein, welche er vom wirthschaftlichen Standpunkte aus als nicht richtig bezeichnet. Ich will aber, schließt Redner, dieses Staatsinstitut conserviren, da ich dasselbe für die wirthschaftlichen Verhältnisse des Landes für durchaus nothwendig halte; denn ich glaube, daß schon in dem nächsten Jahrzehnt zahlreiche Ansprüche an die Seehandlung gerichtet werden zur Unterbringung von Provinzial- und Communalanleihen. Ich will also so radikal wie die Herren von der freikonservativen Partei nicht vorgehen, ich will das Institut vielmehr nur von den Auswüchsen befreien. Lehnen Sie aber meinen Antrag ab, so sanctioniren Sie das Verfahren der Seehandlung, ihre Consortialbetheiligung und ihre Betheiligung an allen möglichen Anleihen, die mehr oder minder angefochten werden können. — Abg. v. Kardorff hält es für gefährlich, ein Institut wie die Seehandlung ohne jede Verbindung mit der Reichsbank und neben derselben bestehen zu lassen. Außerdem werde auch der Staat mit diesem Institut identifizirt; denn bei allen Emissionen heiße es immer, der preußische Staat habe mit dem und dem Bankhause die Anleihe übernommen. Auch habe die Seehandlung sehr viel zu den Ueberspekulationen der letzten Jahre beigetragen und belasten diese Sünden die Seehandlung mehr als alle übrigen. Regierungskommissar Geheimrath Pahl erklärt dem Antrag Wedell gegenüber, daß wenn man der Seehandlung das Terrain der Consortialbetheiligung nehmen wollte, man sie ihrer Aktionsfähigkeit (!) überhaupt berauben würde. Redner legt sodann in längerer Ausführung die Nützlichkeit dieses Instituts dar und weist auf die wichtigen Aufgaben hin, welche dasselbe im Interesse des Staats auszuführen habe. Er bittet daher, sowohl den Antrag Wedell wie den des Abg. v. Kardorff abzulehnen. Finanzminister Camphausen: Was die Spezialitäten betrifft, so nehme ich eine durchaus unbefangene Stellung ein. Alle Consortialgeschäfte, welche die Seehandlung in den letzten Jahren abgeschlossen hat, sind innerhalb ihrer Competenz abgeschlossen; keinem derselben ist die Zustimmung des Finanzministers zu Theil geworden.

Ob einzelne dieser Geschäfte anfechtbar sind, mag der Erwägung einer ruhigeren Zeit vorbehalten bleiben. Wir alle sind wohl überzeugt, daß die finanziellen Anschauungen der letzten Jahre ganz andere waren, als heute. Was die Frage, die hier im Prinzip angeregt ist, anlangt, so möchte ich daran erinnern, daß die Seehandlung ein Staatsinstitut ist, das auf einem Spezialgesetz beruht, dessen Aenderung also durch einen Antrag nicht herbeigeführt werden kann. Ich kann Sie daher nur bitten, die Anträge, welche den Charakter nicht ableugnen können, daß es sich weniger um die Seehandlung, als vielmehr um eine Kritik der Verwaltung des Finanzministers handelt, (So!) abzulehnen. Abg. Kette plaidirt für Auflösung der Seehandlung im Sinne des Antrages von Kardorff. Abg. Dr. Windhorst (Meppen): Ich hatte geglaubt, daß wir die Frage, die uns hier beschäftigt, rein objektiv und ohne jede Beziehung auf persönliche Verhältnisse diskutiren können. Zu meinem großen Bedauern hat der Finanzminister gemeint, daß die hier vorliegenden Anträge eine Kritik der Finanzverwaltung enthalten. Ich bin über diese Erklärung erstaunt, um so mehr, als unmittelbar vorher der Finanzminister erklärt hatte, daß alle Geschäfte, welche hier monirt worden sind, von der Seehandlung allein kraft der ihr innewohnenden Competenz und ohne Zuthun des Finanzministers vorgenommen worden seien. Wie in aller Welt kann da von einer Kritik der Finanzverwaltung die Rede sein? Nach meiner Logik ist diese Auffassung eine absolut unverständliche. Ich erkläre deshalb, daß ich nicht entfernt daran denke, in meinen Auslassungen irgend welche Kritik in Beziehung auf den Finanzminister zu machen, daß ich aber trotzdem mich verpflichtet halte, ruhig und objektiv die angeregte Frage zu erörtern: Soll die Seehandlung wie sie ist, oder in beschränktem Maße beibehalten werden? Nach meinem Dafürhalten kann bei den Verhältnissen, wie sie jetzt in Preußen existiren, die Seehandlung nicht fortbestehen. Für mich sind in dieser Hinsicht vielmehr politische, als rein wirthschaftliche und finanzielle Gründe maßgebend. Der Staat hat nicht den Beruf, alle möglichen Geschäfte zu treiben. Dem Antrage Kardorff kann ich aber zustimmen; denn ich weiß sehr wohl, daß Geldinstitute nicht im Sturmlauf genommen werden können. Die Anfeindungen, von denen heute hier gesprochen, scheinen anzudeuten, daß der allgemeine Sinn im Volke anfängt, von dieser Seehandlung instinktmäßig zu fühlen, daß nicht Alles ganz richtig ist. Die Associationen mit Bankhäusern zu allerhand Unternehmungen bringt dieses Staatsinstitut in allerlei bedenkliche Berührungen. Es kann daraus sehr leicht der Verdacht entstehen, daß auch dieses Institut auf ähnlichen Wegen wandelt und auf ähnliche Weise Geld macht, wie diejenigen Bankhäuser, welche sich mit demselben associirt haben. Sie scheinen mit dem Kapital bereits in solcher Verbindung zu stehen, daß jede Kritik Sie furchtbar erregt. Der Staat darf solche Geschäfte nicht

machen, wie dies Private thun. Die Geschäfte, welche im Interesse
des Staates sind, können auch von der Reichsbank besorgt werden.
Wenn der preußische Staat einen Banquier braucht, kann er ja den
Geheimrath Bleichröder zum vortragenden Rath ernennen. Ich bitte
Sie, stimmen Sie mit mir für den Antrag Kardorff, der andere Antrag ist unausführbar. — Nach einer Rede der Abg. Lasker und Richter,
die sich zu Gunsten der Seehandlung aussprechen, und zwar unter der
interessanten Lasker'schen Motivation: „Eine Beschlußfassung in Ihrem
(Kardorff-Wedell'schen) Sinne würde nur die Bedeutung haben, daß
Sie das gestern verlorene (!) Spiel heut (!) gewonnen hätten, (!)
das ist der Standpunkt, der uns bestimmt, keinem der Anträge
näher zu treten", wird die Diskussion geschlossen und die Anträge werden
— abgelehnt. —

Am Tage vorher war nämlich das Vertrauensvotum wegen
des Provinzialfonds für Camphausen verwilligt, und darum sagt
Herr Lasker ganz richtig, diese That zöge als Consequenz
das Vertrauensvotum auch für die Seehandlung nach sich,
— das war allerdings plausibel; aber grandiose Schau-
spielerei bleibt's darum doch. Herr Richter sprach äußerst
dezent, er hatte so eben im Foyer die peinliche Scene mit
Herrn v. Below durchgemacht und flickte in seiner Rede
seine Revocation gegen v. Below (die erste) ein, und so
ist's denn bis heut bei der Seehandlung, wie es war, geblieben.

Nach ihrem letzten Bericht hat sie noch 3,700,000
Thaler immerfort prolongirter Pfänder auf Maculatur im
Tresor. Von den Halle=Sorau=Gubener 1,600,000 Thalern
Litt B. II. ist sie erlöst, denn seit der Uebernahme dieser
Bahn Seitens des Staats ist diese Emission annullirt, der
Staat also bezahlte die darauf geliehenen 600,000 Thlr.*)
Wie es aber mit der Oels=Gnesener steht, weiß heut kein
Mensch. Jedenfalls wird der Staat auch diese Bahn über-
nehmen, wenn die 500,000 Thaler gelöscht werden sollen.
— Das kommt von der Unterstützung des „Gründercredits",
was indessen, wie dieser Beschluß des Abgeordnetenhauses
beweist, der liberalen Majorität vollständig genehm ist —
und da will diese sich noch beschweren, wenn wir behaupten, sie sei vorzugsweise mit den Interessen des Geld-
capitals liirt?? . . .
Da wir unser Urtheil gern zurückstellen gegen solche

*) Ueber ihre Lombardschätze beweist denn auch der Bericht der
Seehandlung vom Jahre 1877, daß noch dieselben Ladenhüter
in ihrem Tresor stecken, — abzüglich dieser 600,000 Thlr.

aus den liberalen Zeitungen, so seien zum Schluß noch zwei angeführt.

Die „Schles. Zeitung" sagt von der Debatte über die Seehandlung:

„Wie verhielt sich nun die liberale Partei zu den Anträgen auf Aufhebung der Seehandlung? Sie konnte die Richtigkeit und Zweckmäßigkeit derselben nicht in Abrede stellen. Der Abg. Lasker erklärte sich sogar im Wesentlichen einverstanden mit der Motivirung der Antragsteller. Ja er ging theoretisch (sehr bezeichnend!) noch einen Schritt weiter, indem er andeutete, daß Geschäfte, wie die hier in Frage kommenden, überhaupt mit der Moral unvereinbar (!) seien. Statt nun aber consequenter Weise für den Antrag Kardorff zu stimmen, und sich zu freuen, daß nunmehr auch die Gegner bekehrt seien, stimmten Nationalliberale und Fortschritt gegen die Aufhebung der Seehandlung. Die Gründe, mit welchen dieses im Lande gewiß großes Aufsehen machende Votum zu rechtfertigen versucht wurde, sind ebenso kleinlich als unhaltbar. Man kann sich von der Minorität einen solchen Beschluß nicht octroyiren lassen, (!) meinte Herr Lasker; es ist dies eine ganz neue politische Maxime. Wo möglich noch schwächer waren die Gründe, welche Herr Richter gegen den Antrag ins Feld führte. Herr Richter war früher der entschiedenste Gegner der Seehandlung. Welchen Eindruck muß es auf den unbefangenen Zuhörer gemacht haben, daß Herr Richter gegen den Schluß seiner Rede das Bekenntniß ablegen mußte: „nun habe er die Seehandlung lange genug vertheidigt." Was soll man dazu sagen, daß er an dem Antrag Kardorff nichts weiter auszusetzen vermochte, als daß derselbe nicht weit genug gehe, daß er kein Datum habe, daß er nicht in das Etatsgesetz gehöre. Wir denken, es wäre in diesem Falle die Pflicht eines wahrhaft liberalen Abgeordneten gewesen, den an sich richtigen Antrag durch ein Amendement zu verbessern, nicht aber ihn unter allerlei Verwahrungen nieder zu stimmen. Die Verwahrungen haben in solcher Lage gar keinen Werth, man hört von allem nur das Nein!"

Die Augsb. Allg. Ztg. ließ sich, zum Beweise, daß auch auf liberaler Seite unsere Anschauung getheilt wurde, und nur wegen gewisser Dinge nicht zum Durchbruch gelangte, von Berlin schreiben:

„Dieses von Friedrich dem Großen begründete Staatsbank-Institut ist vor der Kriegs- und Gründungsperiode wiederholt von der liberalen Partei als „inconstitutionell und des Staates unwürdig" bezeichnet worden. Inzwischen aber hat es seine Operationen in ungeheurem Maße ausgedehnt, zur Abwickelung der französischen Kriegskosten-Entschädigung in hervorragender Weise beigetragen, an den Consortialgeschäften der Gründungsperiode sich in großem Umfange betheiligt und dem preußischen Staate viel Geld eingetragen. Die Anschauungen der liberalen Partei über das Institut sind nun zwar, wie aus den Erklärungen Laskers und Richters hervorging, noch dieselben; wenn die Liberalen aber trotzdem weder auf die von der einen Seite beantragte Aufhebung der Seehandlung, noch auf das Verbot der Consortialgeschäfte eingingen, so waren lediglich Parteirücksichten entscheidend. Herr Camphausen hatte erklärt: er müsse die gegen die Seehandlung gerichteten Anträge als Angriffe auf seine Finanzpolitik betrachten, und dieser Auffassung schlossen sich die Liberalen an, womit natürlich auch die Ablehnung entschieden war."

Wir unseren Theils wundern uns gar nicht über diese Practiken. Des Pudels Kern liegt in Folgendem: So lange die Geldliberalen die Seehandlung nicht zur Verfügung hatten, so lange sie also noch lediglich im Interesse des Staats verwaltet wurde: da hieß es bei ihnen: „Fort mit dem gräulichen Institut!" Nun diese aber das Nest selbst eingenommen und es so herrlich für sich ausgebaut und benutzt haben, da heißt es: „Man rühre nicht daran, sie bleibe!" Damit weiß man auch, was man von dem Cardinalgrundsatz der liberalen Doctrin zu halten hat: „Der Staat dürfe kein Geschäft oder Gewerbe betreiben," auf Grund dessen die Existenz der Seehandlung 40 Jahre lang früher stehend angegriffen wurde. Daß man ihr nun gar die unmoralische Maschcopei mit der Disconto- und Handelsgesellschaft und den andern Bankhäusern untersage, wie Herr von Wedell wollte, davon konnte natürlich erst recht keine Rede sein. — Diese ganze „höhere Politik", wie sie die Nationalliberalen zu treiben belieben, beweist unwiderleglich, wie derzeit durch diese Majorität ganz einseitige börsenliberale Maximen in unserem Regiment Platz gegriffen und überall den Ausschlag geben. —

Halle-Sorau-Guben in der Presse und in der Commission.

Wir haben den Status der Bahn schon früher wieder= holt beleuchtet. Es wäre bei der allgemein günstigen Stimmung für Staatsbahnen doch ein Leichtes gewesen, daß der Staat diese Bahn einfach gekauft hätte, allein da wurden die Besitzer der bereits auf fast Null gesunkenen Aktien liebevoll vorgeschoben, daß man diesen in ihrem le= gitimen Gesetz nicht zu nahe träte, bei einem bis auf 10—12 gesunkenen Cours; namentlich ließe sich gar nicht berech= nen, was die Stammprioritäten werth seien, die gewisse Vorrechte hätten; darum lautete die Parole: Nur Creirung einer Zinsgarantie für die Obligationen und Betriebsüber= nahme das Staats, im Entwurf:

„§ 1. Der Halle=Sorau=Gubener Eisenbahn=Gesellschaft wird die Garantie des Staates für die Verzinsung der von ihr in Gemäßheit der Privilegien vom 18. November 1871 und 17. Juli und 7. August 1872 aufgenommenen Anleihen in Höhe von zusammen 6,910,000 Thlr. = 20,730,000 Mark, sowie einer noch aufzunehmenden Anleihe bis auf Höhe von 9,000,000 Mark nach Maßgabe des unterm 7. Juli 1875 mit der Gesellschaft abgeschlossenen Vertrages hiermit bewilligt. — § 2. Mit der Ausführung dieses Gesetzes werden der Finanzminister und der Minister für Handel, Gewerbe und öffentliche Arbeiten be= auftragt."

In den Motiven wurde die Zukunft der Bahn riesig belobt und die Betheiligung des Staats durch andere Ver= kehrslinien erwähnt. Die hauptsächlichste Betheiligung aber war, daß Hr. Camphausen die Lit. B. Prioritäten dieser Bahn sich von der Disconto=Gesellschaft hatte für den Provinzial= fonds, die Seehandlung und wer weiß noch wofür auf= halsen lassen, trotzdem man doch die letzten Jahre das

Exempel klar gelegt hatte, diese Bahn könne ihre Priori-
täten-Zinsen nicht aufbringen, und daß nun, weil dies geschehen, der Staat diese Bahn übernehmen mußte.

Nun aber saßen am tiefsten darin die Berliner Handelsgesellschaft und die Discontogesellschaft, weil die von ihnen
emittirten und nicht abgesetzten, sondern nur bei der Seehandlung verpfändeten 1,600,000 Thlr. Prioritäten absolut
werthlos waren, wenn am 1. April 1876 keine Zinsen gezahlt wurden, wozu kein Geld in der Bahnkasse da war,
wie ebensowenig für diejenigen Prioritäten, welche im Provinzialfonds lagen. Nun aber mochte der Landtag noch
so fügsam arbeiten, der erste April stand vor der Thür,
und das obige Gesetz war noch nicht perfect. Deshalb las
man am 23. März folgendes:

Halle-Sorau-Guben in Noth! Wir berichteten
schon, wie die Börsen-Zeitungen das Abgeordnetenhaus zur
Eile mahnten, damit die Gesetzvorlage wegen Uebernahme
dieser Bahn vor dem 1. April erledigt werde. Daran ist
nun nicht zu denken, und so lesen wir denn Folgendes in
der „Berl. Börs.-Ztg.“:

„Am 1. April ist der Zinscoupon der von der Halle-Guben-
Sorauer Bahn ausgegebenen Prioritäten fällig, da indeß nach Lage
der Verhältnisse die Mittel hierfür nicht in genügendem Umfang zur
Verfügung stehen, so sind mit den der Bahn befreundeten Geldinstituten (!)
Verhandlungen wegen Gewährung eines Vorschusses in Höhe von
500,000 Mark angeknüpft worden. Ob dieselben in der noch verblei-
benden kurzen Zeit zu einem befriedigenden Abschluß führen werden,
ist freilich noch nicht abzusehen.“

Wieder waren es also die oben erwähnten großen Geld-
institute, die nicht festen Verkauf der Bahn, sondern nur
die Zinsgarantie wünschten, damit sie aus ihren Verlegenheiten kamen und womöglich keinen Pfennig verlören, sowie
daß sie für die mit 90 oder 91 von der Bahn übernommene
Emission volle Valuta in Baar empfingen, also trotz aller
Verlegenheiten, in die sie den Staat und den Finanzminister
geführt, noch ihr anständiges Geschäftchen machen konnten.

Nun schrieb die „Vossische Ztg.“ um dieselbe Zeit
folgendes (vergl. D. Lds.-Ztg. vom 7. März):

„Der Garantievertrag mit der Bahn Halle-Sorau-
Guben ist im Abgeordnetenhause noch immer nicht zur ersten Lesung
gelangt. Die Chancen für die Genehmigung desselben haben sich bisher keineswegs gebessert, vielmehr gewinnt bei einer immer wachsenden
Mehrheit des Hauses die Ueberzeugung die Oberhand, daß die Regierung

dem Landtage doch eine allzu starke Zumuthung mache, wenn sie ihm ansinne, für Prioritätsanleihen, die zum größten Theile ä l t e r e n D a t u m s sind und aus den Einnahmen der Bahn n i c h t verzinst werden können, die Zinsgarantie zu übernehmen."

Es waren aber doch die Anleihen derselben Bahn von noch jüngerem Datum, also Nachhypotheken durch den Aus= spruch des Abg.=Hauses (beim Prov.=Fonds) für s o l i d e c o u r s f ä h i g e Papiere erklärt worden! Also: Gestern waren in Sachen des Vertrauensvotums die Halle=Sorau=Gubener Litt. B. „gute solide Papiere", aber heut in Sachen der Staatserwerbung der Bahn — waren sie — „bodenlos schlechte." Begreife das, wer's kann, nur ein geldliberales Denkorgan kann sich in solchen komischen Widersprüchen be= wegen, indem es „hohe Politik" treibt oder sagen wir besser: „höheren Interessenschwindel." Sonst nannte man solche Bahnen und deren Papiere einfach nothleidend, aber im liberalen Wörterbuch hießen diese Halle = Sorau = Gubener „brillante Anlage", weil sie im Provinzialfonds lagen zum Trotz den schlimmen Conservativen, welche durchaus nicht „weiß für schwarz" ansehen wollten. — Und wenn nun die Halle = Sorau = Gubener nicht Zinsgarantie bekämen, was dann? . . .

Nun sagt man immer, der Hr. Finanzminister habe von der prekären Sachlage nichts gewußt und hat sich auf das „Glashaus" berufen und deshalb die Acten über den Ankauf vorgelegt. Wir haben das Glashaus*) vor uns: hiernach hat er erst Halle=Sorau=Gubener Prioritäten Lit. B.
am 28. Jan. 1874 234,000 Thlr. zum Cours v. voll 100 u. noch am 10. April 1874 392,000 „ „ „ „ 100 für den Provinzialfonds erworben. Ebenso Hannover= Altenbekener II. Em. 1 Mill. Thlr. zum Cours von 98¼ am 17. Juni 1873, — also zu einer Zeit, wo man längst über den Stand beider Bahnen im Klaren war**) — und

---

*) Die Verhandlungen des Finanzministers mit der Seehandlung nebst Abrechnungen über den Ankauf der halbjährlich liquid werdenden Ueberschüsse für den Provinzialfonds wurden gedruckt dem Abgeordneten= hause vorgelegt.
**) Bei den frühern Anlagen zum Invalidenfonds machte die Geld= abundanz wohl zuweilen drängen, allein am 10. April 1874 noch 392,000 Thaler in Halle=Sorau=Gubener anlegen zu lassen, wo die Börsenzeitungen schon über den schlechten Stand der Bahn die Zahlen veröffentlichten, — das bleibt unbegreiflich, und da mußte das Herrenhausmitglied Udo Graf zu Stolberg noch erst dem Finanzminister über derartige Anlagen sein Befremden ausdrücken, bevor er, wie er selbst im Abgeordnetenhause bekannte, von dieser Art der Anlage abging!

dennoch haben ihm diese Thaten ein Vertrauensvotum eingetragen. Man ersieht übrigens deutlich aus den Acten, daß die Seehandlung dem Minister all diese Posten präsentirt, die wiederum aus ihren Consortialbetheiligungen heraus von der Discontogesellschaft und Consorten geschoben wurde . . .*) Die Course müssen übrigens expreß dafür gemacht worden sein, was an der Barre der Maklerbörse sehr gut geht. Sapienti sat. Es ist darüber nichts mehr zu sagen. —

Am 24. April kam bei der Etatsberathung im Herrenhause auch der Provinzialfonds zur Sprache und das Mitglied v. Winterfeld stellte die Frage an den Finanzminister:

1) Ist durch die Belegung des Dotationsfonds ein Schaden für die Betheiligten erwachsen und wer hat eventuell dafür anzukommen? Diese Frage geht allein die Provinzen an und hat uns hier gar nicht zu beschäftigen. 2) Ist durch die Belegung des Dotationsfonds ein Präcedenzfall geschaffen, der die Staatsbehörden nöthigen wird, von der Aufsicht über die Kommunen und Korporationen bei Belegung dieser Fonds abzugehen, so daß die Kommunen gegenwärtig in der Belegung dieser Fonds frei vorgehen können? Ueber diese zweite Frage bitte ich den Finanzminister, uns eine authentische Auskunft und Erklärung zu geben.

Hierauf erklärt der Minister Camphausen wörtlich: daß er nicht den geringsten Zweifel darüber habe, daß

*) Das Actenstück Nr. 21 (1876) aus dem Abgeordnetenhause, welches die Verhandlungen über den Ankauf der betr. Papiere enthält, ist höchst instructiv. So wünscht unterm 17. Mai der Finanzminister von der Seehandlung 1,983,589 Thlr. so angelegt, daß sich 4½ pCt. ergeben und zwar in oberschlesischen Prioritäten. „Bedaure," antworten: „Bitter, Pahl", sind allesammt bereits im Invalidenfonds, aber Berlin-Görlitzer und Hannover-Altenbekener sind zu 98¼ zu beschaffen!" Nein, sagt Hr. Camphausen, ich will halb Görlitzer, halb Hannover-Altenbekener, aber zum Course von 97. „Sind nicht zu haben zu 97," lautet die Rückantwort. „Dann will ich sie nicht", schreibt Camphausen wieder. Gestriger Börsencourszettel (29. Mai) weist Diverse, z. B. Bergisch-Märkische, Anhalter, Potsdamer, Köln-Minden, Rheinische zum Cours 97½ bis 96¾ auf, kaufen Sie diese und gehn Sie selbst bis 98. (Dies waren aber zum Theil meistens ältere gute Papiere). Rückantwort: „Ist uns nicht gelungen, wir bitten Limitum bis Pari. Aber — Berlin-Görlitzer und Hannover-Altenbekener sind zu 98¼ zu beschaffen, bitten schleunigst um Nachricht, ob solches convenirt u. s. w." Nun kommt mündlicher Bescheid: „Ja!" Das Geschäft war gemacht. Aber 98¼ hat Camphausen nur gesagt, die Seehandlung kauft doch zu 98¾; — anders wären die Papiere durchaus nicht zu haben gewesen. So gehts fort. Später werden die Course immer höher, so wurden im Januar 1874 Halle-Sorau-Gubener mit 100, Hannover-Altenbekener mit 99 bezahlt.

durch diesen Vorgang an den gesetzlichen Vor=
schriften wegen Belegung der den Kommunen
gehörigen Fonds irgend Etwas geändert wor=
den sei und geändert werden sollte. Das heißt
also: Der Herr Minister konnte sich wohl diese Extravaganz
erlauben, bei einem Landrath aber wär's eine Gesetzübertre=
tung gewesen, obwohl Herr Eugen Richter die obscure Verord=
nung von der Depositalfähigkeits=Vorschrift solcher Anlagen
für gänzlich — veraltet erklärte! — Schließlich spricht er
seine bekannten Hoffnungen von dem wieder „gut werdenden
Stand" der Papiere und der betreffenden Bahnen aus und
sagt von der Courstreiberei wieder, daß sie noch nicht ent=
deckt worden sei, obwohl doch nur 4 bestimmte Makler darum
ernstlich gefragt zu werden brauchten. Das Herrenhaus
beschloß: die Sache für „erledigt" zu betrachten, weil nichts
mehr daran zu ändern war, fühlte aber keine Veranlassung
dem Minister darob ein Vertrauensvotum zu geben.

Die Beerdigung des Berichtes der Special-Untersuchungs-Commission im Eisenbahnwesen. Laskers Nerven. Delbrücks Entlassung.

Am 29. März kam der Bericht über die Eisenbahn=
untersuchungen auf die Tagesordnung. Die Herren Lasker
und v. Köller hatten eine gänzlich unschuldige Resolution
ausgetiftelt, die eigentlich gar nichts besagte und nur die nöthige
Decoration zu der anständigen Beerdigung des Berichtes
abgab. Herr Lasker schauspielerte über seinen Glaubens=
genossen Warschauer, diesen „reinsten aller Männer", der
nie seine Finger mit einem Pfennig Agiotage beschmutzt,
während am andern Tage darauf Herr Elisamter denselben
Herrn Warschauer des Agiogewinnes von 800,000 Thlr.
bei Gründung der Berliner Handelsgesellschaft zieh und
den Beweis dafür zu erbringen sich erbot! Lasker sang
ein Loblied auf die „soliden" Gründungen und erklärte seinen
Freund Bennigsen für einen lauteren uneigennützigen Gründer,
während wiederum in der Sitzung vom 7. April ihn der
immer noch nicht verschollene Adickes zwang, einen Brief vor=
zulesen, nach welchem er (Adickes) durchaus nicht „unfindbar"
gewesen sei, sondern vielmehr gar keine Vorladung als
Zeuge bei Hannover=Altenbekener erhalten habe. Die schöne
Resolution war derart unschuldig, daß sie das ganze Haus
annahm und so den Grabgesang des Berichts in voll=
kommenster Harmonie anstimmte.

Die „D. Lds.=Ztg." schrieb damals darüber:

Von dem „großen Reinigungstage", der in diese
Woche fiel, haben wir ferner zu berichten. — Man muß
den stolzen Schweiger Rudolph von Bennigsen zu einem
Heiligen erheben, also sagte der große Lasker; er gründete
eine Bahn, die obendrein als eine der am schlimmsten ver-

gründeten dasteht und sündigte doch nicht. Jeder der Redner tadelte auf das herbste die Gründungen, wie die dabei betheiligten Personen, Cato-Lasker unterschied aber zuerst den „redlichen" Gründer von dem „unredlichen", dann entschuldigte er den ersteren und nun waren seine Periodenbausteine zurecht gelegt, um für Hrn. v. Bennigsen und den Geh. Com.-Rath Warschauer einen Ehrensockel zu bauen, worauf er feierlich Beider leuchtendes Bildniß stellen konnte. Freilich hatten auch beide entschieden Unglück, der Eine war einem verhängnißvollen Druckfehler verfallen, der andere — der Zeugnißverweigerung des Hrn. Cohen. Der Eine soll, so sagt wenigstens die böse Welt, der Schwiegervater in spe des Hrn. Lasker sein, der Andere ist Präsident dieses Hauses; da ist das freilich etwas Anderes. Bedeutsam bleibt es nur, daß Hr. Lasker sich glänzend zu rechtfertigen suchte, warum Cohen geschwiegen und Adickes durchaus nicht zu finden war. Dabei bemerkt der weise Lasker Folgendes: „Mein Wunsch war, die Personen, welche keine Vortheile gehabt hatten, von vornherein zu scheiden von denjenigen, die sich der Täuschung und des Eigennutzes schuldig gemacht haben." Darum wurden Herr v. Bennigsen und Graf Münster von vornherein ausgeschieden. Und siehe da! Man hat ja Prinz Handjery, v. Kardorff, Hrn. v. Lingenthal vorgeladen, von denen der Letztere ganz rein dastand und der Erstere sich sehr gut rechtfertigte; warum lud man denn Herrn v. Bennigsen nicht vor, der ja, da er für so rein gehalten wurde, am allerersten hätte Zeugniß geben können, der auch um den ganzen Handel bei Hann.-Altenbeken am besten Bescheid wissen mußte? Bei allen Lasker'schen Redewendungen hätten wir stets die Frage dazwischen werfen mögen: „Aber war denn Bennigsen nicht da, wenn Adickes fehlte? War Bennigsen nicht da, wenn der Bericht um Adickes nicht geschlossen werden konnte? War v. Bennigsen nicht da, wenn Herr Lasker feierlichst gegen den Schluß der Untersuchung protestirte?" . . . Hr. Lasker sprach eher Recht, als er untersuchte, und lobt an seinen Freunden gerade Das bis in den Himmel, was er an Anderen abgrundstief verurtheilt hat. —

Unser Urtheil steht nicht allein, so schreibt die Staatsb.-Ztg.: „Wenn Hr. Lasker den Präsidenten des Hauses der Abgeordneten mit dem frommen Gebete: „Dies Kind — kein Engel ist so rein — laßt's Eurer Huld empfohlen sein" unter den Schutz des heiligen Crispin stellt, der auch nicht für sich, sondern für andere — gründete,

so neigen wir andächtig unser Haupt; aber mit der
Alfanzerei des Nichtfindenkönnens eines Reichstags-Abge=
ordneten und Mitglieds einer durch ihre „sittliche Disciplin"
so hervorragenden Partei bleibe man uns gefälligst vom
Leibe in einem so wohlpolicirten Staate, wie das Deutsche
Reich ist."

Hiermit sind wir mit diesem Cato zu Ende. Neben
dem Abg. v. Tempelhoff war es aber der Abg. Schröder=
Lippstadt, welcher trotz alledem dem Säulenheiligen=Cultus
die schlimmsten Stiche beibrachte. Er nannte das Kind
beim rechten Namen, indem er den heutigen Zustand der
Börse und des Actienwesens mit dem Zustand des modernen
Raubritterthums bezeichnete, der die ehrliche Arbeit bis
auf das Hemd ausgeplündert hat Er war's auch allein,
der die Lasker'schen Allotria der vorgeschlagenen Revisions=
punkte in der Actiengesetzgebung schonungslos als das be=
zeichnete, was sie sind, nämlich eine maskirte Rückzugsbrücke.
Wer unsere „Gründergeschichten"*) gelesen und im
Schlußkapitel die geradezu kindlich naiven Vorschläge zur
Verbesserung des Actiengesetzes und der Eisenbahngründung
durchmustert hat, wird uns Recht geben, wenn wir Lasker's
Resolution, die nach diesem Recept gemacht ist, für —
nationalliberale Kinderei erklären.

Der große Reinigungstag aber brachte Hrn. Lasker
noch eine dritte Schlappe bei, die vielleicht die empfindlichste
war. Er kam in seiner großen Versöhnungsrede auf die
Corruptionsvorgänge bei der Nat.=Ztg. zu sprechen, diesem
offiziösen Organ der Herren Lasker=Kapp=Bamberger=Miquel=
Wehrenpfennig und Co. und suchte den hochachtbaren
„politischen Theil" von dem Börsentheil zu scheiden,
indem er den Ersteren damit purificirte: „Niemand wage nur
zu denken, daß die hochachtbaren Chefredateure nicht rein
und intact geblieben wären! Dagegen sprach er über die
gesammte Presse den Satz aus: „Sie habe theils durch
Schweigen, theils durch nicht gehörige Behandlung, theils
durch directe Theilnahme an der Corruption in erheblichem
Maße für den Schwindel mitgewirkt." Diesen allgemeinen
Ausspruch nahm ihm besonders die größere Provinzialpresse
sehr übel und sie fuhr mit rauhem Kehrbesen über Lasker und
die National=Ztg. derart her, daß ihm seine „Gutmacher=

*) Gründergeschichten. Enthüllungen aus dem Bericht der
Enquête-Commission u. s. w. 2. Aufl. Berlin. Verlag von M. Aut.
Niendorf.

rolle" auf's Aergste verleidet wurde und sehr bald ein
Laskerbulletin erschien, wonach „seine Nerven" durch die letzten
Wochen derart affizirt seien, daß er im Breisgau parlamen-
tarisch ausruhen müßte. Lasker „der gerechte Richter"
wurde als solcher von den eigenen Zeitungen ganz jämmerlich heruntergerissen; das war freilich das allerschmerzlichste,
denn nun bestätigten seine eignen Freunde die Behauptungen
seiner Feinde, daß er nach Gunst und parteiisch richte.

Hiermit war aber der Monat März zu Ende gegangen,
am 31. März fand endlich die erste Lesung mit dem Beschluß
der Verweisung der Vorlage an eine Commission statt;
Halle-Sorau-Guben war somit noch nicht besorgt! — Am
1. April, das constatiren wir, hätte die Kgl. Seehandlung
die 1,600,000 Prioritäten derselben Bahn, welche als Pfand-
stück verfallen waren, zum öffentlichen Verkauf
bringen müssen. Sie unterließ es aber und handelte
somit statutenwidrig. Doch das Arrangement mit der
Zinszahlung war besorgt und nun hatte man für die zweite
und dritte Lesung Zeit gewonnen.

Am 25. April trat plötzlich die für die Liberalen so
überaus schmerzliche Katastrophe der Entlassung des Präsidenten Delbrück ein. Die liberalen Zeitungen zerbrachen
sich den Kopf über das bis heut noch unaufgeklärte Ereigniß.

Diese Thatsache, die jäh wie ein Schrecken in die
schwelgenden und banquettirenden Handelskreise, die Günst-
linge des Systems Delbrück-Camphausen, wie ein „Mene,
Mene!" einschlug, besagte doch genug, und die „schmucklose
Ankündigung" der unerwarteten Katastrophe noch mehr!

Indessen ertrug die Tactik der guten Nationalen alles
mit musterhafter Geduld. „Nur keinen Lärm gemacht!" Und
warum dies Alles?? Weil der Fürst Reichskanzler doch immer
noch ein furchtbar mächtiger Mann war, der nach den
National-Liberalen gar nicht zu fragen brauchte.
— Als sonderbarstes Curiosum wollen wir hierbei erwähnen,
daß die „Schles. Ztg." sich Folgendes telegraphiren ließ
und das Telegramm auch richtig abdruckte:

„Die Entlassung Delbrücks wird officiell bestätigt. Als
wahrscheinlicher Nachfolger wird der Abgeordnete Miquél
genannt und sollen dahingehende Unterhandlungen heut
Morgen geführt worden sein. Als Grund für den Rück-
tritt Delbrücks werden Differenzen wegen der von neuem
abzuschließenden internationalen Handelsverträge bezeichnet.
Delbrück soll zu streng auf freihändlerischem Standpunkt
beharren."

Hiernach noch zweimal. „Ein Systemwechsel findet nicht statt." Glückliche Träumer, die in ihren Träumen nur die Discontogesellschaft sahen! ... Wie waren die Leute doch zu beneiden, die sich in solchen golden internationalen Hoffnungen wiegten! ...

In dieser Zeit beschäftigte die Reichseisenbahn= vorlage das Haus und Fürst Bismark erschien persönlich, um dies sein eigenstes Vorhaben durch ein bejahendes Ma= joritätsvotum zu lanciren, er brach jeder Erörterung über den Fall Delbrücks die Spitze ab; Delbrück sei krank ge= worden und die Nationalen jubelten; Herr Camphausen aber ist gesund geblieben, gesund für zwei Mann, wenn er nur bleibt! ....

Halle-Sorau-Guben vor'm Abgeordnetenhaus.

—

Unterdessen munkelte es gar viel von Zweifeln, als ob die Halle=Sorau=Gubener Staatsgarantie doch auf Schwierig=keiten in der Commission stieße, die B. A. C., die Pythia Laskers, orakelte dunkel von ihrem Dreifuß: „Die Sachlage sollte nach allen Seiten gründlich untersucht werden. Allein auf den Vorschlag, die Bahn einfach zu kaufen, zumal man ja das Reichseisenbahngesetz schon angenommen, wo=nach Preußen seine Linien auf das Reich übertragen sollte, kam kein Mensch; die Lds.=Ztg. mochte dafür plaidiren, wenn sie wollte. Die heimliche Feindschaft der Nationalen gegen das Staatsbahnprinzip spielte nebenbei auch hier wieder ihre Rolle; immerdar hieß es, die Stammprioritäts=besitzer wollten nicht, die Actionäre desgleichen, aber Niemand berief sie zusammen und fragte sie.

Am 5. Mai wurde die Nachricht publik, daß die Budget=Commission den Regierungsentwurf mit 11 gegen 3 Stimmen zur Annahme empfohlen habe. Abg. Berger mit der Fort=schrittspartei war gegen die Annahme, indem er geltend machte, daß das Abgeordnetenhaus auch bei der Berliner Nordbahn die Zinsgarantie abgelehnt habe, um nicht den Schein zu erwecken, als solle der dabei zu Tage getretene Leichtsinn irgendwie gebilligt werden. Er erörterte auch eingehend den zwischen der Direction und der Staats=regierung abgeschlossenen Vertrag vom 5. Juli resp. 5. September 1876 und die der Vorlage beigegebenen Motive. Er hob insbesondere hervor, daß bei der später wegen des Baues der Bahn Eilenburg=Leipzig erforderlichen Anleihe die finanziellen Verhältnisse schon recht schlimm gewesen

11*

seien. Freilich lag hier ganz derselbe Fall wie bei der
Nordbahn vor, diese aber wurde mit großem Laster-Eclat
dem Ruine überantwortet, — und später am Schluß der
Session wurde sogar der Ankauf der Berlin-Dresdener Bahn
verworfen, — weil nun die Herren Abel-Plaut sich nicht
gleich mächtiger Verbindungen erfreuten, wie die Disconto-
gesellschaft. Ein Mitglied der Commission enthielt sich der
Abstimmung. Die Herren National-Liberalen aber hörten
auf Nichts, sie sahen immer nur den Concurs der Bahn
und die Verwüstung vor Augen, wenn nicht die Vorlage
gerade so angenommen ward, wie sie vorlag, obschon sie nichts
weiter war als eine directe Staatshilfe für den Tresor der
Berliner Handels-Gesellschaft und der Disconto-Gesellschaft,
welche diese faulen Papiere der Emission B. im Schubfach
hatten. Endlich aber konnten die Nationalliberalen immer
noch nicht davon ablassen, einen gebrochenen Sitz flicken zu
wollen, denn daß die Halle-Sorau-Gubener, welche die
Provinzen als Mitgift bekommen haben, nicht werthlos
werden durften, das ist eben die Hauptsache. Aber selbst
die Voss. Ztg. sagte: „Wenn man bedenkt, welche pecuniären
Lasten dem Staate für die nächsten Jahre dadurch unzweifelhaft auferlegt werden, muß die große Majorität, mit welcher
die Commission sich schlüssig machte, einigermaßen befremd-
lich erscheinen." Ferner wurde als Moment für die Vorlage angeführt, es liege die Gefahr vor, daß die Leipzig-
Dresdener Bahn sonst die Linie übernehme!

Nun aber hatte doch der preußische Staat das Recht
der Genehmigung, wenn eine andere Bahn die Halle-Sorau-
Gubener erwerben wollte. Und er konnte diese Genehmigung
so gut wie neulich der Berlin-Dresdener, welche die Anhaltische Bahn in Betrieb übernehmen wollte, resp. gänzlich
erwerben, versagen. Was sollte also das Bedenken und
die Furcht bedeuten, eine andre Bahn, die Anhalter oder
Thüringer oder Sächsische könne die Bahn wegschnappen??
Mit solchen wahren Scheingründen suchte man den Schritt
zu bemänteln!

Und so kam es denn, daß am 20. Mai nach kurzer
Debatte auch diese Vorlage genehmigt wurde, wonach eigentlich von nun an der Staat die Zinsen für die im Provinzialfonds liegenden Halle-Sorau-Gubener zahlte.

So hatten die Bankmächte ihr Ziel erreicht; sie kamen
aus allen Schwierigkeiten heraus, empfingen ihre verlegten
Capitalien mit vollen Zinsen wieder, die in den schwebenden
Schulden steckten, wofür sie die unsicheren werthlosen Schuld-

papiere der Emission B. zurückgaben, die sie außer an jenen Fonds gar nicht hätten absetzen können.

Herr Hansemann hatte in allen Stücken seinen Willen durchgesetzt, zur Erreichung seiner Unverantwortlichkeit und derjenigen seines Instituts hatte er den Reichstag, Abgeordnetenhaus, Regierung, Seehandlung, Invalidenfonds mit seinen Interessen derart enfilirt, daß die liberale Majorität sich in mehr als ein Dutzend unlösliche Widersprüche verwickelte, über deren Erklärung nur die Darstellung klaren Aufschluß giebt, wie sie in diesem Buche durchgeführt ist.